LICHT VOM HEILIGEN BERG

Hans Vorbach

LICHT VOM HEILIGEN BERG

Lebendige Tradition
Legenden
Mönchische Erfahrungen

ATHOS

UNIPRESS

Fotos: Dr. Hans und Dr. Harald Vorbach, Helmut Kurcsics (Bild Tafel XXVI)
Titelgestaltung, Satz: Johannes Vorbach, printy´s,
Schallmooser Hauptstraße 38, A-5020 Salzburg
Layout: Johannes Vorbach, Werner Hölzl Graphik-Designer,
Törringstraße 11, A-5020 Salzburg
Repro: MOOREprePRESS, Schallmooser Hauptstraße 38, A-5020 Salzburg
Druck: Salzburger Druckerei, Bergstraße 12, A-5020 Salzburg
Papier: „Consort Royal Satin 135g"
UNIPRESS Verlag GmbH A-5020 Salzburg
ISBN 3-85419-112-X

Tagesanbruch an der Südküste des Athos.
Der Sieg des Lichtes über die Finsternis.

Seit Urzeiten ist im Licht Hoffnung -
Hoffnung auf göttliche Hilfe und ewige Rettung.

Das christliche Siegeszeichen des Kreuzes,
das Himmel und Erde verbindet.

Die Helligkeit des Himmels bricht aus dem Kreuz hervor,
es symbolisiert unsere Rettung durch Christus.

„Ich bin das Licht der Welt.
Wer mir nachfolgt,
wird nicht in der Finsternis umhergehen,
sondern wird das Licht des Lebens haben.“ (Joh 8,12)

„Wer seinen Bruder liebt, bleibt im Licht; ...
Wer aber seinen Bruder haßt, ist in der Finsternis.
Er geht in der Finsternis und weiß nicht,
wohin er geht; denn die Finsternis hat seine Augen
blind gemacht.“ (Joh 2,10–11)

Einleitung

Der Heilige Berg Athos ist das Zentrum der orthodoxen Geistigkeit, eine jahrhundertelang durch Gebete geweihte Stätte, Symbol der Gottesnähe und Hoffnung auf ein gottgeeintes Leben. Die Ostkirche ist, vom Mönchtum geprägt, eine Kirche der Liturgie und Mystik. Sie führt zur lebendigen Gotteserfahrung und zeigt Wege zu einem gottgeeinten Leben.

Sie lebt in der Tradition der Wüstenheiligen und Kirchenväter. Ihr erstes Anliegen ist die Verwirklichung des urchristlichen Lebensideals: göttliche, verwandelnde Liebe in die Welt zu tragen.

In einer Zeit, in der Intellektualismus, technischer Fortschritt, Macht und Profitdenken die Seele bedrohen, zeigt sie Wege der Erlösung aus der seelischen Not und Heimatlosigkeit des Menschen zur erneuten Heiligung des Lebens.

Mit Hilfe meditativer Betrachtung und Gebet werden wir uns selbst neu erfahren, nähern wir uns dem göttlichen Urgrund im eigenen Wesen. Durch Liturgie und Ikonenverehrung wird der ganze Mensch mit all seinen Sinnen angesprochen und gleichsam eingetaucht in das Geheimnis der Offenbarung Gottes.

Indem wir unsere Einheit mit dem Göttlichen in uns verwirklichen, uns diesem göttlichen Einströmen öffnen, kommen wir in Harmonie mit dem Höchsten, Kraftvollsten und Schönsten, was es gibt. Aus der Vereinigung mit dem göttlichen Urgrund im eigenen Wesen schöpft der Mensch Weisheit und Liebe, und aus dem Kraftstrom göttlicher Allmacht Frieden und Freiheit.

Ein alter Athostext verspricht die größten aller Güter: "Freiheit und Frieden mit dir selbst. Denn frei ist nur, wer die Welt überwunden und seinen Sitz in der Werkstätte aller Tugenden auf dem Berg Athos hat." (1)

Vorwort

Dieses Buch ist wahrlich ein Athosbuch. Die Bibliographie über den Heiligen Berg ist damit nicht nur um einen Band größer geworden, sie ist um ein allseitiges Lehrbuch über Athosmystik – über das eigentliche Athosleben – reicher geworden.
Um sein Werk so zu gestalten, mußte und wollte der Facharzt für Innere Medizin, Dr. Hans Vorbach, den Berg Athos zu seiner eigenen geistigen Welt werden lassen, denn nur so konnte er den Geheimnissen des Athoslebens näherkommen. Für mich war es immer eine besondere Freude, ihn auf Athospfaden oder in meinem Kloster zu begegnen, und ich bewunderte sein lebhaftes Interesse an jeder Einzelheit unseres Mönchslebens.
Als ich mich einmal im Hause des Verfassers befand, und in seinem Meditationsraum im Dachgeschoß eintrat, fühlte ich mich wie in einem typischen Athoskellion. Der Raum war so eingerichtet, daß man fast einen Gottesdienst in der Art und Weise, wie sie auf dem Heiligen Berg gepflegt wird, abhalten hätte können. Noch bevor ich das Manuskript seines Buches in die Hand genommen hatte, ahnte ich im voraus, was für ein Buch das sein würde.
Gleiches wird durch Gleiches erkannt. Der innere Mediziner hat durch die persönliche Neigung zum inneren Leben sowie durch das von ihm selbst geübte Herzensgebet und die Meditation den Kern des Athoslebens erfaßt und durch zahlreiche längere Aufenthalte auf dem Berg Athos die Quellen solchen Lebens gesucht und gefunden. Und wo hat er sie gesucht und gefunden? Vor allem in den Skiten und Kellien, wo man einzeln, zu zweit, oder zu dritt in Einsamkeit und Stille zusammenlebt. Er ist in eine Seelenlandschaft vorgedrungen, in die vorzudringen vor ihm weder der Naturliebhaber Erhart Kästner noch der Sammler von journalistischen Dokumenten über den Athos, Erich Feigl, noch viele andere Verfasser von Büchern über den Athos wagten oder vermochten.
Es bleibt uns zu wünschen, daß dieses gelungene Buch als ein Athosbegleiter den Besuchern des Heiligen Berges und den Lesern zuhause in zweifacher Hinsicht dienen möge, um sowohl geographische wie auch – und insbesondere – geistige Pfade aufzuzeigen, sodaß der Heilige Berg im zweifachen Sinne erlebt werden kann.

P. Mitrophan
Protos der Athos-Mönchsregierung 1993/94

Vorwort des Autors

Das vorliegende Buch möchte dem Leser griechische Quellen der Athosliteratur erschließen. Von den zahlreichen hier zitierten Asketen und Hesychasten ist der hl. Nikodemos einer der begnadetesten Schriftsteller vom Heiligen Berg. Sein „Unsichtbarer Krieg" ist das Ergebnis eines tiefsinnigen Studiums und Erlebens des Mysteriums der menschlichen Seele. Als Asket ist es ihm gelungen, den harten Kampf der Seele zur Vervollkommnung in der Vereinigung mit Gott tiefer kennenzulernen. Im Laufe seines persönlichen geistigen Kampfes erkannte der Heilige die Merkmale des inneren Kampfes, aber auch die erforderliche moralische Ausrüstung, die den treuen Kämpfer begleiten muß, um die Kräfte der Finsternis zu bezwingen. Damit hat er den Weg geebnet, der den Menschen zum Licht der göttlichen Erlösung führt.

Als Eremos, das heißt die Wüste, bezeichnet man auf dem Heiligen Berg die ausgesetzte Einsamkeit der Athos-Südfelsen und auch die nördliche Waldeinsamkeit. Dem Leser werden zu den angeführten Mönchssiedlungen, den Kellia und Skites, zahlreiche Erzählungen geboten. Er findet darin Anregungen zu persönlichen Begegnungen. Gönnen wir uns oft eine beschauliche Rast an diesen heiligen Orten. Durchwandern wir die Natur in dem Bewußtsein, daß Gott in seiner Schöpfung allgegenwärtig ist, erleben wir im Äußeren die Transparenz des Inneren, Seine Gegenwart, Gottes Geist, der alles belebt, der auch den andächtigen Betrachter mit Lebenskraft erfüllt. Die Schöpfung „in Gott erschaut" wirkt auf den Betrachter in beseligender Lebendigkeit. Auf diese Weise ist jede Pilgerfahrt auf den Heiligen Berg ein immer wieder neues, unvergeßliches Erlebnis, wie ich es selbst seit 1977 jährlich erleben durfte.

INHALTSVERZEICHNIS

Vom Athonitischen Mönchtum

Auf dem Heiligen Berg

Zu den Einsiedlern auf den Südfelsen des Athos

Auf dem Weg zu Gott

Erklärungen für den Athospilger

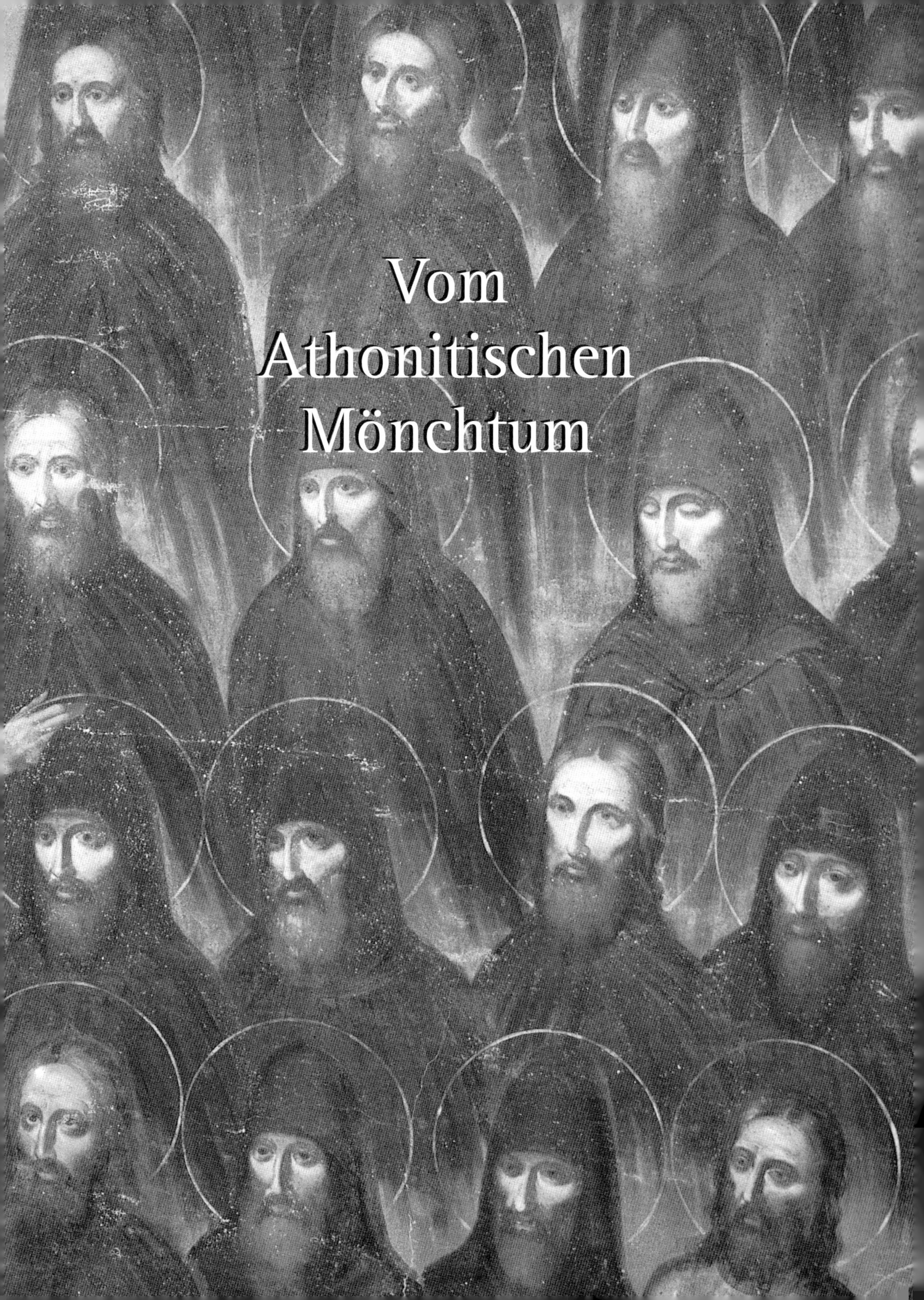
Vom
Athonitischen
Mönchtum

Geron Gerasimos Mikragiannanitis und der Autor, 1982.

Ausschnitte einer Rede von Geron Gerasimos Mikragiannanitis,

gehalten in der Metròpolis (Kathedrale) Agiou Dimitriou in Thessaloniki im Mai 1980 anläßlich eines Symposions zu Ehren des Orthodoxen Mönchtums.

„Der den heiligen Namen tragende Athos ist das Schatzhaus der heiligen, väterlichen Überlieferungen.
Auf dem Heiligen Berg wurde seit Jahrhunderten das Erbe des Orthodoxen Glaubens, sein mystischer Charakter in der Gestaltung der heiligen Gottesdienste als auch in der Spiritualität des Lebens in Christo rein und unverfälscht bewahrt.

Das agioritische Mönchtum hat durch die Jahrhunderte gekämpft und kämpft weiter, damit die Leuchte des evangelischen, geistigen Lebens und der Askese nicht erlischt, sondern bewahrt wird.
Der agioritische Mönch versucht, nachdem Christus das heilige Feuer in seiner Seele entzündet hat, aus all den menschlichen Schwächen heraus zu kommen.
Das gelingt ihm durch harte Kämpfe, bis er mit Gott vereint wird.
In diesem seligen Zustand vollzieht er durch das unablässige Gebet das Mysterium im Geiste.
Er lebt in einem unaussprechlichen Mysterium, in einer Art Vorschau des künftigen Lebens.

Der Himmelsnachbar Athos hat Giganten des Geistes und Einweiher in das Leben in Christo und in seine Lehre aufzuweisen.
Die heiligen Klöster, die Skiten, die Zellen, die Asketerien, die Hesychasterien, die Wüste, die Höhlen, all die Heiligtümer am Agion Oros verbreiten den Duft des heiligen Lebens sowohl zu den nahe als auch zu den entfernt Weilenden.

Die Tatsache, daß der agioritische Mönch die Welt verläßt, heißt nicht, daß er sie haßt, im Gegenteil. Durch das Weggehen meidet er die Anlässe und Ursachen, die dem Geist hinderlich sind, um sich in die Höhen der göttlichen Aufstiege zu erheben und sich dort mit Gott zu vereinigen.
Der Mönch lebt auf dem Heiligen Berg gemäß der christlichen Philosophie, er kämpft, um seinen Sinn und sein Herz rein zu bewahren, unzugänglich für materielle und sündige Gedanken. Er betet ununterbrochen um seiner selbst willen, um seiner Verwandten willen, für den Bestand der heiligen Kirche Gottes und für

die ganze Welt, damit wir ein ruhiges Leben führen können, weil das reine Gebet des Mönchs die bewohnte Erde stützt - gemäß dem Hymnos an den Gott tragenden Vater Antonios:
‚Und die bewohnte Erde hast du durch deine Gebete gestützt.'

Die Mönche sagen, daß der Agion Oros solange bestehen wird, solange es die Welt gibt, in der er seine Mission erfüllt. In ihm erscheint das Reich Gottes in seiner ganzen mystischen Größe.
Und was ist das Reich Gottes?
Das Reich Gottes ist das Erscheinen des göttlichen Lichtes und der ewigen Schönheit, der ewigen Seligkeit, das den Mönchen offenbart wird, die in Demut und Reinheit des Herzens leben.

Der Heilige Berg ist durch die gewaltige Gegenwart Gottes nicht bebend und wankend wie der Berg Sinai. Er ist vielmehr der Berg, wo der Herr in feiner und milder Brise erscheint und das heilige, unerschaffene Licht wie am Berg Tabor strahlt.

Kommt alle, Theologen, Prediger, geistliche Väter und die ganze Gesellschaft der treuen Menschen, nicht wie der Gesetzkundige, der gekommen ist, um Jesus auf die Probe zu stellen, aber mit großem Glauben und mit der Einfachheit des Herzens. Ihr werdet vieler Dinge für würdig erachtet, die unerläßlich sind für euer weiteres Leben und für eure Leistungen in der Welt.

Hier auf dem Heiligen Berg werdet ihr nicht die Weisheit der Welt finden, aber ihr werdet die Weisheit in Christo finden, die im einfachen Herzen thront und glänzt, und ihr werdet in den geheiligten Gesichtern der Mönche den strahlenden Glanz des ewigen Lebens wahrnehmen.
Von diesen Dingen werdet ihr vieles empfangen, ihr werdet den Schatz eurer Seele bereichern, weil der Suchende findet und niemals enttäuscht wird. " (2)

Ein Athosmönch berichtet über das Mönchsleben

Vom geistigen Kampf der Mönche im Streben nach Vereinigung mit Gott und den verschiedenen Lebensformen auf dem Heiligen Berg

Starez Paisij Welitschkowskij (1722-1794), aus der kleinrussischen Stadt Poltawa, wurde mit 19 Jahren zum Mönch geweiht. Schon in jungen Jahren begab er sich auf die Wanderschaft, einem Pilger gleich, der seine Himmelsheimat sucht. Nach mancherlei Entbehrungen auf der beschwerlichen Reise zu Lande und auf dem Meer, erreichte er sein ersehntes Ziel, den Heiligen Berg Athos, wo er in der Nähe der Lawra ein Kellion zugewiesen bekam. Er liebte das Schweigen, „die Mutter der Buße und des Gebets", wie es der hl. Isaak nannte. Neben ihm lebten die Asketen des Heiligen Berges in völliger Armut, Entsagung und schweigender Versenkung. Paisij suchte einen geistigen Vater und bot seine Dienste an. Aber Gott fügte es, so berichtet die Vita, daß er das, was er suchte, nicht fand. Da überließ er sich der göttlichen Vorsehung.

„Wer könnte aber von all seinen Kämpfen berichten, als er allein vor dem Dreieinigen Gott im glühenden Eifer um seiner Seele Vollkommenheit rang? Er lud auf sich Not und Entbehrung, Fasten und Dürsten, Zerknirschung und Selbstanklage. Wie viele Seufzer und Bitten drangen nicht unter Tränen aus der Tiefe seines Herzens! Welch ein Ringen mit Zorn, Unzucht und Hochmut, die den zu Gott sich hinwendenden Verstand befallen, welches Kämpfen gegen Mutlosigkeit, das so furchtbar ist für den Schweigenden, und böse Leidenschaften! Welche Versuchungen an Seele und Leib, denen er widerstand, welche Erbärmlichkeiten, Schwächen und Leiden, die er überwinden mußte! Dazu kamen noch Zweifel aller Art, Wankelmut und Hoffnungslosigkeit gegenüber dem Umstelltwerden von teuflischen Ränken und der schwere und grausame Streit der Gedanken. Aber das alles besiegte der junge Mönch, sich mit seiner ganzen Liebe an Gott hängend, mit Hilfe des Herrn. Wieviele Dankgebete schickte er nicht für diesen Sieg aus befreitem Herzen zu Gott Christus empor." (3)

Paisij lebte sieben Jahre als Einsiedler. Im Jahre 1759 gründete der Starez auf Drängen der vielen jungen Mönche moldawischer und slawischer Sprache die russische Skiti Prophet Elias.
Mit Starez Paisij nahm das russische Mönchtum und das asketische Leben einen neuen Aufschwung.

Seine Mönchsgemeinschaft lebte nach der strengen koinobitischen Regel der heiligen Väter, Basilios des Großen und Theodors von Studion.

„Danach darf kein Bruder irgendeinen Gegenstand als ‚mein' oder ‚dein' bezeichnen, alles ist, als von Gott gegeben, gemeinsam. Das Essen wird gemeinschaftlich eingenommen. Alle Arbeiten im Kloster werden von den Mönchen selbst getan, nach besten Kräften und mit der gebührenden Ehrfurcht vor Gott. Die gemeinsame Arbeit soll jeglichen Ungehorsam, Widerspruch und Eigenwillen, wodurch die göttlichen Gebote zunichte gemacht würden, aus den Seelen der Brüder vertreiben. Denn vor allen Tugenden, wie Gehorsam, Demut, Geduld, Güte, Friedfertigkeit, hat an erster Stelle die völlige Lossagung von jedem eigenen Wollen und jeder eigenen Meinung zu stehen. Mit dem Schweigen auf dem Mund und dem Gebet im Herzen tut jeder seine Pflicht, dient dem Abte und seinen Brüdern in immer gleicher Bereitwilligkeit und Liebe." (4)

Das Gemeinschaftsleben wird verglichen mit dem irdischen Himmel, dem Baum des Lebens, den Gott gepflanzt hat, mit einem Leben, dem der heilige Geist Mauer und Obdach ist.

„Es ist ein stiller, sturmgeschützter Hafen für alle, die sich vor dem zwecklosen Toben dieser Welt behüten wollen. Es ist ein Schiff, gesteuert vom Heiligen Geist, das ohne Fährnis alle in den Hafen des Himmelreichs trägt, die sich auf der Fahrt durch das herrliche Meer eines solchen Gemeinschaftslebens seinem Gnadensteuer ohne Bedenken anvertrauen.
Es ist eine Stätte der Genesung mit bewährter Heilkraft für die, die von Lüsten des Lebens und der Seele befallen sind und in Wahrheit davon geheilt werden wollen. Es ist eine wahre Belehrung für die Krieger Christi im Gedankenstreit mit dem Feind, über den sie einen ruhmvollen und seelenrettenden Sieg erringen wollen.
Das Gemeinschaftsleben samt seinem heiligen Gehorsam gründete unser Heiland Christus selbst für die Menschheit auf der Erde und gab ein Vorbild seines Gottwohlgefallens, als er sein Leben mit seinen heiligen Jüngern und Aposteln teilte.
Die Bedeutung dieses Lebens liegt darin, daß die gemeinsam in Christo lebenden Brüder einer Seele und eines Herzens sind, einen Gedanken und einen Willen haben, sich um Christi willen der Einhaltung der göttlichen Gebote befleißigen, einander die Lasten tragen helfen, indem einer dem anderen sich in Liebe unterordnet.

Der göttliche Gehorsam ist die Wurzel und Grundlage des Gemeinschaftslebens, den Er den Engeln im Himmel und den Menschen im Paradies einpflanzte, als die erste und wichtigste aller Tugenden und die von Ihm am meisten geliebte. Durch den Neid des Satans und unsere eigene Schwäche wurde sie zerstört, aber Seine gewaltige und unaussprechliche Menschenliebe und Sein gnadenreiches Erbarmen hat sie erneuert und wiederhergestellt. Er war seinem Vater gehorsam und öffnete die Tore des Himmelreichs allen, die an Ihn in rechter Weise glauben und Seine göttlichen Gebote befolgen." (5)

Das Leben gemeinsam mit einem oder zweien loben die heiligen Väter und bezeichnen es als einen engelgleichen Zustand, nennen es den Königsweg und berufen sich auf die Worte des Herrn in der Heiligen Schrift: „Wo zwei oder drei in meinem Namen versammelt sind, da bin ich mitten unter ihnen."
Auch der hl. Basilios gibt den Rat, den Königsweg zu gehen, mit einem oder zweien zusammenzuleben, weil das für viele am leichtesten ist und nicht so große Langmut wie das Gemeinschaftsleben in den Klöstern erfordert. Denn sich nur dem Vater oder dem mitlebenden Bruder unterzuordnen, ist nicht so sonderlich schwer, und es bedarf weniger Geduld hierzu.

Der Einsiedler lebt fern von den Menschen, einsam in der Wüste. In allen Sorgen um das Heil seiner Seele, um Nahrung und Kleidung und die anderen irdischen Bedürfnisse, in allen Kämpfen um Seele und Leib hofft er auf Gott, denn nur Er allein ist Hilfe und Trost in dieser Welt.
Das Einsiedlertum, sagen die heiligen Väter, ist nur für die Fortgeschrittenen und Leidenschaftslosen. Sie wissen um die Schwäche der Anfänger und der in ihren Leidenschaften Verstrickten, die in ihrem Eigenwillen den mannigfachen Versuchungen des Feindes ausgesetzt sind.
Das einsame Wüstenleben verlangt eine Engelsstärke, sagt der hl. Johannes Klimakos. „Es ist ein Weg, der nur den Starken und Vollkommenen vorbehalten ist, sagen die Väter, ganz allein zu wachen und gegen den Versucher das Schwert, das Wort Gottes, bereit zu halten." (6)

Starez Paisij Welitschkowskij (1722-1794) wurde am 2. August 1982 heilig gesprochen. Seinen Festtag feiert die Orthodoxe Kirche am 17. November.

Troparion (4. T)

„O Vater Paisij, Du Trost der Rus, des Heiligen Berges Ruhm
und des Fürstentums Moldau wunderbare Erscheinung,
Du hast uns mit dem von Gottes Geist durchdrungenen Wort
aus dem Born der Wahrheit und der Erlösung genährt.
Du stehst jetzt in den Himmeln bei Christus unserem Gott.
Bitte für uns, auf daß durch Seine göttliche Barmherzigkeit
unsere Seelen errettet werden."

Kontakion (6.T)

„Unten auf Erden lebtest Du gleichsam wie im Himmel.
Mit dem Herzen aufwärts strebend besiegtest Du tapfer
die Dämonen. O Vater Paisij, Du Lehrer des immerwährenden
Gebets, bewahre uns vor der Hinterlist des Bösen."

(Übersetzung der Festlieder durch Prof. Josef Huber-Germanstatt)

Die Ikone „Leben des wahren Mönchs“

(„Kalógeron“). Hermeneía § 433. (Abb. Tafel I, Seite 49)

Der Mönch ist mit Kutte und Kalymavchi (Kopfbedeckung des Mönchs) ans Kreuz geschlagen.

Auf dem Kopfstück des Kreuzes steht:

„Herr, stell eine Wache vor meinen Mund,
eine Wehr vor das Tor meiner Lippen!“ (Ps 141,3)

In den Händen hält er brennende Kerzen:

„So soll euer Licht leuchten vor den Menschen,
damit sie euere guten Werke sehen
und eueren Vater im Himmel preisen.“ (Mt 5,16)

Auf der Brust ist die Inschrift:

„Erschaffe mir, Gott, ein reines Herz,
und gib mir einen neuen, beständigen Geist!“ (Ps 50,12)

Auf dem Bauch:

„Laß dich nicht verführen, o Mönch,
durch die Begierlichkeit des Leibes.“ (Hermeneía)

Auf dem Unterleib:

„So ertötet denn, was irdisch ist in eueren Gliedern:
Unzucht, Unreinheit, Leidenschaft, böse Begierde,
auch die Habsucht, die Götzendienst ist.“ (Kol 3,5)

Unter den Knien:

„Bereitet euere Füße auf dem Weg des Evangeliums
des Friedens.“ (Herm. nach Eph 6,15)
„Schicke dich an, auf dem Pfad der Friedensbotschaft
zu wandeln.“

Auf der rechten Seite des Kreuzes:

„Der alles verzehrende Hades.“ (Herm.)
Inschrift: „Treibe Unzucht“

Links ein Mann auf weißem Roß:

„Empfange die Freuden der Erde."
Darunter: „Der Tod und das Grab."

Über dem Kreuz ist Christus:

„Wer mir nachfolgen will, der verleugne sich selbst,
nehme sein Kreuz auf sich und folge mir nach." (Mt 16,24)

Zwei Engel schauen auf den Mönch. Sie halten ein Spruchband:

„Kämpfe, damit du die Krone der Gerechtigkeit empfangest ..." (7)

Kellion der Skourtai und Kollybades.

Im oberen südwestlichen Bezirk von Karyais liegt das Kellion der Skourtai und Kollybades mit der neuerbauten, weithin sichtbaren Kreuzkuppelkirche.
In der byzantinischen Mauerwand der Kirche wird in einem Behälter die Reliquie des hl. Nikódemos aufbewahrt, die noch auf die Vollendung ihres Hauses wartet. Der gastfreundliche Mönch Nikódemos zeigt dem Pilger die dunkle Arbeitskammer des Heiligen mit einer kleinen Fensteröffnung in die anschließende Georgskapelle. Vom ostseitigen Balkon des Hauses eröffnet sich dem Besucher eine herrliche Aussicht auf die Mönchsstadt. Ein Verweilen an diesem geweihten Ort soll uns mit jenem agioritischen Heiligen geistig verbinden, dessen Lebensweg sich hier erfüllte. Eine Einkehr bei einem seiner bekanntesten Werke, „Der Unsichtbare Krieg", gewährt uns auf den folgenden Seiten einen Einblick in den persönlichen geistigen Kampf zur Vervollkommnung auf dem Weg der Vereinigung der Seele mit Gott.

Hl. Nikódemos Agioreítes

Der heilige Lehrer der Orthodoxie, Nikódemos aus Naxos, ist mit seinen umfangreichen christlichen Werken auch als begnadeter Schriftsteller in die neugriechische Literatur eingegangen. Die Sehnsucht nach Ruhe und Betrachtung führte ihn im Jahre 1775 auf den Heiligen Berg ins Kloster Dionysiou, 1777 in das Kellion der Skourtai und Kollybades und bald darauf in die Wüste nach Kapsala, wo er in verschiedenen Zellen den Großteil seines hesychastischen Lebens in härtester Askese und äußerster Armut verbrachte. Um der größeren Ruhe willen zog er sich 1782 für ein Jahr auf die dem Athos gegenüberliegende, kleine unbewohnte Insel Skyrpoula zurück. Dort schrieb er unter größten Entbehrungen den berühmten „Ratgeber über die fünf Sinne".
Krankheit und körperliche Schwäche zwangen ihn schließlich, zu seinen Freunden Skourtai nach Karyais zurückzukehren, wo er am 14. Juli 1809 entschlief.
Im Jahre 1956 wurde Nikódemos heilig gesprochen und dem Chor der heiligen Väter des Heiligen Berges zugeordnet.

Das Apolytikion (3. Ton), „Die Schönheit", schrieb Vater Gerasimos Mikragiannanítis:

„Geschmückt durch die Gnade der Weisheit, Vater,
bist du gesehen worden als Posaune des Geistes,
der du die göttlichen Sprüche ausdrückst,
Unterweiser der Tugenden, Nikódemos, Sprecher Gottes,
du hast allen Lehren für die Rettung beigebracht,
du zeigst den Glanz der Reinheit des Lebens
durch den Reichtum deiner göttlichen Worte,
durch die du in der Welt wie ein Licht gestrahlt hast."

„Der Unsichtbare Krieg" („Aóratos Pólemos") ist eines der zahlreichen Werke des agioritischen hl. Nikódemos. Es ist die Frucht eines tiefsinnigen Studiums und Erlebens des Mysteriums der menschlichen Seele. Als Asket und Hesychast ist es ihm gelungen, den harten Kampf der Seele zur Vervollkommnung in der Vereinigung mit Gott tiefer kennenzulernen. Im Laufe seines persönlichen geistigen Kampfes erkannte der Heilige die Merkmale des inneren Kampfes, aber auch die erforderliche moralische Ausrüstung, die den treuen Kämpfer begleiten muß, um die Kräfte der Finsternis zu bezwingen. Damit hat er den Weg geebnet, der den Menschen zum Licht der göttlichen Erlösung führt.

Dem suchenden Pilger soll diese Schatzkammer des Heiligen Berges mit einer Fülle nützlicher Wahrheiten und scharfsinniger psychologischer Beobachtungen eröffnet werden. Die hier getroffene Auswahl ist eine weitere Einführung in die Spiritualität der lebendigen Tradition der heiligen Väter vom Heiligen Berg. Worin die christliche Vollkommenheit besteht, und daß es unerläßlich ist, daß man kämpft, um sie zu erwerben.

Von den vier notwendigen Voraussetzungen

Der heilige Lehrer der Orthodoxie, Nikódemos Agioreítes, schreibt: „Die größte und vollkommenste Errungenschaft, die sich ein Mensch vorstellen oder aussprechen kann, ist die Annäherung an und Vereinigung mit Gott."

Das geistige Leben und die Vollkommenheit bestehen darin, Gott zu lieben, unseren eigenen Willen und unsere Wünsche unterzuordnen um der Liebe Gottes willen. Das ist das Gesetz der Liebe, das von Gottes Hand in die Herzen seiner treuen Knechte geschrieben ist. Sie verwirklichen seine Liebe und verherrlichen damit gleichzeitig ihren Schöpfer und die ganze Schöpfung.

Um diese Vollkommenheit zu erwerben, führt der Mensch seit dem Fall Adams einen dauernden und äußerst harten Kampf mit sich selbst. Der hl. Nikódemos spricht von vier notwendigen Waffen, geistigen Einstellungen, mit denen wir diesen Kampf siegreich führen können:

1. Der gefallene Mensch soll nicht auf sich selbst vertrauen.
2. Wir sollen unsere ganze Zuversicht, unser ganzes Vertrauen und unsere ganze Hoffnung auf Gott setzen.
3. Wir sollen immer kämpfen.
4. Das geistige Gebet (Jesusgebet)

Der gefallene Mensch soll nicht auf sich selbst vertrauen

Seit dem Fall Adams haben wir alle eine sehr hohe Meinung von uns selbst, daß wir etwas seien. Wir erliegen einem Trugbild. Das ist ein Irrtum, den man sehr schwer erkennt. Der Gedanke, daß wir etwas seien, wird Vermessenheit genannt und ist eine Leidenschaft, die durch die Selbstsucht und die Eigenliebe geboren wird. Sie wird zur Wurzel aller anderen Leidenschaften.

Wer seine eigene Schwäche in der Praxis erkennen möchte, soll seine Gedanken, Worte und Handlungen, nicht nach einer längeren Zeitspanne, sondern nach jedem Tag genau beobachten, und er wird feststellen, daß die meisten seiner Worte, Gedanken und Handlungen falsch, töricht und lieblos sind. Aus dieser Erkenntnis heraus wird er die Konsequenzen ziehen, sich zu demütigen und nicht mehr auf sich selbst zu vertrauen und zu hoffen.

Jeder, der den Wunsch hat, sich mit dem himmlischen Licht zu vereinigen, muß sich selbst erkennen.
Die Barmherzigkeit Gottes schenkt diese Erkenntnis den Stolzen und Selbstgerechten mittels des Falls. Sie läßt zu, daß diese Menschen sich in Verfehlungen verwickeln, damit sie so ihre Schwächen erkennen mögen und nicht mehr auf sich selbst vertrauen.

Wir sollen unsere ganze Zuversicht, unser ganzes Vertrauen und unsere ganze Hoffnung auf Gott setzen

Das bedeutet, daß wir von ihm allein jede Hilfe und jede gute Gabe erwarten. Wir werden von ihm jede Hilfe empfangen, wenn wir um diese Hilfe bitten, denn er ist allmächtig. Er kann tun, was er will, und infolgedessen kann er uns auch helfen. Er ist unendlich weise und er weiß mit Vollkommenheit alles, was für unsere Rettung das richtige ist.
Er ist unendlich gütig. Er steht immer bereit, uns in jedem Augenblick die ganze Hilfe zu geben, die wir benötigen, vorausgesetzt, wir eilen voller Hoffnung in seine Arme.

Wie ist es möglich, daß jener gute Hirte, der dreiunddreißig Jahre lang auf Erden wandelte, mit so lautem Rufen das verlorene Schaf suchend, daß seine Stimme heiser geworden ist,
- jener Hirte, der einen so dornigen, mühsamen Weg gegangen ist, der sein Blut vergoß und sein Leben opferte,
- wie ist es möglich, daß jener Hirte sich nicht seinem Schaf zuwendet, wenn es seinen Hirten mit Sehnsucht anruft und anfleht?
Wie ist es möglich, daß etwas anderes geschieht, als daß er das Schaf hört, es auf seine Schultern nimmt und ein Fest mit all den Engeln des Himmels feiert?
Und wenn unser Gott nach dem Gleichnis des Evangeliums nicht aufhört, mit größter Sorgfalt und Liebe nach dem blinden und tauben Sünder zu suchen, wie

wäre es für ihn möglich, daß er gerade jetzt das verlorene Schaf verläßt, da es nach seinem Hirten ruft?
Und wer könnte je glauben, daß der Gott, der immer an die Tür des Herzens der Menschen klopft, um einzutreten, um mit ihnen Gastmahl zu halten und die Gabe zu teilen, für den Gläubigen taube Ohren hätte und nicht eintreten wollte, wenn doch der Mensch selbst ihn einlädt?

„Nicht verhülle vor mir dein Angesicht,
verstoße nicht im Zorn deinen Knecht!
Du bist meine Hilfe, weise mich nicht zurück!
O Gott, du mein Retter, verlaß mich nicht!“

(Ps 27,9)

Wie wir unseren Sinn (Verstand) trainieren sollen, um ihn vor Unkenntnis zu bewahren

Die eigentliche Aufgabe des Verstandes ist, das Wahre zu erkennen. Er muß unterscheiden können, was wir brauchen, um unsere Seele von den Leidenschaften zu reinigen und sie mit den Tugenden zu schmücken. Dazu erwähnt der hl. Nikódemos zwei Hilfsmittel, das Gebet und die tiefe Betrachtung. Im Gebet bitten wir den Hl. Geist, er möge auf uns herabkommen, um unser Herz durch sein göttliches Licht zu erleuchten. In der tiefen Betrachtung erkennen wir, welche Dinge uns nützen oder schaden.

Bei richtiger Betrachtung werden wir erkennen, daß alle diese Dinge, wie sie die Welt liebt und wonach diese blinde und korrupte Welt strebt, null und nichtig sind.

Das heißt, daß die Ehren, die Vergnügungen und die Reichtümer der Welt nichts anderes als Nichtigkeiten sind und zum Tod der Seele führen; daß im Gegenteil, die Verleumdungen und die Lästerungen, die die Welt gegen uns richtet, für uns Ursache zur wahren Herrlichkeit werden, sowie auch die Bedrängnisse Ursache zur Freude; daß, wenn wir unseren Feinden vergeben und wir sie gut behandeln, der Großmut einer der Aspekte ist, in dem wir Gott am meisten gleichen können; daß es viel mutiger und tapferer ist, freiwillig zu gehorchen, als große Könige zu unterwerfen und zu befehlen; daß man die demütige Selbsterkenntnis mehr verehren soll als den Höhepunkt der Weisheit aller Wissenschaften; daß es lobenswerter ist, unsere Begierden und Neigungen abzutöten, auch die geringen, als viele Burgen zu erobern und große Armeen zu besiegen und sogar Wunder zu wirken und Tote aufzuerwecken.

Über die Frage, warum wir die Dinge nicht richtig unterscheiden und auf welche Art und Weise wir sie richtig erkennen können

Wenn du, mein Bruder, irgendein Ding mit den Augen siehst oder mit dem Verstand betrachtest, übe Selbstbeherrschung, kontrolliere deinen Willen, soviel du kannst, und erlaube ihm nicht, dem Ding gegenüber Liebe (Zuneigung) oder Haß (Abneigung) zu entwickeln. Vielmehr betrachte es lediglich mit dem Verstand, vor allem denke mit Weisheit und Verständnis nach, denn nur wenn dein Verstand nicht von der Leidenschaft verfinstert ist, ist er frei und rein und kann die Wahrheit erkennen. Dann kann er in die Tiefe der Dinge eindringen, dort, wo sich das Böse unter einer falschen Vergnügung versteckt oder wo das Gute unter der Oberfläche des Schlechten sich befindet. Aber sobald dein Wille vorgegriffen hat und das Ding gehaßt oder geliebt hat, ist es zu spät. Der Verstand vermag nicht mehr dieses Ding klar und gründlich zu erkennen, denn diese Zu- oder Abneigung oder vielmehr diese Leidenschaft befindet sich dazwischen, erhebt sich wie eine Mauer und verdunkelt den Sinn derart, daß er einen ganz anderen Eindruck von dem Ding hat als die Wirklichkeit, und er vermittelt den Eindruck dem Willen.

Also, lieber Bruder, hüte dich mit Aufmerksamkeit vor jeder leidenschaftlichen Liebe oder jedem Haß einer Sache gegenüber, die du vorher nicht gründlich mit dem Licht der guten Vernunft rationalen Denkens, mit dem Licht der göttlichen Schriften, mit dem Licht der Gnade und des Gebets und mit dem Urteil deines geistigen Vaters untersucht hast.

Wie wir unseren Willen trainieren sollen, damit er in allen seinen Handlungen Gott wohlgefallen kann

Unsere Natur ist den Dingen leicht zugeneigt. Manchmal sucht sie Ruhe, Erquickung und den Genuß auch in den geistigen Dingen. Statt auf den Willen Gottes schauen wir vielmehr auf unser eigenes Wohl und Interesse, und so verbirgt sich hinter unserer Sehnsucht nach Gott Eigenliebe oder Selbstsucht. Sie sind ein Hindernis auf dem Weg zur Vervollkommnung.

Die Liebe der Natur ist eine sehr feine Angelegenheit und nur wenigen bekannt. Sie sucht heimlich immer sich selbst. Um diesen Trug zu vermeiden, ist das einzige Heilmittel die Reinheit des Herzens, die darin besteht, den alten Menschen abzulegen und den neuen (Christus) anzuziehen. So besteht die Kunst darin, am Anfang während jeder Handlung, den eigenen Willen abzulegen. Blicke zuerst auf den Herrn, wende dich mit deinem Verstand zuerst Gott zu, um zu sehen, ob du einzig und allein vom Willen Gottes dazu angetrieben wirst.

Aus diesem Grund sei immer achtsam, vorsichtig und bescheiden und überlege dir immer, deine Handlungen nur auf diesen letztendlichen Zweck auszurichten, um des Wohlgefallens und der Herrlichkeit Jesu Christi willen, der allein würdig ist, geliebt zu werden.

Damit es dir leichter fällt, alles zum Wohlgefallen und zur Herrlichkeit Gottes tun zu wollen, erinnere dich oft daran, daß er dich zuerst auf vielerlei Weisen geehrt und geliebt hat. Er hat dich aus dem Nichts erschaffen, nach seinem Ebenbild, und alle anderen Geschöpfe erschuf er, um dir zu dienen. Er erlöste dich aus der Sklaverei der Sünde, nicht indem er einen Engel schickte, sondern indem er seinen einzigen gezeugten Sohn schickte; nicht um dich mit verderblichem Gold und Silber, sondern mit seinem wertvollen Blut und durch seinen qualvollen, entehrenden Tod loszukaufen. Er hält dir seinen geliebten Sohn im Heiligen Sakrament als Nahrung und Heilmittel bereit.

Vom Kampf gegen die fleischlichen Leidenschaften

Sobald die Versuchung über dich hereinbricht und die Gedanken dich quälen, sollen wir uns mit ihnen nicht auseinandersetzen. Richte deinen Sinn nie auf diese Begierden, denn schon allein der Gedanke daran ist nicht ungefährlich. Daher darfst du auch nicht innehalten und mit der Versuchung Zwiegespräche führen, denn dabei besteht immer die Möglichkeit, daß sich die Lust noch tiefer einprägt. Auch soll man keine Nachforschungen anstellen, denn wenn sie auch den Anschein haben, daß sie nützlich wären, sind sie in Wirklichkeit eine Schlinge des Versuchers, der dich mit solchen fleischlichen Gedanken beschäftigen läßt, bis du einmal der gleichen oder einer anderen Sünde verfällst. Infolgedessen ist das echte Heilmittel gegen die fleischlichen Begierden, ihnen keine Aufmerksamkeit zu schenken. Kümmere dich nicht um sie. Es gibt keine bessere Art, sich ihnen zu widersetzen, als sie nicht zu beachten.

Denke an das Leben und die Passion unseres gekreuzigten Jesus, an die furchtbare Stunde seines Todes, an den furchtbaren Tag des Jüngsten Gerichts und an die verschiedenen Arten der Hölle.

Nachher genügt es, das in Kürze mit deinem geistlichen Vater zu besprechen, ruhig zu bleiben und dir keine Gedanken mehr darüber zu machen. Beichte und offenbare ihm wirklich jeden deiner Gedanken, ohne dich durch irgendeine Scham oder Scheu davor zurückhalten zu lassen. Wenn wir die Kraft der Demütigung gegen alle unsere Feinde benötigen, um wieviel mehr als in jedem anderen Fall brauchen wir sie gegen die fleischlichen Begierden. Denn diese Versuchung ist fast immer die Strafe, die Folge und der Sproß des Stolzes.

Du darfst nie deinen Nächsten verurteilen (Mt 7,1), auch nicht wegen der fleischlichen Sünde. Habe Mitleid mit ihm. Verspotte ihn nicht, vielmehr sollst du dich durch seinen Fall demütigen und dich selbst erkennen, daß auch du schwach bist. Du mußt sagen, er ist heute gefallen, ich werde morgen fallen. Wenn du die anderen verurteilst und sie verachtest, wird Gott zulassen, daß du denselben Fehler begehst, damit du durch deinen Sturz deinen Stolz erkennst, dich demütigst und um Heilung für deine Seele bittest.

Über den geistigen Frieden des Herzens

Dein Herz, mein geliebter Bruder, ist von Gott erschaffen worden, um geliebt zu werden und von ihm bewohnt zu werden. Deshalb ruft er jeden Tag dir zu: „Gib mir, mein Sohn, dein Herz!“ (Sprüche 23,26) Und da Gott der Friede ist, ist es notwendig, daß auch das Herz, das ihn aufnehmen will, Friede und Ruhe bewahrt.

Das Leben des Menschen ist nichts anderes als dauernder Krieg und Versuchung. (Hiob 7,1) Du mußt also in diesem Krieg wachsam sein und besonders aufmerksam auf dein Herz achten, daß es immer friedlich bleibt. Und wenn sich in deiner Seele irgendeine Unruhe bemerkbar macht, dann sollst du bereit sein, dein Herz sofort zu beruhigen. Denn das Herz des Menschen ist wie das Gewicht einer Uhr, das die Räder in Bewegung setzt, oder das Steuer eines Schiffes, das den Kurs bestimmt. Wenn es einmal aus der Ruhe gebracht wird, werden alle Organe des Körpers und sogar der Geist selbst in Mitleidenschaft gezogen. Deshalb ist es unerläßlich, im Herzen Frieden und Ruhe zu festigen.

Gewöhne dich daran, alle Menschen zu lieben und mit allen Menschen in Frieden zu leben, soweit es möglich ist, wie Paulus sagt. (Röm 12,18) Du sollst darauf achten, daß dein Gewissen keinen Anlaß hat, dich wegen irgendeiner Sache anzuklagen, denn das Bewahren des reinen Gewissens erzeugt den Frieden des Herzens. Gewöhne dich daran, Beschimpfungen ohne Aufregungen zu ertragen. Und wenn du betrübt bist und es fast unmöglich findest, den Frieden zu bewahren, nimm sofort Zuflucht im Gebet und harre aus! Nimm unseren Herrn als Vorbild, der dreimal im Garten Getsemane betete, um dir ein Beispiel zu geben, daß du in jeder Drangsal zum Gebet Zuflucht nehmen sollst, bis dein Wille mit dem Willen Gottes Übereinstimmung findet.

Laß nie zu, daß dein Herz sich beunruhigt, streng dich an, daß du im Herzen Frieden bewahrst! Und Gott, der dich sieht, daß du so handelst und kämpfst, wird in deinem Herzen eine Stadt des Friedens erbauen, und dein Herz wird ein Haus der Wonne sein. Gott hat diesen einzigen Wunsch an dich, daß du Frieden und Ruhe bewahrst in all deinen Handlungen und Gedanken. Und so wie eine Stadt nicht an einem Tag erbaut wird, darfst du nicht denken, daß du diesen inneren Frieden in einem Tag erwerben wirst. Dieses Bauwerk ist dann ein Haus des Friedens für Gott, ein Zelt für den Allerhöchsten, und du sollst sein Tempel werden. Du sollst wissen, daß Gott diesen Tempel bauen wird, und außerdem sollst du wissen, daß das Fundament dieses Herzensfriedens die Demut ist.

Wenn du, Bruder, also den Frieden des Herzens liebst, kämpfe, strenge dich an, durch die Türe der Demütigung einzutreten, denn es gibt keinen anderen Eingang. Damit du wiederum die Demut erreichen kannst, bemühe dich, alle Drangsale und widrigen Umstände anzunehmen, zu umarmen, als wären sie deine geliebten Schwestern. Gleichzeitig vermeide jeden Ruhm und jede Ehre. Wenn dich jemand beschämt, mußt du nicht traurig sein, weil du sicher sein kannst, daß Gott mit dir ist. Streng dich an, Freude zu empfinden, wenn dich jemand beschimpft. Denn unter dem Staub der Verachtung liegt ein großer Schatz verborgen. Wenn du ihn freiwillig entgegennimmst, wirst du schnell reich belohnt werden.

Wenn du irgendwann irgendeinen Mangel feststellst, dann rege dich nicht auf, sondern demütige dich vor deinem Gott und erkenne deine Schwäche. Denn vielleicht hat dies Gott zugelassen, um dich von irgendeinem Stolz zu befreien, der in dir versteckt ist, ohne daß du es weißt. Sei sicher, daß jede Sache zu deiner

Prüfung geschieht, damit du auf diese Art und Weise für dein eigenes Wohl empfänglich wirst und würdig, die Krone der Gerechtigkeit zu bekommen, die für dich auf Grund der Barmherzigkeit Gottes schon bereit gestellt ist.

Da der Gott der Götter und Herr der Herren deine Seele zu seiner eigenen Wohnstätte gemacht hat, sollen deine Wünsche und Hoffnungen immer auf das Kommen des Herrn ausgerichtet sein. Bedenke, daß der Herr nur in eine einsame Seele kommt. Er möchte sie allein und einsam, befreit von Gedanken und von ihrem eigenen Willen.

Sein Wille sollte dich immer frei leiten können. Und wenn du etwas willst, dann soll es so einen Stellenwert haben, daß du nicht traurig bist, wenn es nicht eintritt, sondern du sollst so ruhig bleiben, als hättest du nichts gewünscht. Das ist die wahre Freiheit und Einsamkeit des Herzens, daß es weder an dem Sinn oder an dem Willen noch an irgend etwas gebunden ist. Wenn du also deine Seele auf diese Art und Weise entfesselst, frei und einsam Gott hingibst, wirst du Wunder bezeugen, die er in ihr wirken wird, aber vor allem den göttlichen Frieden finden, der unerläßlich ist, um dich für die anderen Gaben Gottes empfänglich zu machen, wie dies Gregorios der Große von Thessaloniki zum Ausdruck brachte: „O wunderbare Einsamkeit, du verborgene Schatzkammer des Höchsten!"

Nur in dieser wird der Herr dir zuhören; dort sollst du mit dem Herzen deiner Seele sprechen! O Einöde und Ruhe, die zum Paradies geworden sind; denn nur in der Einsamkeit gestattet es der Herr, daß man ihn sieht. Ihn sah und hörte Moses, als er sich in der wahrnehmbaren und geistigen Wüste Sinai befand. Aber wenn du auch dieses erreichen möchtest, tritt barfuß, unbeschuht auf diese Erde, denn du befindest dich auf dem heiligen Boden; nimm die Schuhe von deinen Füßen weg, das heißt, entblöße deine Seele von den Neigungen; sie soll nackt und frei von jeder irdischen Sache bleiben. Du sollst weder einen Stab noch einen Beutel tragen, wie der Herr seine Jünger angewiesen hat (Lk 10,4), denn du darfst nichts von dieser Welt wollen, wonach die anderen streben. Genauso wie Elischa seinem Diener befohlen hatte (2Kg 4,29) und der Herr seinen Jüngern, indem du mit deinem ganzen Sinn und mit deiner ganzen Liebe und deinen ganzen Neigungen dich allein Gott und nicht irgendeinem Geschöpf widmest. Laß die Toten ihre Toten begraben (Mt 8,22). Du sollst allein auf dem Land der Lebenden wandern, und der Tod wird keinen Anteil an dir haben. (8)

Die Geschichte vom Mönch Ioasaph, der in einer Vision Gottes von seinem Namenspatron, dem hl. Georg, zum König Christus geführt wird

Vor ungefähr 150 Jahren war der gottergebene Christ Georgios, das war sein weltlicher Name, von Kaisáreia in Kappadokien zum Agion Oros aufgebrochen. Wenn alles seinen Vorstellungen entsprechen würde, wollte auch er Mönch werden. Seit der Kindheit hatte er große Liebe und Verehrung zu seinem Beschützer, dem hl. Georg, gehegt. Tatsächlich betrat er im Jahre 1849 den Heiligen Berg Athos. Nachdem er sich alle Klöster angesehen hatte, faßte er den Entschluß, in der Gemeinschaft der weisen Väter im Kloster des heiligen Panteleimon zu leben. Er wurde Novize und nach zwei Jahren zum Mönch Ioasaph geweiht. Sie betrauten ihn mit der Aufgabe des Konaksis im Repräsentantenhaus des Klosters in Karyais. Am Anfang bekundete er sehr große Gottergebenheit, war ordentlich, fleißig und gewissenhaft in all seinen Aufgaben. Nach einigen Jahren jedoch begann er seine Mönchspflichten zu vernachlässigen. Er verlor seinen ersten Eifer, vergaß auf seine Gebete und fehlte oft bei der heiligen Liturgie.
Von Zeit zu Zeit erinnerte er sich an seine erste Ergebenheit und wurde sehr traurig und betrübt, die Verzweiflung überkam ihn, und er wußte nicht, was er tun sollte. Er fragte auch niemanden um Rat und handelte nach seinem eigenen Willen. So brachte ihn der Satan zur Verzweiflung. Aber Ioasaph hatte gute Absichten.

Da der allgütige Gott den Tod des Sünders nicht will, sondern wünscht, daß er zur Erkenntnis der Wahrheit komme, umkehre und ewig lebe, wollte er ihm seine große Barmherzigkeit zeigen und verfügte, damit sein Eifer wieder entfacht werde, ihm eine Vision zu geben.

Im Jahre 1854 befand sich der Mönch Ioasaph in Karyais im Konaki des Klosters. Am Tag des Gedenkens an den hl. Großmärtyrer Georg wollte er Nachtwache halten. Ioasaph aber wurde von seiner Nachlässigkeit und Verzweiflung beherrscht. Noch bevor die Vesper endete, war er in seine Zelle gegangen, um sich auszuruhen. Beim Orthros, zu der Zeit, als man den Hexapsalm sang: „Herrlichkeit Gott in der Höhe und Frieden den Menschen, die guten Willens ...“, erhob sich der Bruder Ioasaph in seiner Zelle und ging in die Kirche. Dort setzte er sich in den Stuhl und begann nachzusinnen:
„Mein Gott, du Erschaffer und Schöpfer aller Dinge, der du mit eigenen Händen

den Menschen erschaffen hast, du bist so demütig, bist selbst ein Mensch geworden, um beschimpft zu werden, schlecht behandelt zu werden und sogar furchtbare Martyrien zu erleiden. Du bist am Kreuz gehangen, um sogar als Mensch zu sterben, bist am dritten Tage auferstanden als mächtiger Gott, um das ganze Menschengeschlecht vom Tod zu erwecken und aus dem furchtbaren Hades zu befreien. Du hast es wieder ins Paradies zurück geführt, um es dort wiederherzustellen, wo es abgefallen war. O wieviel Menschenliebe hat Gott den Menschen gezeigt!"

Während Bruder Ioasaph darüber nachdachte, wurde sein Herz geöffnet, aus seinen Augen rannen Tränen, seine Gedanken wurden von Ruhe und Frieden erfüllt, seine Seele war voll Freude, und er begann spontan mit großer Bereitschaft das Gebet zu sprechen:
„Herr Jesus Christus, Sohn Gottes, erbarme dich meiner, des Sünders."

Und er wiederholte es ohne Unterbrechung.

Dann verspürte er in seinem Herzen Liebe und Mitleid für die Mitmenschen und für die ganze Welt. In diesem Zustand wurde er von so viel Gottesliebe erfaßt, daß er nur den einen Wunsch hatte, sich in die Nähe Gottes zu begeben. Er fühlte, wie sich seine Seele mit göttlicher Liebe und Demut erfüllte und die Flamme der Liebe in seinem Herzen brannte. Er stellte sich Gott vor, als wäre er in seiner Nähe. Er bewunderte die große Liebe und die Erniedrigung Gottes dem Menschen gegenüber. An all das dachte er, als ihm plötzlich erschien, daß seine Seele aus dem Körper heraustrat und daß er sich vor einer schönen, unendlichen Ebene befand. Er sah in der Ferne eine unzählbare Menge von Menschen, die alle glänzende Gewänder trugen. Sie waren alle jung und schön. Sie glänzten wie die Sonne und sie bewegten sich sehr langsam und rhythmisch.

Der Mönch Ioasaph, mit großer Freude erfüllt, war erstaunt, wie er an diesen Ort gekommen war. Er fragte sich, wem dieser schöne Garten mit den schönen Bäumen gehört und wer diese Leute dort waren. Er dachte an das Wort des heiligen Evangeliums, wo es heißt: „Im Hause meines Vaters sind viele Wohnungen."

Mit diesen Gedanken ging er an den Menschen vorbei. Nach einer Weile sah er in der unendlichen Ebene noch eine größere Menge von Menschen, die wie Soldaten eine Uniform trugen. Sie erschienen ihm alle jung und tapfer, und sie

strahlten wie die Sonne. Er hielt lange Zeit inne, bewunderte ihre Schönheit und verspürte große Freude. Dann hörte er eine Stimme sagen: „Dieser, unser Bruder, will zum König gehen, und wie ihr wißt, muß ihn einer von uns führen."
Da trat einer der Tapferen hervor, dessen Glanz sich von den anderen abhob, wie der Mond unter den Sternen. Wahrscheinlich war er ihr Offizier und sprach: „Ich werde allein den Bruder zum König führen, da er eine besondere Liebe für ihn hegt. Tag und Nacht ruft er meinen Namen an, und ich habe mehrere Male als Bürge in seinem Namen vor dem König gestanden." Dieser hell geschmückte Jüngling näherte sich dem Mönch Ioasaph und sagte zu ihm: „Folge mir nach, ich werde dich dem König vorstellen."

Sie gingen in der Ebene weiter und kamen am Ende zu einem engen, langen Weg, der von sehr hohen Mauern begrenzt war. Die ganze Gegend war furchteinflößend, sodaß der Mönch Ioasaph erschrak. Sein Begleiter strahlte Ruhe und Sicherheit aus. Er sprach zu ihm: „Warum, Bruder, beherrscht dich die Nachlässigkeit, und warum zerstreust du deinen Sinn hier und dort, achtest nicht, über den heiligen Namen nachzusinnen, über den göttlichen Namen unseres Herrn Jesus Christus? Bei jedem Atemzug sollst du immer das ganze Gebet sprechen:
„Herr Jesus Christus, Sohn Gottes, erbarme dich meiner."

Weißt du nicht, wieviel Nutzen derjenige daraus zieht, der immer über den weltrettenden Namen des Herrn und Gottes, unseres Retters Jesu Christi nachsinnt? Der Mensch, der dieses Gebet spricht, wird von den Leidenschaften und Sünden befreit. Er wird zur Wohnstätte der Heiligen Dreifaltigkeit. Dann wird er fähig, die vollkommene Liebe zu erlangen, von der auch du einen Teil gekostet hast, und auch die Barmherzigkeit Gottes, deren Süße und Früchte du bereits kennengelernt hast. Warum bist du also in diesem Werk nachlässig? Wie lange noch wirst du dich im Schlaf der Nachlässigkeit befinden? Wann wachst du aus deiner Lethargie und der Bosheit auf? Erinnere dich an deine frühere Gottergebenheit und ändere deine Lebensweise. Hat dir nicht Gott seine Gnade verliehen, damit du begreifst, daß du das Rechte tun mußt? Hast du nicht selbst die allerheiligste Jungfrau und Gottesmutter Maria als Mittlerin eingesetzt, um gerettet zu werden?"

Während sein Begleiter zu ihm sprach, begann der Mönch tief ergriffen, das Gebet zu wiederholen:
„Herr Jesus Christus, Sohn Gottes, erbarme dich meiner."

Und je mehr er das Gebet sprach, desto mehr wurde sein Herz in der Liebe Gottes erwärmt, und all die Überlegungen, die seinen Sinn verwirrten, waren verflogen, und auch von seiner Angst und Verzagtheit wurde er befreit und mit göttlicher Kraft erfüllt. Sein begnadeter Führer sprach zu ihm: „Siehst du jetzt, wie du dich besser fühlst, wenn du die Rettung deiner Seele willst? Wiederhole unablässig dieses Gebet, verlier es nie aus deinem Sinn und aus deinem Herzen. Dann wirst du einen reinen Sinn und ein reines Herz erwerben, das dich mit göttlicher Liebe erfüllen wird, und du wirst in die Mysterien Gottes schauen. Achte darauf, daß du täglich eine gewissenhafte Beichte ablegst bei deinem geistlichen Vater und Führer deines geistlichen Lebens."

Während dieser Worte folgte Ioasaph seinem engelsgestaltigen Führer auf dem engen Weg. An den Mauern waren Kreuze aufgestellt, um den Lauf des Weges anzuzeigen. Vor jedem Kreuz machte sein Führer das Kreuzzeichen und sagte: „Wir beten das Kreuz Christi an, und seine heilige Auferstehung preisen wir."
Er forderte auch den Mönch Ioasaph auf, das gleiche zu tun.

Nachdem sie eine lange Zeit gegangen waren, sahen sie vor sich steile Abgründe und Felsen, eine weite, finstere Schlucht und dahinter, in sehr großer Entfernung, einen hohen Berg, der bis in den Himmel reichte. Über diese furchterregende Schlucht führte eine schmale Hängebrücke, die sich wie die Blätter im Wind bewegte.
Angst ergriff den Bruder Ioasaph, als er sah, daß sie über diese Brücke gehen mußten, um zum Berg zu gelangen. Sein begnadeter Führer ermahnte ihn wieder, nicht im Gebet nachzulassen und nicht an Dinge zu denken, die Angst und Verzagtheit einflößten. Als sie die Mitte der Brücke erreichten, sagte er zum Bruder Ioasaph: „Hier mußt du dich bekreuzigen und in deinem Gebet den begnadeten Namen der Gottesmutter anrufen, weil an diesem Ort ihr allerheiligster Name große Kraft hat."
Bruder Ioasaph bekreuzigte sich und sagte zu sich. „Allerheiligste Gottesmutter und immerwährende Jungfrau Maria, hilf mir, dem Sünder."
Was für ein Wunder, er schöpfte so viel Kraft und Mut, daß seine Angst vollends wich. So erreichten sie sicher den Berg.
Dort führte der Weg bergauf, er war zu beiden Seiten mit Olivenbäumen und wunderschönen Blumen geschmückt.
Als sie den Gipfel erreicht hatten, fanden sie dort ein großes offenes Tor. Sie bekreuzigten sich dreimal und traten ein. Nun breitete sich vor ihnen eine weitere

Ebene aus, die viel größer war als die erste und im himmlischen Glanz erstrahlte. Die Schönheit dieser Ebene kann man nicht beschreiben, da sie mit nichts Irdischem vergleichbar ist. Je weiter sie gingen, desto mehr wurde Bruder Ioasaph von der Harmonie des Ortes und seiner Schönheit gefesselt. Als sie ziemlich weit gegangen waren, sahen sie viele Menschen, die rötliche Mönchsgewänder trugen. Sie glänzten wie das Licht, und ihre Gesichter strahlten wie die Sonne. Die einen waren jung, die anderen eher alt, aber sie waren von gleicher Gestalt und Schönheit. Als sie sich näherten, wurden sie mit großer Freude und Liebe empfangen. Sie begrüßten sie mit Umarmung und Kuß, und sie sagten zum Führer: „Mögest du dich freuen, du Großmärtyrer Georg, du, der von Christus Geliebte."

Der engelhafte Führer erwiderte den Gruß:
„Möget ihr euch auch freuen, ihr Heiligen und Geliebte Christi."

Dann wandten sich alle an den Bruder Ioasaph und sagten: „Bruder, was ist der Nutzen, wenn man die ganze Welt gewinnt und die eigene Seele verliert? Wenn du sogar 100 oder 200 Jahre in der Welt lebst, all jene falschen Güter des Lebens genießt, das ganze Gold, Silber, Edelsteine und Perlen gewinnst, besteht trotzdem die Notwendigkeit, dich mit der furchtbaren Stunde des Todes auseinanderzusetzen. Wenn sich die Seele vom Körper trennt, von welchem Nutzen werden dir all die Dinge sein, die du erworben hast? Häuser, Paläste, Geld, Titel, weltliche, militärische oder kirchliche Ränge. Keines von diesen kann dir im Augenblick, wenn deine Seele den Körper verläßt helfen oder nützen, all diese Dinge werden einem Schatten oder einem Bild ähneln, das vergeht, wie auch der Psalmist sagt:

„Der Mensch, er geht vorüber gleich einem Schatten,
einem Hauche gleich sind die Reichtümer,
die er gespeichert; wer sie erhält, er weiß es nicht.
Und nun - was habe ich zu erwarten, o Herr!
Mein Hoffen ruht einzig in dir.
Von all meinen Sünden erlöse mich,
gib mich nicht preis dem Spott des Toren." (Ps 39,7-9)

Deshalb Bruder, laß deine Nachlässigkeit und kehre zum ursprünglichen tugendhaften Leben zurück, das voller Gottergebenheit und Demut war, um Gott wohlzugefallen, und damit du würdig erachtet wirst, für immer hierher zu kommen in dieses selige Leben.

Danke deinem Beschützer, dem Großmärtyrer Georg, der dich liebt und mitgenommen hat, um dir diese wunderbaren Schönheiten des Himmels und Paradieses zu zeigen, die der Herr Christus all denen schenkt, die für seine Liebe jene vergänglichen, irdischen, falschen Güter entbehren, die sie eines Tages sowieso, ob sie wollen oder nicht, verlassen müssen. Kind Christi und unser Bruder, ziehe nicht die zeitweiligen Güter den ewigen vor. Laß die Nachlässigkeit und die Faulheit dich nicht beherrschen, und laß im geistigen Kampf nicht nach, damit dir die Liebe unseres Gottes, Jesu Christi, geschenkt wird. Ziehe nicht dieser Liebe die falsche Welt vor, die dich zur Sünde leiten wird und dich in den Hades stürzen wird.

Du hast nicht das Recht, das zu tun, weder du noch irgendein Christ, weil uns der Herr Jesus Christus mit seinem ehrbaren und heiligen Blut erkauft hat, das er am Kreuz für uns vergossen hat. Betrübe nicht den Retter, unseren Gott, bereite nicht dem furchtbaren Zerstörer des Lebens der Menschen und dem Vernichter der Seelen, dem Satan, eine Freude. Wenn du willst, daß wir nicht aufhören den Dreieinigen Gott zu bitten um deine Rettung und die Rettung aller Menschen, ändere dein Leben, sodaß du sowohl Gott als auch uns Freude bereitest, die wir die ganze Welt lieben und die wir wollen, daß ihr alle hierher ins Paradies kommt."

Nachher wandten sie sich dem Führer des Mönchs Ioasaph zu und sagten: „Georg, des Christus und unser Geliebter, übernimm die Betreuung dieser Seele, daß du sie dem König aller darstellst, weil dein Freimut der Rede ihm gegenüber sehr groß ist."

In dieser wunderschönen Ebene wandelten sie gemeinsam noch lange Zeit.
Da sah der Mönch Ioasaph noch weitere Himmelsbürger, die ein Mönchsgewand trugen genauso wie die ersten, nur daß sie herrlicher und glänzender waren und viel wenigere an der Zahl. Bruder Ioasaph fragte seinen Führer: „Heiliger Gottes, wer sind diese und was sind ihre Errungenschaften im Leben, daß sie noch herrlicher als die anderen Mönche sind, die wir gesehen haben?"

Der Heilige antwortete ihm: „Mein Bruder, diese hier gehören zu den Mönchen der gegenwärtigen Epoche, welche ohne Führer gekämpft haben und allein mit ihrem Willen sich bemüht haben, das Leben der alten Mönche nachzuahmen. Sie erlangten wie jene das Wohlgefallen Gottes."

Bruder Ioasaph war erstaunt und sagte: „Heute ist jede Spur von Tugend verlorengegangen. Wie ist es möglich, daß Gott sich auf dieser Welt Menschen auserwählte?"

Der Heilige gab ihm die folgende Antwort: „Bruder Ioasaph, heute gibt es nur sehr wenige solcher auserwählten Menschen auf der Welt. Wer heutzutage nur wenige Tugenden bekundet und ausharrt mit all seiner Kraft und seinem Bruder gegenüber geduldig ist und niemanden richtet, niemanden verurteilt, der wird Gott wohlgefallen und wird groß genannt im Himmelreich.

Und das ist so, Bruder, weil heute das gute Vorbild verlorengegangen ist und man nur das schlechte Vorbild findet. Heute haben Egoismus, Arroganz, Zurschaustellung, die Korruptheit und die Unverschämtheit überhand genommen. Wohin immer du gehst, wohin immer du schaust, siehst du das Böse und Schlechte vor dir. Das Wort Gottes hat aufgehört, aus dem Mund und dem Herzen der Menschen zu sprechen. Die Wohltat, die Barmherzigkeit, das Interesse für die Mitmenschen sind verlorengegangen. Die Liebe ist verschwunden. Anstatt dieser Tugenden haben Haß, Neid und alle ähnlichen Leidenschaften unter den Menschen zugenommen.

Und wie die Hl. Schrift sagt, sind sie alle abgewichen, sind alle unwürdig geworden, es gibt keinen Einzigen, der Gutes tut. Infolgedessen werden die wenigen, die durch Tugend wirken und mit dem eigenen Willen sich bemühen, das Gute zu tun, ewig belohnt. Ihnen wird vom allmächtigen Gott mehr Herrlichkeit verliehen als den früheren Heiligen, die nicht in dem Maße mit dem Bösen zu tun bekamen.

Aus diesem Grund müssen alle Menschen das Heil ihrer Seelen sich wünschen und noch mehr jene, die um der Liebe Christi willen die Welt verlassen und der erhabenen Idee des idealen Mönchtums Folge leisten. Das Gebet ‚Herr Jesus Christus, Sohn Gottes, erbarme Dich meiner' darf nie aus ihrem Munde fehlen und soll mit ihrem Atem verbunden sein. Tag und Nacht sollen sie die Herrin, die Gottesmutter, und alle Heiligen bitten, um die Rettung ihrer Seelen zu vermitteln, weil die Fürbitte der Mutter und eines Gerechten sehr viel Kraft hat."

Während der Heilige sprach, wandelten sie in Richtung Osten.

Dort sahen sie von der Weite ein großes Schloß mit goldenen Mauern, deren Glanz die ganze Ebene erleuchtete. Von dem Licht geblendet, fragte der Bruder Ioasaph seinen Führer: „Heiliger Georg, was für ein Schloß ist das?" Der Heilige antwortete: „Das ist das Schloß des einzigen Königs, das wir in Kürze erreichen werden."

Als sie näher kamen, warteten Männer beim Eingang. Sie trugen glänzende Gewänder und hatten die Gestalt von Engeln.
Die Männer begrüßten sie mit dem heiligen Kuß in Christo und führten sie weiter zu einer Halle, die von Edelsteinen und Gold glänzte. Auf der rechten Seite des Eingangs war eine Ikone unseres Herrn Jesus Christus aufgestellt und auf der linken Seite die Ikone der Herrin, der Gottesmutter und immerwährenden Jungfrau Maria. In dieser Halle befand sich eine unzählbare Menge von Menschen in Kleidern und Mönchskutten.
Alle nahmen den Bruder Ioasaph in ihre Arme und sangen vor der Ikone Christi und der Gottesmutter das „Axion Estin", so melodisch und schön, daß er sich wünschte, daß die Hymne nie enden möge.
Dann sprach einer der letzten Heiligen zum Mönch Ioasaph: „Bruder, all das, was du siehst, wird auch dir zuteil werden, sobald du dich würdig erweist."
Dann zogen sich alle zurück, und der hl. Georg und der Mönch Ioasaph blieben allein. Da öffnete sich eine große Tür, und eine Stimme drang nach außen: „Groß ist deine Barmherzigkeit, Herr, den Söhnen der Menschen gegenüber."
Und der Bruder Ioasaph sah all jene Dinge, von denen der Apostel Paulus geschrieben, „die ein Auge nicht gesehen, ein Ohr nicht gehört hat und in keines Menschen Herz gedrungen sind, die Gott jenen bereitet, die ihn lieben." Er sah eine große, wunderschöne Kirche. In der Mitte stand ein hoher Thron, der mehr als die Sonne glänzte. Auf diesem Thron saß der König der Herrlichkeit. Sein Antlitz glich der Christus-Ikone und erstrahlte im übernatürlichen Licht.

Der Bruder Ioasaph, der an der Tür stand, konnte sich nicht satt sehen. Dann trat der hl. Georg ein, machte das Zeichen des Kreuzes und drei Metanien und sprach sein Gebet zum König. Dann kam er heraus, um den Mönch Ioasaph mitzunehmen. Doch da hörte er eine Stimme sagen: „Laß ihn, er ist nicht würdig einzutreten, er hat kein Hochzeitsgewand."
Als der Mönch Ioasaph das hörte, bekam er Angst, daß ihn der König verurteilt hätte, und er zitterte. Aber sofort kam er zu sich und sprach das Gebet: „Herr Jesus Christus, Sohn Gottes, erbarme Dich meiner, laß Deine Gnade und Barmherzigkeit wirken."
Der hl. Georg trat wieder ein, warf sich vor die Füße des Königs und bat ihn mit den Worten: „Herr, erinnere dich an das Blut, das du am Kreuz für die Rettung der Menschen vergossen hast, daß du Mensch geworden bist, um die Sünder zu heilen und zu retten. Deshalb flehe ich dich an, und bitte dich, Herr, vergib auch dieser sündigen Seele und führe sie auf den Weg der Rettung."

Und der König entgegnete ihm: „Georg, du weißt wohl, welche Liebe ich ihm bekundete und die Gnade, die ich ihm erwies, die verborgenen Mysterien meiner Liebe kennenzulernen, Dinge, worum viele große Kämpfer gebeten haben, und trotzdem haben sie nicht das errungen, was er bekommen hat.
Er hat nicht in seiner Seele meine Liebe, er hat mich verachtet, er zog die Nachlässigkeit vor, um der falschen Dinge der Welt willen vernachlässigte er mich und meine Liebe. Deshalb ist er nicht würdig und verdient keine Verzeihung."

Der hl. Georg wandte sich erneut an den Herrn und sagte: „Ja, Herr, ich weiß sehr wohl, wenn du ihn mit deiner Gerechtigkeit beurteilen würdest, daß er sogar eine Strafe verdienen würde. Aber ich bitte dich wieder darum, daß deine Barmherzigkeit ihn überfließen möge. Du kennst, Herr, seinen Willen, du siehst in das Verborgene seines Herzens. Erfülle sein Begehren und rette ihn mit deiner Kraft, viel erbarmender Herr!
Du weißt, Herr, daß die ganze Welt unter dem Einfluß dessen steht, der böse ist. Heute hat die Sünde überhandgenommen, und es gibt kein Vorbild für das Gute. Laß deine Gnade überfließen, damit dein Diener, dein Knecht gerettet wird, weil er einen guten Willen, gute Absichten hat. Nur die schlechte Gewohnheit hat ihn besiegt. Bitte hilf und rette ihn."

Und der König sagte: „Geliebter Georg, ich sehe und kenne den Zustand der Welt, die Übertretungen meiner Gebote, daß die Tugend verlorengegangen ist und daß die Bosheit und das Schlechte überhandgenommen haben. Die Welt ist mit Homosexualität, Ehebruch, Hurerei, mit der Ungerechtigkeit, mit jeder Art von Unehrlichkeit, verschmutzt worden. Nicht nur weltliche Männer und Frauen verbittern mich, sondern auch christliche Mönche und Priester. Tagtäglich kreuzigen sie mich wieder. Ich bekunde Geduld, Langmut und warte auf die Reue und die Besserung, sogar eines einzigen von ihnen. Ich wünsche mir, daß alle Menschen gerettet werden, daß niemand zur Vernichtung gelangt. Deshalb habe ich mein Blut auf dem Kreuz vergossen, jeden Tag werde ich geopfert. Aber statt daß sie sich bessern, beschimpfen sie mich und lästern über mich jeden Tag. Und jener, um den du mich bittest, hat bis heute nicht aufgehört, seinen eigenen Willen zu tun. Durch viele geistliche Ratgeber habe ich ihm den richtigen Weg gewiesen, damit er gerettet werde, aber er tut immer das Gegenteil. Er verfällt in Nachlässigkeit, er verachtet meine Gebote. Er verachtet und übersieht die Liebe und das Opfer, die ich jeden Tag darbringe, nicht nur für ihn, sondern für jeden Menschen, aber jene verachten mich."

Da warf sich der hl. Georg wieder vor die Füße des Herrn, und mit tiefer Demut sagte er: „Gedenke, Herr, auch meines Blutes, das ich um deiner Liebe wegen vergossen habe, und schenke mir seine Seele. Ja, Herr, verzeihe ihr, ich flehe dich an. Erachte sie würdig, den Becher der Liebe und der Reinigung zu trinken, um deinen heiligen Willen auszuführen."
Und der Herr Christus sagte mit frohem Angesicht: „Georg, laß deinen Willen geschehen." Er gab ihm mit seiner rechten Hand einen Becher und sagte zu ihm: „Nimm diesen Becher mit diesem Trank und gib ihn dem Mönch Ioasaph, daß er ihn austrinke, denn das ist der Becher meiner Liebe. All die Heiligen haben aus diesem Becher getrunken. Er ist im Scheinleben ein Becher voller Qual, Verbitterung und Stöhnen, er enthält auch Krankheiten und Schicksalsschläge und endet in einem Martyrium und dem Tod des Leibes, damit die Seele gereinigt wird und sich ewig zusammen mit dem Vater erfreuen kann. Jeder, der mit Geduld und Ausharren diesen Becher bis auf den letzten Tropfen austrinkt, kommt ins ewige Leben."

Der hl. Georg nahm voller Freude den Becher aus den Händen des Herrn Christus. Der Herr segnete ihn. Dann gab er ihn dem Bruder Ioasaph. Dieser machte das Kreuzzeichen und trank bereitwillig den ganzen Becher aus. Der wohlschmeckende, süße Trank entfachte in ihm eine Flamme der Liebe. Er rannte in die Kirche, näherte sich dem Thron und erfaßte mit Sehnsucht und großer Liebe die Füße Christi, küßte sie mit großer Freude und Dankbarkeit. Er wollte nicht aufstehen, wollte sich nicht vom König entfernen. Doch dann hörte er eine Stimme sagen: „Georg, nimm den Bruder Ioasaph, er soll kämpfen, damit er seine ursprüngliche, frühere Liebe wieder erlangt, die er durch seine Nachlässigkeit verloren hat. Wenn er sich genügend vorbereitet hat, werde ich ihn zur geeigneten Zeit würdig erachten, den Becher zu trinken, den auch ich getrunken habe."
Sein Führer, der hl. Georg, half Bruder Ioasaph sich zu erheben. Sie machten drei Metanien, dankten dem Herrn und verließen die Kirche. In der Folge begrüßten sie mit Umarmung und Kuß all jene, die in den Vorhöfen des Herrn waren.
Bruder Ioasaph sagte zu seinem Führer, dem hl. Georg: „Mein geliebter Bruder, ist es nicht möglich, hier zu bleiben, wo wir uns befinden, daß ich nicht wieder in die Welt zurückkehren muß?"
Der hl. Georg entgegnete ihm: „Mein geliebter Bruder, das ist unmöglich. Der Wille des Herrn, wie du gehört hast, verlangt, daß ich dich zurückführe, damit du kämpfst, daß du all die Gebote des Herrn hältst, daß du dich in den Qualen bewährst, daß du dich läuterst und reinigst wie das Gold durch das Feuer.

Dann wirst du mit gutem Recht, mit der Barmherzigkeit und dem Willen des Herrn Christus hierher kommen, um hier zu wohnen und die Herrlichkeit des Christus ewig zu genießen."
Am Fuße des Berges angekommen, faßte der hl. Georg den Bruder Ioasaph an der Hand, und sie bestiegen die Brücke. Als sie die Mitte der Brücke erreichten, hielt der Heilige inne und sagte: „Mein lieber Bruder, das Reich Gottes wird mit Gewalt an sich gerissen. Du kennst die Barmherzigkeit Gottes, erweise dich nicht unserem Wohltäter Gott gegenüber als undankbar. Kämpfe, um die erste Liebe wieder zu erlangen, und dann sei sicher, daß die Gnade Gottes, der Schutz und die Hilfe der Gottesmutter immer mit dir sein werden. Aber auch ich werde dich nicht ohne Hilfe lassen." (Mt 11,11-12).
Dann besiegelte er ihn dreimal mit dem Zeichen des Kreuzes und verschwand. Hierauf folgten Donner und Unruhe.

Unten in der finsteren Schlucht konnte man Stimmen hören, die sagten: „Jetzt, da dieser Mönch allein geblieben ist, treibt ihn in den Abgrund." Die Dämonen knirschten mit den Zähnen, schrien und verursachten einen Höllenlärm und große Verwirrung. Aber niemand wagte, sich dem Mönch Ioasaph zu nähern. Ioasaph befand sich ohne Hilfe in der Mitte dieser furchtbaren Brücke. Er konnte keinen Schritt weder vorwärts noch rückwärts gehen, um den Dämonen zu entrinnen. In dieser Not erhob er die Augen zum Himmel empor und rief: „Herr, hilf mir in diesem Augenblick, in dem ich Gefahr laufe, durch die Dämonen in den Abgrund zu stürzen."

Dann kam eine Stimme vom Himmel, die ihm sagte: „Bruder, laß nicht nach, sprich das Gebet an den Herrn Jesus Christus, dann können dir die Dämonen nicht schaden. Fürchte dich nicht, und du wirst gerettet werden."

Sofort begann Bruder Ioasaph das Jesusgebet zu sprechen, bat um die Fürbitte und Hilfe der Gottesmutter und des hl. Georgs, und da geschah es, daß er erwachte und sich wieder auf der Bank fand, wo er nach der Liturgie sein Gebet begonnen hatte. So nahm seine Vision ein Ende.

Später verließ er das Kloster zusammen mit anderen Brüdern und ging nach Kerasia. Dort baute er eine Kelli zu Ehren des hl. Georg und gab sich mit ganzer Seele dem geistigen Gebet hin.

Tag und Nacht sprach er mit den Lippen, mit dem Verstand und mit dem Herzen das Jesusgebet, und mit Betrachtungen über diese göttliche Vision verbrachte er den größten Teil des Tages. Er hörte nie auf, all das, was er gesehen und gehört hatte, seinen Mitbrüdern zu erzählen.
So wurde diese göttliche Vision überliefert und hat von Mönch zu Mönch, von Bruder zu Bruder, auch den heutigen Leser erreicht.

Ioasaph und seine Begleiter hatten im Kloster des heiligen Panteleimon die Hagiographie gelernt. Um das Jahr 1880 ging er mit seinen Begleitern nach Kavsokalybia, wo sie das Ioasaphaion bauten, mit einer wunderschönen Kirche zu Ehren des hl. Georg.
In diesem Haus fand der Mönch Ioasaph sein seliges Ende, und der hl. Georg geleitete schützend seine Seele mit der Gnade Gottes in die ewige göttliche Herrlichkeit. (9)

Hl. Starez Siluan

Im Klosterregister ist kurz vermerkt:

Schimonach Vater Siluan - weltlicher Name: Simeon Iwanowitsch Antonow, Bauer aus dem Tambowschen Gouvernement, Kreis Lebedin, Kirchdorf Schowskoje, geboren 1866 - kam 1892 auf den Athos; eingekleidet 1896; das Schima angenommen 1911. Er verbrachte seinen Klosterdienst auf der Mühle, auf der Metoche Kalamare, auf dem Stary Russik und im Lebensmittellager des Klosters. Er starb am 24. September 1938. Vater Siluan wurde am 26.11.1987 heilig gesprochen. Seinen Festtag feiert die Orthodoxe Kirche am 24. September.*

Troparion (4. Ton)

„Durch deine Gebete empfingst du Christus,
deinen Meister auf dem Pfade der Demut.
In deinem Herzen zeigt dir der Heilige Geist den Weg des Heils.
Alle Völker, die auf den Herrn hoffen, jubeln und feiern deinen Festtag.
O heiliger Vater Siluan, bitte bei Christus um die Rettung unserer Seelen."

Kontakion (8. Ton)

„Während deines Erdenwandels warst du
ein Diener Christi in Seiner Nachfolge.
Im Himmel betest du jetzt Den an, Den du liebst. Du bleibst bei Ihm,
so wie Er es Seinen Jüngern versprach. O heiliger Vater Siluan,
weise uns den Weg, den du wähltest."

Vater Siluan war kein gelehrter Mönch, sondern einer jener Unmündigen, die Jesus seligpreisen, weil ihnen offenbart wird, was den Weisen und Klugen verborgen bleibt. (Mt 11,25)

An Menschen wie Starez Siluan wird deutlich, wie der Heilige Geist im Menschen wirkt, ihn bildet und verwandelt. Gott will im Heiligen den anderen Menschen sichtbar und erlebbar werden.

Archimandrit Sophronios kam 1925 auf den Athos, sammelte die Aufzeichnungen und Aussprüche des Starez und verließ 1947 den Heiligen Berg, um dieses Werk der Welt zugänglich zu machen. Im Jahre 1959 erschien es in deutscher Sprache und wurde 1981 wieder aufgelegt. Seine Worte sind einfach und klar, erfüllt von Liebe und von der Erfahrung des Geistes Gottes.

* Mönch, der das Schima, d. i. die höchste Stufe des Mönchsgelübdes, angenommen hat.

Starez Siluan sagt: „Es gibt keine größere Glückseligkeit, als Gott zu lieben von ganzem Herzen, von ganzem Gemüt und von ganzer Seele, seinen Nächsten aber wie sich selbst, wie es der Herr befohlen hat. Wer diese Liebe im Herzen hat, den erfreut alles. Ohne diese Liebe aber findet der Mensch keine Ruhe. Erregt ihn etwas, so beschuldigt er die anderen, als hätten sie ihn beleidigt, und begreift nicht, daß er selbst schuldig ist, denn er hat die Liebe zu Gott verloren, und nun verurteilt und verachtet er seinen Bruder. Durch die Liebe zum Bruder erhalten wir die Gnade, und in der Liebe zum Bruder bewahren wir sie. Wenn du aber deinen Bruder nicht liebst, kann die Gnade nicht in deine Seele einkehren." (10)

Die Worte des Starez sind gütig und heilsam für die Seele

„Gott und alles Himmlische kann man nur durch den Heiligen Geist erkennen; der Herr liebt den Menschen grenzenlos, und diese Liebe wird im Heiligen Geist erkannt; der Heilige Geist ist der Geist der Enthaltsamkeit, der Sanftmut, der Demut; er ist der Geist des Friedens, des Mitleids, der Liebe zu den Feinden.
Der Herr hat Mitleid mit allen ... Er liebt die Menschen so sehr, daß er die Bürde der ganzen Welt auf seine Schultern nahm ... und von uns will er, daß wir den Bruder lieben." (11)

„Wer die Liebe und Demut Christi hat, weint und betet für die ganze Welt. Du sagst vielleicht: ‚Dieser oder jener ist ein Übeltäter und muß darum im ewigen Feuer brennen.' Ich frage dich aber: Angenommen, der Herr gibt dir einen Platz in seinem Reich, und du siehst denjenigen im höllischen Feuer, dem du ewige Qualen gewünscht hast, wirst du nicht Mitleid mit ihm haben, selbst wenn er ein Feind der Kirche war? Oder hast du ein Herz aus Stein? Aber im Himmelreich ist kein Platz für Steine. Demut braucht man dort und die Liebe Christi, die für alle Mitleid hat.
Herr, wie du gebetet hast für deine Feinde, so lehre auch uns durch den Heiligen Geist, sie zu lieben und für sie zu beten." (12)

„Im Himmel lebt alles durch den Heiligen Geist, und uns auf Erden hat der Herr denselben Heiligen Geist gegeben. In den Kirchen werden die Gottesdienste durch den Heiligen Geist gehalten; in den Wüsten, auf den Bergen, in den Höhlen, überall leben die Asketen Christi durch den Heiligen Geist, und wenn wir ihn bewahren, werden wir frei von jeder Finsternis sein, und wir werden schon

Tafel II

„Synaxis“, die Versammlung der Erzengel und Engel, der körperlosen, geistigen Kräfte.

„Abglanz des vollkommenen Lichtes“ (Gregor von Nazianz), “Reine Geister, die vor dem höchsten Geist stehen und vom Glanz der Gottheit erfüllt sind“ (Theophanes Graptos).

Sie sind als Lichtbringer in die Schöpfung gesandt, um den Willen Gottes kundzutun und zu erfüllen. Sie bringen uns das strahlende Licht der Liebe und bewegen uns zur Reinheit des Herzens.

Erzengel Michael steht in der Mitte und zeigt uns den jugendlichen Jesus Christus.

Am Montag im Wochenzyklus feiert die Kirche die himmlischen, unkörperlichen Mächte, die Chöre der Engel.

Kloster Dionysiou, Trapeza, Wandmalerei, 1603

Tafel I (vorhergehende Seite)
Ikone „Das Leben des wahren Mönchs“. Beschreibung auf Seite 23/24
Kloster Chilandari

Tafel III

„Gottesmutter des Zeichens".

Das Urbild ist die „Blachernitissa" aus der Blachernenkirche, der bedeutendsten Muttergotteskirche von Byzanz.

Die Ikone zeigt die betende Gottesmutter in Orantenhaltung, mit dem Jesus-Emmanuel in einer Mandorla, der Gottessohn vor seiner irdischen Geburt.

Es ist die zentrale Ikone der die Erlösung erwartenden alttestamentlichen Kirche. Sie ist benannt nach der Vorraussage des Propheten Jesaja.
„Darum wird euch der Herr selbst ein Zeichen geben: Seht, die Jungfrau wird empfangen und einen Sohn gebären, den wird sie heißen Immanuel (Gott mit uns)." (Jes. VII, 14).
Sie ist das Bild der Menschwerdung Gottes.

Kloster Koutloumousiou, Exonarthex, 18. Jahrhundert

Tafel IV
Ikonostase
Protaton-Basilika, Karyais

Tafel V (rechts)
Wundertätige Gottesmutter-Ikone „Axion Estin“, Beschützerin des Heiligen Berges.
Protaton-Basilika, Karyais

Tafel VI
IM. Triphon mit dem Hirtenstab, „Pateritsa“, des hl. Sava.
Kellion „Metamorphosis tou Sotiros“

Tafel VII
Panagia „Galaktotrophousa“, die „Milchnährende“
Kellion „Typikario“, Karyais

Tafel VIII-IX (vorangegangene Doppelseite)
Groß-Skiti des heiligen Andreas, Skiti Agiou Andreou, auch „Sarai“ (pers. türk. Palast) genannt.

Das gewaltige russische Bauwerk ist zum Sinnbild für die Vergänglichkeit alles irdischen Glanzes, der Nichtigkeit von Macht und Pracht geworden. Die Grundsteinlegung zu diesem größten Kirchenbau auf dem Heiligen Berg erfolgte am 16. Juni 1867 zur Erinnerung an die Errettung von Zar Alexander II. bei einem Attentat in Paris. Am 16. Juni 1900 wurde die Kirche dem Apostel Andreas, dem Erstberufenen, geweiht. Das Gotteshaus mißt eine Länge von 60 m, eine Breite von 33 m und eine Höhe von 29 m. Der Glockenturm erreicht eine Höhe von 58 m. Die vergoldete Ikonostase, der Glanz der Ikonen, die Kronleuchter und kostbaren Teppiche vervollständigen einst die Pracht des „Palastes“. In der Skiti befanden sich noch weitere 19 Kapellen, eine Bibliothek, ein Spital mit einer Apotheke neben vielen Werkstätten und Lagerräumen. Nach dem Aussterben der russischen Mönche 1972 ist die Groß-Skiti vom Kloster Watopedi übernommen worden, auf dessen Grund sie ursprünglich errichtet wurde. Im Südtrakt wurde die Athosschule für junge Mönche und Priesterkandidaten eingerichtet. In der Andreas-Kathedrale befand sich eine wundertätige Kopie der Muttergottes-Ikone „Trösterin der Trauernden und Betrübten“ (Ton Slivomenou Paramithia“), deren Fest die russische Kirche am 19. November feiert.

Tafel X (Abb. oben)
Skiti des Propheten Elias. Farb-Lithographie aus dem Jahre 1914, in Odessa gedruckt.

Tafel XI
Ikonostase
Skiti des Propheten Elias

Tafel XII-XIII (vorangegangene Doppelseite)
Kellion des Geron „Kastanias", Probata, Blick zum Athosgipfel.

Tafel XIV (Abb. oben)
Nea Skiti

Tafel XV (Abb. rechts)
Ikonenmaler IM. Ananias und sein lebensvolles Gebet, das vor uns sichtbar wird, eine Botschaft in Farbe und Licht.

Tafel XVI
Danielide IM. Akakios, Katounakia

hier in unserer Seele das ewige Leben haben. Atem und Nahrung braucht unser Leib, damit er lebt. Die Nahrung der Seele aber ist Gott und die Gnade des Heiligen Geistes. Wie die Sonne den Blumen des Feldes Licht und Leben spendet, so erleuchtet der Heilige Geist die Seele; und wie die Blumen sich der Sonne zuwenden, so strebt die Seele zu Gott. Sie ist selig in ihm, und in ihrer Freude wünscht sie allen Menschen diese Seligkeit.“ (13)

Eines Nachts gelingt Siluan trotz aller Anstrengung nicht das reine Gebet. Er erhebt sich von seinem Schemel zu den üblichen Verbeugungen und sieht plötzlich die riesige Figur eines Dämons vor den Ikonen stehen, der die Verbeugungen für sich gelten lassen will. Die Zelle ist voll von Dämonen. Siluan setzt sich wieder, beugt seinen Kopf und spricht mit betrübtem Herzen:
„Herr, du siehst, daß ich mit reinem Sinn beten will, aber die Bösen lassen es nicht zu. Belehre mich, was ich tun soll, damit sie mich nicht stören.“
Und es ward ihm in der Seele die Antwort:
„Die Stolzen haben immer unter Dämonen zu leiden.“
„Herr“, sagte Siluan, „was soll ich tun, daß meine Seele demütig werde?“
Und wiederum vernimmt er die Antwort Gottes:
„Halte dich mit deinem Bewußtsein in der Hölle und verzweifle nicht.“ (14)

„Dem Demütigen offenbart Gott seine Geheimnisse und lehrt ihn den Weg des ewigen Lebens. Wer Gott erwerben will, muß die Demut erwerben.

Unsere Waffe im geistlichen Kampf ist die Demut. Eine demütige Seele wird die Netze unserer Feinde zerreißen und alle ihre Festungen einnehmen. Ja, hart und grimmig ist unser Kampf, aber doch nur für die Stolzen und Hochmütigen; für die Demütigen ist er leicht, denn sie lieben den Herrn, und er gibt ihnen seine Waffe: die Gnade des Heiligen Geistes.“ (15)

Starez Siluan lebte eineinhalb Jahre auf dem Stary Russik. Als er nach dieser Zeit mit der Aufgabe des Ökonomen im Lebensmittellager betraut wurde, fragte man ihn, ob diese unruhige Umgebung die innere Stille des Mönchs störe.
„Was ist denn innere Stille?“ antwortete er. „Innere Stille ist ständiges Gebet und Verweilen in Gott. Vater Johann von Kronstadt war stets von Menschen umgeben, aber er verweilte mehr in Gott als mancher Einsiedler ... Wenn man die Menschen liebt und mit ihnen fühlt, dann kann das Gebet nicht aufhören.“ (16)

„Der Mönch betet unter Tränen für die ganze Welt; darin besteht sein hauptsächliches Tun. Was treibt ihn denn dazu, für die ganze Welt zu weinen?
Jesus Christus, der Sohn Gottes, gibt dem Mönch die Liebe des Heiliges Geistes, und in dieser Liebe bangt sein Herz beständig um die Menschen, weil viele das Heil ihrer Seele nicht suchen. Der Herr selbst war in einem solchen Maß von der Sorge um die Menschen erfüllt, daß er sich hingab in den Tod am Kreuz. Auch die Gottesmutter trug das gleiche Leid um die Menschen in ihrem Herzen, und gleich ihrem geliebten Sohn wünschte sie allen, ohne Ausnahme, die Errettung. Denselben Heiligen Geist gab der Herr den Aposteln, unseren heiligen Vätern und den Hirten der Kirche. Darin besteht unser Dienst an der Welt. Und darum sollen weder die Hirten der Kirche noch die Mönche sich mit weltlichen Dingen beschäftigen, sondern die Gottesmutter nachahmen, die im Tempel, im Allerheiligsten, Tag und Nacht im Gebet für die Menschen ausharrte. Es ist nicht Sache der Mönche, der Welt mit der Kraft ihrer Hände zu dienen. Das ist Sache der Weltlichen. Dank der Mönche hört das Gebet auf Erden niemals auf, und darin liegt ihr Nutzen für die Welt; denn die Welt besteht durch das Gebet, wenn es aber aufhörte, ginge sie unter.“ (17)

Aus dem Leben des Geron Iosif „Spiliotis“

Einer der größten Kämpfer des gottgemäßen Lebens war Geron Iosif (1898 - 15.08.1959), der seine letzten Jahre in seinem Hesychastérion in der Nea Skiti verbrachte und den Beinamen „Spiliotis“ (gr. „spilia“, Höhle) erhielt.

Auf der Suche nach Gott lebte er nach dem Vorbild der heiligen Väter mit Fasten und Wachen in abgelegenen Orten und Höhlen. Als junger Novize, ganz auf sich allein gestellt, betete er in der Wüste von Bigla:
„Allgütiger Gott, Der Du alles kennst, auch meine Unwürde, Der Du mich der weltlichen Nichtigkeit entzogen hast und mir die Kraft verliehen hast, Dir zu folgen, warum hast Du mich verlassen? Ich möchte keine Halbheiten. Wie Du weißt, suche ich Deine Barmherzigkeit und Deine Gnade, um dem zu folgen, was Du mich aus den Lebensbeschreibungen Deiner Heiligen hast lesen lassen. Hilf mir, Allgütiger! Verlaß Dein Geschöpf nicht! Du weißt, daß ich nichts in der Welt habe außer Deiner Güte, da ich auf Deine Stimme gehört habe, denn Du bist mein Gott.“

Er bat auch die Gottesmutter um ihre Fürsprache und richtete seinen Blick zum Athos, wo er die Kapelle der Panagía sehen konnte. Da erfuhr Iosif Gottes Barmherzigkeit:

„Da verspürte ich eine innere Freude. Ich sah einen hellen Strahl von der Kapelle herabkommen, wie ein Regenbogen ist er zu mir gekommen und hat mich berührt. Sofort wandelte ich mich in meiner Gesamtheit, ich vergaß mich selbst. Ich war erfüllt mit Licht, nicht nur in meinem Herzen, sondern auch äußerlich, und ich hatte das Gefühl, daß ich keinen Körper hatte. Das Gebet begann von sich aus rhythmisch in mir zu klingen, und ich wunderte mich, weil ich selbst dazu keinen bewußten Entschluß faßte. Da sah ich mich und hörte mich gleichzeitig. Es erschien mir, als ob ich ein zweites Ich hätte, weil ich meinen inneren Zustand betrachtete, der voller Licht, voll geistigen Wohlgeruchs und Freude war. Aber auch in meiner Gesamtheit war ich von Licht umgeben, und ich bewunderte die Größe der göttlichen Barmherzigkeit. Ich weiß nicht, wie lange dieser Zustand anhielt. Dann zog sich dieses Licht an den Ort zurück, von wo es gekommen war. Ich kam zu mir und befand mich an der Stelle, wo ich zu beten begonnen hatte. Von dem Moment an entwich mir das Gebet nicht mehr. Ohne Mühe wurde es in meinem Herzen wiederholt.“

Bei einem Fest der „Metamorphosis" auf dem Athosgipfel begegnete Geron Iosif Vater Arsenios. Sie entschlossen sich, künftig gemeinsam zu kämpfen.
Bei Geron Daniel in Katounakia holten sie sich Rat, wo und wie sie ihren geistigen Kampf führen sollten. Der väterliche und besonnene Geron wies sie darauf hin, daß ohne den Segen eines Geron nichts gedeihen kann: „Ohne dieses Siegel des väterlichen Segens wird kein geistiges Werk in unserem Leben als Mönche fruchtbar. Deshalb müßt ihr durch diese Gesetzmäßigkeit hindurchgehen, damit euch die Gnade Gottes im ganzen Leben begleite. Geht zu einem einfachen Geron. Auch wenn er euch zu einfach erscheint, unterwerft euch ihm, und wenn er stirbt und ihr ihn ins Grab tragt, dann werdet ihr als Erben den Segen Gottes empfangen, damit er euch zu jener Erhöhung führe."

Mit dem Segen Daniels gingen sie in die nahe gelegene Kalyba „Evangelismos" zu den Gerontes Iosif und Ephraim.
Iosif hielt entschlossen an seinem Programm fest. Jeden Abend nach Sonnenuntergang suchte er eine Höhle auf, betete dort sechs Stunden ohne Unterlaß und versenkte seinen Geist ins Herz.

Er berichtete von einer Begebenheit, die am Fest der Epiphanie geschah.
Vater Ephraim und Arsenios waren zu einer Nachtwache gegangen, und Iosif betete wie immer in seiner Höhle:
„Dort befand ich mich im Gebet. Auf einmal erfüllte mich Licht, nicht wie das Tageslicht. Dann nahm das Licht zu, sodaß der ganze Ort erhellt wurde. Plötzlich erschienen vor mir drei Kinder im Alter von sechs bis acht Jahren, von gleicher Gestalt und mit gleichen Gesichtszügen. Sie waren so anmutig und schön, daß ihr Anblick alle meine Sinne fesselte. Ich empfand eine tiefe Bewunderung. Sie kamen mir entgegen und gingen im gleichen Rhythmus mit gleichen Bewegungen. Dabei sangen sie sehr melodisch: ‚Wer immer auf Christus ist getauft, hat Christus angezogen. Alleluja.'
Sie segneten mit ihren Händen genauso wie der Priester. Ich befand mich in einem derart seligen Zustand, so ähnlich wie Petrus als er die Worte vom 'Hütten bauen' sprach. Dieser Zustand hielt so lange an, solange es die göttliche Gnade und Menschenliebe wollte. Dann wich das Licht zusammen mit den drei Kindern zurück und war verschwunden.
Nach dieser Zeit vervielfältigte sich die Gnade des Gebets, und die Sehnsucht nach Ruhe und Hesychia nahm noch mehr zu. Der Geist befaßte sich nicht mehr mit irdischen Dingen. Dafür vermehrten sich die Versuchungen."

Der Fürst des Bösen und der Feind unserer Rettung läßt in dem Krieg gegen uns kein Mittel unversucht, um unseren Fortschritt zum geistigen Ziel zu verhindern. Isaak der Syrer sagte, sobald der Teufel sieht, daß der Fortschritt begonnen hat, schickt er sogar vom anderen Ende der Erde einen Menschen oder einen Anlaß, um ein Hindernis in den Weg zu legen.

Mit dem Segen des Geron suchten sie einen abgelegenen und ruhigeren Ort auf und ließen sich in Agios Basilios nieder. Nach dem Weggang des Geron Ephraim verließen die zwei jungen Kämpfer ihre provisorische Hütte und wandelten während des ganzen Sommers sorgenfrei von Ort zu Ort. Sie betrieben ihre Askese hauptsächlich auf dem Athosgipfel und im Gebiet der Megisti Lawra. Auf diesen Wanderungen war ihre einzige Ausrüstung ein russisches Priestergewand, eine Kutte mit Innenpelz, die auch als Liegematte diente, ein Behälter für Zwieback und ein kupferner, kleiner Topf, den sie oft zum Athos mitnahmen, um manche wilde Kräuter zu kochen. Sie sprachen nach Möglichkeit überhaupt nicht, hielten beim Gehen Abstand voneinander. Im Winter kehrten sie zu ihrer Hütte zurück, wo sie bis Ostern blieben. Sie fasteten viel und sie wachten noch mehr, weil der Geron immer betonte: „Es zähmen keine anderen Entbehrungen den Körper so wie das Fasten und Wachen, und keine anderen Entbehrungen lassen die Leidenschaften so verwelken wie sie." Das Essen war so schlicht, daß es unserer Generation fast unglaublich erscheint. Geron Iosif aß jeden Tag nur 75 Gramm Zwieback nach der neunten Stunde, das heißt drei Stunden vor dem Sonnenuntergang. Am Samstag oder am Sonntag, wenn sie sich in irgendeinem Kloster befanden, bekamen sie kleine Mahlzeiten. In den ersten acht Jahren behielten sie diese Lebensform bei. Dann blieben sie in ihrer Hütte.

Geron Iosif erzählte von einer Vision, als er noch in Agios Basilios weilte. In einem Augenblick während des Gebets, als das Licht zunahm und die Betrachtung des Geistes in der Tiefe des Herzens unterbrochen wurde, erschien plötzlich vor ihm eine Gruppe von Mönchen. Sie standen in Schlachtordnung, und ihnen gegenüber, in kurzer Entfernung, war auch eine Art Armee angetreten. Sie bestand aus vielen wilden Schwarzen mit abscheulicher Gestalt und mit bösen Absichten. Dann sah er einen großen, herrlichen General auf sich zukommen, der zu ihm sprach: „Willst du in die erste Reihe kommen, um zu kämpfen?" Und Iosif freute sich und bat, ihn dort aufzustellen. Sogleich verspürte er in seiner Seele Abscheu gegenüber den Gegnern, die er als Dämonen erkannte. Der General lächelte ihn an und sagte: „Wer immer wie ein Mann kämpfen möchte gegen

diese finsteren Mächte, dem werde ich beistehen und helfen."
Als er wieder zu sich kam, dauerte es nicht lange, bis die Versuchungen zunahmen.

Wen immer die göttliche Gnade heimsucht, den rüstet sie von Zeit zu Zeit auch als eine Stütze für die anderen mit geeigneten Erfahrungen aus, wie sie nur die Gnade kennt. Sie zeigt ihm offensichtlich auch, daß sie mitkämpft und beisteht. Sie offenbart ihm, wie er die Gegner besiegen kann, sie tröstet den Kämpfer, sobald er ermüdet, und zeigt ihm den Siegespreis.
Die heilige Barmherzigkeit, der Eingriff der göttlichen Gnade, dient der Vervollkommnung des Lebens in Christo. Auch unser Herr spornt uns an durch seine Worte in der Bergpredigt, immerfort zu suchen, anzuklopfen und zu bitten.
Je mehr göttliche Gnade dem Kämpfer zuströmt, desto mehr und intensiver befallen ihn die Versuchungen. Es bedarf hier eines eisernen Willens und der Tapferkeit eines echten Kämpfers.
Aber der Böse hört nicht auf, sich zu verbergen, sich zu verstellen und mit List diejenigen zu betrügen, die nicht über genug Erfahrung verfügen. Die Gegenwart des bösen Geistes selbst verursacht Angst und Aufregung in der Seele. Seine Wirkung wird erfahrbar, indem er durch die Sinne den Geist verdeckt.
In diesem harten Kampf zwischen Gnade und Irrtum steht der Kämpfer mit unbeugsamem und festem Willen, indem er die hinter ihm liegenden Dinge zu vergessen und die vor ihm liegenden Dinge zu erlangen sucht.

Die Versuchung heißt im Griechischen „Peirasmós", weil sie in dem Versuchten die Erfahrung (gr. „Peira") erzeugt.

Versuchungen sind der Natur nach all die traurigen Ereignisse im Leben, von den kleinsten Schmerzen bis zum Tod. Diese Bedrängnisse haben ihren Anfang nicht in der ursprünglichen Schöpfung. Sie sind Folgen und Symptome des Falls. Die Übertretung und die Sünde erzeugten sie. Sie verwandeln unser Leben in unendliche Bitterkeit, Bedrängnis und Pein.

Unser Herr Jesus Christus, unser Retter und Heiland, hat diese furchtbare Bedrohung unserer Natur verwandelt. Nicht nur das, sondern nachdem Er den Tod zunichte gemacht und durch das Leben ersetzt hat (denn auch wir dürfen mit Ihm auferstehen), wurden auch die Bestandteile und Instrumente des Leidens, wie die Versuchungen, als ein Mittel im Dienst für das Leben zu unserer Rettung verwandelt.

Ab diesem Zeitpunkt bis zur Ewigkeit werden die Versuchungen von all den großen Gefolgsmengen der Gerechten, von all den Wolken der Märtyrer, von all den Chören der Geretteten und von allen, die zum Leben greifen, mit Dankbarkeit als die praktischeste Methode auf dem Weg zum ewigen Leben betrachtet. Die Väter sagten in geflügelten Worten: „Hebe die Versuchungen auf, und niemand wird gerettet werden."

Ein Geron sagte:
„Überall dort, wo es Versuchungen gibt, gibt es auch Kronen. Wenn es möglich wäre, ein Kloster zu finden, wo es nur Engel gäbe und du als Bruder in diesem Kloster dienen würdest, könntest du nicht gerettet werden, weil niemand dich dann auf die Probe stellen würde und du so in Ruhe leben würdest."

Auch Christus gibt uns folgende Lohnverheißung als Erbe:
„Aber ihr seid es, die mit mir ausgeharrt habt in meinen Prüfungen. So bestimme ich euch das Reich, wie es mir mein Vater bestimmt hat." (Lk 22,28-29)

Was die Form der Versuchungen betrifft, so ändern sie sich, wie es der Umstand erfordert, mit dem programmierten Nutzen für unsere Seele. Dank sei unserem Gott, der uns zum Sieg durch das Kreuz leitet!

Nach der Offenbarung, der Berufung in die erste Schlachtreihe, begann für Geron Iosif der ständige Krieg mit den härtesten Versuchungen. Es begann der Krieg des Fleisches.

Als ein natürlicher, innewohnender Drang tritt er immer wieder in Erscheinung, besonders im reifen Alter, und wird durch äußere Ursachen gereizt. Oft bilden Klima und Ernährung zusätzliche Anreize für diese Begierden. Wenn die Anlässe sich nur auf natürlichen Ebenen bewegen, dann kann die Vernunft mit Leichtigkeit sich durchsetzen, und das Gesetz der Sittlichkeit gewinnt die Oberhand. Wenn aber gegen die Natur der Einfluß Satans eingreift, nimmt die Sache andere Dimensionen an.
Dann beginnt ein harter Kampf: verlängertes Wachen, langes Stehen, auch das Holz, wie der Geron die Schläge nannte. Weil das Ziel dieser Leidenschaften allein der Vergnügung dient, wird sie richtigerweise mit entsprechender Härte und mit Schmerz abgewehrt.
„Ich war im vollen Bewußtsein des Krieges", sagte er. „Ich kämpfte hart. Wann

immer ich durch Ermüdung in irgendeine Sackgasse geriet, nahm die Gnade zu, sie verstärkte sich, und wir nahmen den Kampf wieder auf. Aber im Laufe der Zeit wurde der Krieg immer härter."
Er schaffte die Liegematte ab, machte einen hölzernen Schemel auf dem er saß und schlief. „Da der Krieg nicht nachgab, gab ich auch nicht nach und kämpfte mit spartanischer Lebensweise und Wachsamkeit. Im geistigen Gebet fand ich immer wieder Kraft, Trost und Zuversicht." (18)

Aus Briefen des Geron Iosif über das geistige Gebet

Mein geliebter Bruder in Christo!
Deine Bereitschaft, deiner Seele zu nützen, bereitete mir große Freude. Auch ich bemühe mich, jedem Bruder zu helfen, der die Rettung sucht.

Die Bestimmung des Menschen, nachdem er in dieses Leben geboren wurde, ist, Gott zu finden. Aber er kann Ihn nicht finden, es sei denn, Gott findet ihn zuerst. In Ihm leben und bewegen wir uns, aber unsere Leidenschaften haben unsere Augen der Seele verschlossen, und wir können nicht sehen. Aber wenn unser gütiger Gott sein Auge uns zuwendet, dann wachen wir auf wie aus dem Schlaf und fangen an, nach unserer Rettung zu suchen.

Das geistige Gebet ist für mich wie für einen anderen Menschen das Handwerk, denn ich arbeite mit diesem Gebet sechsunddreißig Jahre lang. Als ich zum Agion Oros kam, wandte ich mich direkt an die Eremiten, die mit diesem Gebet arbeiteten. Es gab damals vor vierzig Jahren viele, die göttliches Leben in sich hatten, Menschen mit Tugenden, alte Gerontes. Aus ihnen wählten wir unseren geistigen Führer.
Die Praxis des geistigen Gebets besteht darin, dich selbst zu zwingen, das Gebet ohne Unterbrechung fortgesetzt mit dem Mund oder mit dem Sinn zu sagen. Du sollst allein den Worten des Gebets Aufmerksamkeit schenken: „Herr Jesus Christus, erbarme Dich meiner." Sobald der Sinn sich an das Gebet gewöhnt hat, sagt er es von sich aus, und das Gebet wird zur Energie. Als Energie wird das bezeichnet, was du in dir empfindest, wenn du das Gebet sprichst. Das nennt man das Empfinden der Energie, denn die Gnade wirkt ohne den Willen des Menschen. Er ißt, er geht, er wacht und er spricht dauernd das Gebet, und er empfindet Frieden und Freude.

Der Sinn sendet das Gebet an das Herz. Da der Sinn der Versorger der Seele ist, besteht seine Aufgabe darin, was immer er hört oder sieht, dem Herzen weiterzuvermitteln. Dort ist das Zentrum der geistigen und körperlichen Kraft des Menschen, der Thron des Sinns. Wenn also der Betende seinen Sinn in der Gewalt hat, sodaß er sich nichts vorstellt und lediglich auf die Worte des Gebets achtet, dann sendet er es mit einem gewissen Zwang und mit dem eigenen Willen zum Herzen. Dort behält er es in sich wie eingeschlossen und wiederholt das Gebet rhythmisch: „Herr Jesus Christus, erbarme Dich meiner!"

Bei jedem Atemzug sagt er einmal das Gebet: „Herr Jesus Christus" beim Einatmen, „erbarme Dich meiner" beim Ausatmen. Das geschieht, bis die Gnade ihn überschattet und in seiner Seele zu wirken beginnt. Dann spricht man von „Theoría", von Betrachtung.

Da du dich in der Welt befindest und verschiedene Sorgen hast, sollst du das Gebet sagen, wann immer du Zeit findest, aber denke daran, daß du es nicht vernachlässigst. Bezüglich der Theoría oder der Betrachtung, wonach du suchst, diese ist schwer zu erreichen, denn sie benötigt absolute Ruhe.

Das Gebet kann überall, im Sitzen, im Stehen und im Gehen gesprochen werden. „Betet unablässig, danket für alles", sagt der Apostel. Aber du wirst nicht immer beten, oftmals ist ein innerer Kampf notwendig. Alles das nennt man „Praxis". Du zeigst deinen guten Willen Gott gegenüber, und alles hängt von Ihm ab. Gott ist Anfang und Ende, Seine Gnade bewirkt alles, und diese Gnade ist die treibende Kraft.

Die Art und Weise, wie die Gnade im Leben wirkt, hängt auch davon ab, wie du die Gebote der Liebe in bezug auf den Nächsten lebst, ob du Mitleid mit den Kranken empfindest und alten Menschen Barmherzigkeit erweist. Dann liebt dich Gott, und dann sollst auch du Ihn lieben. Er liebt zuerst und schüttet Seine Gnade aus, und dann gibst du „deine Sachen aus deinen Sachen".

Wenn du also bestrebt bist, Ihn zu finden, achte darauf, daß du für Vorstellungen und Phantasien nicht empfänglich bist. Denn das Göttliche ist unvorstellbar, farblos und ohne Gestalt, es ist übervollkommen. Es ist nicht faßbar durch Überlegungen. Es wirkt wie eine feine Brise in unseren Sinnen.

Ich bin sicher, daß du Ihn finden wirst, du sollst nicht daran zweifeln. Klopfe direkt an die Tür der göttlichen Barmherzigkeit, und Christus wird dir öffnen. Liebe Ihn, damit auch du viel empfängst. Es liegt an deiner Liebe, ob du viel oder wenig bekommen wirst.

Die Leidenschaften sind eine harte Materie, mit einem hohen Gebirge vergleichbar. Die Gnade ist die Sonne. Die Sonne geht auf, um den ganzen Menschen zu erwärmen. Sobald ein Strahl ihn trifft, wird er von Freude bewegt. Wenn die Gnade zurückweicht, befindet er sich wieder im Schatten der Leidenschaften und im Wirkungsbereich der Dämonen. Sie behindern die Gnade wie Wolken, die das Sonnenlicht abhalten.
Aus dem Schatten der Leidenschaften steigen Nebel auf und verfinstern die zarten Strahlen der aufgehenden Sonne. Das sind die Gedanken der Verzweiflung, der Angst, der Lästerungen und ähnliche Dinge, durch welche die Seele verwelkt und ihren Freimut verliert. Jeder Gedanke der Verzweiflung, der große Traurigkeit mit sich bringt, ist vom Teufel. Er ist der Nebel der Leidenschaften. Beseitige ihn sofort durch die Hoffnung auf Gott, durch eine Aussprache mit einem Geistlichen, durch den Segen und die Gebete der Älteren.

Aber eine kleine Traurigkeit, die mit Freude und Tränen vermischt ist und die einen Trost in der Seele mit einschließt, ist von der Gnade Gottes. Diese führt uns zur Reue, ungeachtet, was die Verfehlung war. Das geschieht unser ganzes Leben lang.

Die Verfehlung vertreibt den Freimut zu Gott, aber die Reue holt ihn zurück. Die Gnade führt nicht zur Verzweiflung, sie regt immer die Fallenden zur Reue an. Sie ist diejenige, die deine Gedanken zu belehren sucht. Du sollst nie allein auf dich selbst vertrauen, solange du lebst.

Die Gnade der Reue, die in den Kämpfern wirksam wird, ist eine Art göttlicher Tauschhandel, wobei wir Erde geben und Himmel empfangen. Wir tauschen Materie, indem wir Geist bekommen. Jeder Schweiß, jeder Schmerz, jede Askese für Gott ist ein Umtausch. Es wird uns Blut genommen und Geist infundiert. Diese Gnade heißt die Gnade der „Praxis“ oder die läuternde Gnade.

Der „Praxis“ folgt die Erleuchtung nach. Das ist das zweite Stadium durch die erleuchtende Gnade. Nachdem der Kämpfende durch die Gnade der „Praxis“ gut erzogen worden ist, nachdem er unendlich oft gefallen und wieder aufgerichtet worden ist, kommt die Erleuchtung der Erkenntnis. Es ist die Klarheit des Sinnes, der die Wahrheit erkennt. Er sieht die Dinge in der Natur, wie sie sind, ohne künstliches Beiwerk menschlicher Gedanken. Jedes Ding wird in seiner wirklichen Realität erkannt. Von da an findet man den Frieden der Gedanken und eine Pause von den Versuchungen.

Der Erleuchtung folgen: die Unterbrechung des Gebets und häufige Betrachtungen, die Entrückung des Sinns, das Aufhören der Sinne, Bewegungslosigkeit und äußerstes Schweigen, die Vereinigung Gottes mit dem Menschen in einem Wesen.

Die Gnade der „Praxis" kann mit dem Licht der Sterne verglichen werden, die der Erleuchtung mit dem Licht des Vollmonds, und die vervollkommnende Gnade der Betrachtung ist wie das Licht der Mittagssonne. Deshalb unterteilten die Väter das geistige Bürgertum in drei Klassen.

Sobald sich also die Gnade im Menschen vermehrt und er alles das erfährt, was wir erwähnt haben, dann gelangt er zu einer großen Einfachheit. Sein Sinn erweitert sich durch ein großes Fassungsvermögen. Und genauso wie du jene Tropfen der Gnade gekostet hast und große Freude über dich kam, genauso kommt sie wieder, wenn der Sinn im Gebet innehält. Wie eine feine Brise, wie ein wohlriechender gewaltiger Windstoß überfließt sie den ganzen Körper, das Gebet wird unterbrochen, die Glieder hören auf sich zu bewegen, und allein der Sinn betrachtet inmitten des im Überfluß vorhandenen Lichtes. Es kommt zur Vereinigung Gottes mit dem Menschen. Man kann sich selbst nicht trennen genauso wie das Eisen, das im Feuer rot glühend mit dem Feuer eins wird.

Nur sobald die Betrachtung aufhört, kommt der Mensch wieder in den ursprünglichen Zustand zurück. Während er sich in der Betrachtung befindet, ist er jemand anderer. Er vereinigt sich gänzlich mit Gott. Er denkt nicht, daß er einen Körper hat noch eine Behausung, er schwebt gänzlich und steigt ohne Körper in den Himmel empor.

Das ist wahrhaftig ein großes Mysterium, denn der Mensch sieht jene Dinge, die eine menschliche Zunge nicht beschreiben kann. Und sobald diese Betrachtung aufhört, erlangt man eine derartige Demut, daß man wie ein kleines Kind weint, weil man vom Herrn solche Dinge empfängt und selbst nichts tun kann.

Er kommt zur Erkenntnis, daß er im Leben vollkommen arm und unwürdig ist. Und je mehr man so denkt, umso mehr empfängt man, und die Gnade vermehrt sich. Man wird der Sohn des Königs.
Und wenn du fragst:
- *„Wem gehört das, was du trägst?" Dann sagt er: - „Meinem Herrn."*
- *„Das Brot und die Speise, die du ißt?" - „Meinem Herrn."*
- *„Und das Geld, das du bei dir hast?" - „Meinem Herrn."*
- *„Und was gehört dir?" - „Nichts. Ich bin Staub, ich bin Lehm, ich bin Erde."*

Und was ist dieses Nichts? Es ist das, was es gab, bevor Gott Himmel und Erde erschaffen hat. Es war nichts.
Das ist also der Anfang unserer Existenz. Der Stoff unserer Herkunft ist der Lehm. Und was ist unsere Kraft? Das göttliche Einhauchen, der Hauch Gottes.

Nimm also, Gott, der Du der Schöpfer jedes Guten bist, nimm den göttlichen Hauch, den Du uns eingehaucht hast, sodaß wir den Geist des Lebens empfingen, und wir werden wieder zu Lehm.

Was hast du also, du stolzer Mensch, was du nicht empfangen hast? Wenn du also empfangen hast, warum brüstest du dich, als hättest du nicht empfangen? Demütige Seele, erkenne deine Wohltäter und paß auf, daß du nicht fremde Dinge an dich reißt, daß du dich nicht mit den Errungenschaften Gottes schmückst, als wären sie deine eigenen. Erkenne, daß deine Existenz armselig ist, erkenne deine Herkunft! Vergiß nicht, daß du fremd bist und alles fremd ist, das heißt, daß dir nichts gehört! Und wenn dir dein gütiger Wohltäter, Gott, etwas gegeben hat, dann gib es Ihm mit reinem Gewissen „Deine Dinge von seinen eigenen Dingen".

Wenn du in den Himmel hinaufgestiegen bist und du die Engel gesehen hast, wenn du die Stimmen der göttlichen Heere gehört hast, wenn du über Gott redest und lehrst, wenn du die Machenschaften der Dämonen besiegt hast, wenn du über etwas schreibst oder sprichst oder etwas tust, alles ist eine Gabe Gottes.
Sag also Deinem Herrn und Schöpfer: „Nimm Du, mein Schöpfer 'Deine Sachen von Deinen eigenen Sachen!'"
Und dann, was wirst du sehen, wenn sich die Schätze Gottes öffnen werden und Er dir sagen wird: „Mein Sohn, nimm alles, denn du hast dich als treuer und guter Verwalter erwiesen!"

Die Sinneswahrnehmungen hören auf, und der Betende wird in die Betrachtung entrückt.

Geron Iosif schrieb über einen bekannten Bruder, der eines Abends während des Sonnenuntergangs die Metamorphosis-Kapelle auf dem Athosgipfel betrachtete und sich an Christus wandte und sprach: „Herr, genauso wie Du Dich vor Deinen Jüngern verwandelt hast, verwandle Dich auch in meiner Seele. Bewirke, daß die Leidenschaften aufhören und daß mein Herz Frieden findet. Gib das Gebet dem Betenden und nimm meinen Sinn in Deine Hand und verfüge über ihn."
Während er diese Worte äußerte, wehte eine feine Brise voller Wohlgeruch vom Berg herab. Diese erfüllte seine Seele mit Freude, Erleuchtung und göttlicher Liebe, und auch das Gebet wiederholte sich unablässig in seinem Herzen. Dann stand er auf, ging in seine Hütte, denn die Nacht war bereits angebrochen. Er setzte sich, neigte den Kopf und überließ sich dem Gebet in seinem Herzen. Es dauerte nicht lange, und er wurde in die Betrachtung entrückt, sodaß er gänzlich in Ekstase geriet. Er wurde nicht mehr von den Mauern und Felsen umschlossen. Er befand sich außerhalb und jenseits jedes Willens in einer unbeschreiblichen Ruhe, in einem Licht, in einer grenzenlosen Weite, ohne Körper, und er hatte nur eines im Sinn, für immer dort zu bleiben und nicht mehr in den Körper zurückkehren zu müssen.
Das war die erste Betrachtung, die jener Bruder erlebte. Er kam wieder zu sich und setzte den Kampf fort, um gerettet zu werden. Jener Bruder war etwa dreißig Jahre alt. Er verweilte täglich von neun Uhr abends bis drei Uhr früh im Gebet. Er betete zuerst mit Worten, und wenn er ermüdete, dann schloß er das Gebet in sein Herz ein. Nachher stand er auf, um seinen übrigen Verpflichtungen nachzukommen.

Aber wenn die Gnade nicht mitwirkt und der Sinn zerstreut wird, dann schließt der Mönch ihn ins Herz ein. Dann ruht der Sinn wie in einem Nest, und er wankt nicht hin und her, als ob das Herz sein Gefängnis wäre.

Wenn die Gnade wirksam wird, geschieht die Verwandlung. Der Empfänger wird mit Erleuchtung und grenzenloser Freude erfüllt. Er kann das Feuer der Liebe nicht erfassen, die Sinne hören auf, und er wird in die Betrachtung entrückt. Von dem Moment an hat der menschliche Wille keine Gewalt mehr über sich, noch erkennt er sich selbst, denn er hat sich mit dem Feuer vereint. Sein Wesen ist umgewandelt. Er ist durch die Gnade Gottes mit Gott vereint.

Das ist das göttliche Mitwohnen, wenn die Mauern sich entfernen und der Betrachtende die Luft des Sinns atmet. Eine freie Luft, die voller Düfte des Paradieses ist. Später weicht die Gnade wieder allmählich zurück. Er kommt zu sich, als käme er aus einem Bad heraus, rein, leicht, erleuchtet, begnadet, voller Weisheit und Erkenntnis.
Nur daß derjenige, der solche Dinge will, verpflichtet ist, in jedem Moment in die Richtung des Todes zu wandeln.

Über die drei Zustände der menschlichen Natur, zu denen der Mensch auf- oder absteigen kann, und über die drei Arten der göttlichen Gnade, welche die menschliche Natur empfangen kann, wenn sie kämpft: Die reinigende, die erleuchtende und die vervollkommnende Gnade

Die Ausgangssituation ist der natürliche Zustand des Menschen, nachdem wir das Gebot Gottes übertreten haben und aus dem Paradies vertrieben wurden. Nach dieser Vertreibung wurden uns die göttlichen Gebote schriftlich gegeben, und jeder Mensch ist genötigt, wenn er seine Rettung wünscht, sich selbst Gewalt anzutun und gegen die Leidenschaften Krieg zu führen.
Im Zustand gegen die Natur befindet sich der Mensch, der außerhalb des göttlichen Gesetzes wandelt und sich in verschiedenen Sünden wälzt. Dann hütet er Schweine, und wie der verlorene Sohn versucht er seinen Hunger mit Schweinefutter zu stillen.

Der Zustand über der Natur ist die Leidenschaftslosigkeit, die Adam besaß, bevor er das Gebot übertrat und bevor er von dieser göttlichen Gnade und Unschuld abgefallen ist.

Wenn der Mensch über die ersten Sünden Reue empfindet, so wird er dadurch aufgefordert, sich wieder innerhalb des göttlichen Gesetzes zu bewegen. Er leidet wegen der Leidenschaften starke Schmerzen und muß große Kämpfe führen. Dann gibt ihm die göttliche Gnade im geheimen durch die göttlichen Worte, die er liest, Trost, Freude und auch die Kraft und den Mut für den geistigen Kampf. Diese Gnade heißt läuternde Gnade, denn sie hilft dem reuigen Kämpfer, sich von den Sünden zu reinigen und den naturgemäßen Zustand wieder herzustellen.

So der Mensch im naturgemäßen Zustand die Kämpfe nicht unterbricht, nicht in Nachlässigkeiten verfällt, sondern sich in Zucht nimmt, um gute Früchte hervorzubringen, wenn er Geduld und Ausharren bekundet und auf die Barmherzigkeit Gottes wartet, dann empfängt der Sinn die göttliche Erleuchtung und wird durch das göttliche Licht erfüllt. Er wird ganz göttliches Licht, mit dem er die Wahrheit im Sinn sehen und unterscheiden kann, wie er wandeln muß, bis er das Maß der Liebe vom liebenden Jesus erreicht.

Dieses Licht ist weder ein Feuer oder Blitz noch das Licht einer Leuchte oder von verschiedenen Farben. Das geistige Licht der göttlichen Gnade ist immateriell, gestaltlos, angenehm und friedlich. Man nennt es die erleuchtende Gnade, welche den Sinn erleuchtet und ihm den sicheren Weg des geistigen Wandels zeigt, damit er sich nicht verirrt und fällt.

Unser natürlicher Zustand ist gegenüber der göttlichen Gnade Finsternis. Um wieviel mehr, wenn sich die Dämonen uns nähern, die von Natur aus Finsternis sind. Sobald das Licht der Gnade kommt, weicht die Finsternis, genauso, wie wenn die Sonne aufgeht. Die Finsternis wird dann vertrieben, und wir sehen auch die kleinsten Details klar, die uns vor dem Sonnenaufgang entgangen sind. Wenn wiederum die Sonne untergeht, dann nimmt die Finsternis zu, und wer in der Finsternis wandelt, der wird von großen und schmerzvollen Drangsalen verfolgt.

Ähnliches geschieht, wenn wir uns im göttlichen Licht befinden, dann können wir alles klar sehen. Die Dämonen fliehen, denn sie können neben der göttlichen Gnade nicht bestehen. Sobald sie sich aber zurückzieht, kommt die Finsternis wieder, und unser eigener natürlicher Zustand stellt sich wieder ein. Dann kommen wieder die Räuber, die Dämonen, und führen gegen uns Krieg.

Da unsere Natur vielen Verwandlungen unterworfen ist, kann es also sein, daß wir viele Werke in der Zeit der Finsternis vollbringen, aus denen wir Schaden erleiden, da wir ohne göttliche Gnade vieles nicht unterscheiden können. Daher sollen wir göttliche Hilfe anrufen und allein auf Ihn vertrauen.

Durch die läuternde und erleuchtende Gnade werden dem Menschen gute Gedanken, geistige Erinnerungen oder Ermahnungen zugeführt, um ihn zu den Tugenden, wie zur Liebe, Demut und Selbstbeherrschung anzuregen. Im allgemeinen kämpft er durch die Gedanken der Gottergebenheit und des Widerstandes gegen die Leidenschaften und bewahrt die Tugenden.

Aber wenn die vervollkommnende Gnade kommt, dann werden die Leidenschaften getilgt. Die Tugenden werden ohne Anstrengungen bewahrt, als gehörten sie zur eigenen Natur. Es ist jener ursprüngliche, von Gott erschaffene, leidenschaftslose Zustand des Menschen vor seiner Übertretung. Denn die Leidenschaften befielen erst die Natur des Menschen nach Adams Ungehorsam.

Der ursprüngliche Zustand des Menschen, wie er von Gott geschaffen wurde, war leidenschaftslos. Aus diesem Grund wandelt der Sinn, sobald er von den Leidenschaften befreit wird, wie ein König durch die göttliche Erkenntnis über der Natur.

Wenn du also siehst, daß deine Tugenden ohne Anstrengungen und ohne Argumente der Gedanken Bestand haben und nicht verwandelt werden, dann sollst du wissen, daß du über der Natur bist. Wenn du wiederum die Tugenden hochhältst und dein Zustand durch die guten Gedanken verwandelt wird, dann sollst du wissen, daß du der Natur gemäß bist. Und wenn du Sünden begehst, dann sollst du wissen, daß du gegen die Natur bist und daß du gemäß dem heiligen Evangelium die Schweine hütest. Dann streng dich an und tue dir Gewalt an, damit du befreit wirst. (19)

Auf dem Heiligen Berg

Skiti Thebais, hier zu sehen auf der Fahrt nach Dafni, gehört zum russischen Kloster Panteleimonos.

Skiti Thebais

Um die Jahrhundertwende lebten hier über hundert Mönche und Einsiedler. Im Jahre 1883 wurde die Kirche zu Ehren „aller Athosmönche" geweiht. Heute erscheinen die Ruinen auf der felsigen Küste wie eine Ermahnung an die Endzeit. Zugleich aber auch als ein Vorposten der Hoffnung russischer Mönche, eines durch Jahrhunderte geknechteten Volkes.

Im Glanz der untergehenden Sonne vernimmt man noch ihre Gesänge, voll Schwermut, Hingabe, Trauer und Wehmut:

„Aus den Tiefen rufe ich zu dir, o Herr!
Herr erhöre meine Stimme!
Meine Seele harrt auf den Herrn,
mehr als die Wächter auf das Morgenrot.
Denn bei dem Herrn ist Barmherzigkeit, und reiche Erlösung bei ihm.“

(Aus Ps 130 (129))

„Und ich sah einen neuen Himmel und eine neue Erde,
Gott selbst ist mit ihnen und sie werden sein Volk sein.
Und er wird abwischen jede Träne von ihren Augen,
und es wird keinen Tod mehr geben, auch keine Trauer,
keinen Klageschrei, keine Mühsal wird es mehr geben;
denn das Frühere ist vorbei.“

(Aus Apok 21)

„Auf, werde Licht, denn es kommt dein Licht,
und die Herrlichkeit des Herrn geht leuchtend auf über dir.
Deine Sonne geht nicht mehr unter,
und dein Mond nimmt nicht mehr ab,
denn der Herr ist dein ewiges Licht;
zu Ende sind deine Tage der Trauer.“

(Jes 60,1 und 20)

In Karyais, der Mönchshauptstadt

Die übliche Übersetzung „Zu den Walnußbäumen“ wird vom griechischen „Karydiá“, Nußbaum, abgeleitet. Karyais ist Sitz der Mönchsregierung und der administrativen Behörden, einer Polizeistation, der Post und Telefondienststelle. Auch sind Arzt und Spital, zwei Gaststätten, ein „Hotel Athos“, verschiedene Läden mit Lebensmitteln vorhanden. Der mittelalterliche Ort wird hauptsächlich von Kellioten bewohnt. Rund um Karyais gibt es mehr als 30 Kellia mit ihren Kapellen und Grundstücken, mit Weingärten, Nuß- und Olivenbäumen, den fruchtbaren Gärten, da reichlich Quellwasser vorhanden ist. Die Kellioten zeichnen sich durch ihren standhaften Glauben und ihre Vaterlandsliebe aus.

Der Athosbesucher findet am Hauptplatz das Regierungsgebäude mit der breiten, weiß blendenden Marmorstiege und dem Säulenportikus. Gegenüber dem Regie-

Das Protaton, die Amtskirche des Protos, gilt als die älteste Kirche auf dem Heiligen Berg

Sie wurde im 10. Jahrhundert von Leon, dem Bruder des byzantinischen Kaisers Nikiforos Fokas, errichtet. Während der Regentschaft des byzantinischen Kaisers Andrónikos II. Palaiologos (1282-1328) wurde sie erneuert und mit noch heute erhaltenen Wandmalereien ausgestattet. Die Kirche ist eine dreischiffige Basilika mit höherem Mittelschiff, einem Satteldach statt der üblichen Kuppel, drei Apsiden an der Ostseite, einer westlichen und nördlichen Vorhalle. Die Wandmalereien werden der herausragenden Malerpersönlichkeit der berühmten makedonischen Schule, Manuel Panselinos aus Thessaloniki (um 1300), zugeschrieben. Sie wurden 1953 von der staatlichen Behörde für Denkmalschutz gereinigt und in ihren ursprünglichen lebendigen Farben restauriert.

Das Protaton ist der „Koimesis tis Theotokou", der Entschlafung (Himmelfahrt) der Muttergottes, geweiht (15. August).
Die Kirchweihikone ist an der Ikonostase links seitlich angebracht.

Die Ikonostase oder Bilderwand bildet die Trennwand zwischen Altarraum und Kirchenschiff, zwischen der göttlichen und der menschlichen Welt. Sie ist zugleich auch Vereinigung beider Welten (Abb. auf Tafel IV, S. 52).

Die mittlere Tür in der Bilderwand, die Königstür, die Heilige Pforte, führt in den Altarraum. Am Eingang in das Reich Gottes sind die Evangelisten dargestellt, ergänzt durch die Verkündigung als Sinnbild ihrer Botschaft.
Links neben der Pforte befindet sich die Ikone der Gottesmutter, als „Hodigitria", Wegweiserin, dargestellt; mit der rechten Hand weist sie auf Christus, zeigt den Gläubigen den rechten Weg.
Rechts sehen wir Christus, den Heiland, das Evangelienbuch aufgeschlagen: „Kommet her zu mir alle, die ihr mühselig und beladen seid, ich will euch erquicken." (Mt 11,28).
Christus ist die vollkommene Liebe; wer zu ihm kommt, ist angenommen.
In der gleichen Reihe befindet sich rechts die Ikone Johannes des Täufers und links die Kirchweih-Ikone.
In der nächsthöheren Reihe ist der Festtagszyklus, das erlösende Opfer Christi, dargestellt (Dodekaorthon, Zwölf-Festtagszyklus). Es sind die Hauptereignisse aus dem Leben des Herrn und der Gottesmutter.

So wird in Augenhöhe dem Betrachter das Emporsteigen des Menschen zu Gott vorgeführt: Die Hinwendung im Gebet, die Annahme der evangelischen Botschaft (versinnbildlicht durch die Evangelisten an der Königstür), die Übereinstimmung des menschlichen Willens mit dem göttlichen (ausgedrückt in der Verkündigung) und endlich die Teilnahme am Sakrament der Eucharistie führen in die Einheit der Kirche Christi.

Die wundertätige Ikone Panagia „Axion Estin"

In der Protaton-Basilika wacht die wundertätige Gottesmutter-Ikone „Axion Estin", benannt nach dem Hymnos „Würdig ist es (Axion estin) in Wahrheit, dich selig zu preisen, Gottesgebärerin ..."
Sie ist die berühmteste Ikone Griechenlands und gilt als Beschützerin des ganzen Heiligen Berges (Abb. auf Tafel V, S. 53).

Im Jahre 1963, zur Tausendjahrfeier der Gründung des ersten Athosklosters, der Megisti Lawra, wurde das Gnadenbild nach Athen gebracht und unter dem

Geläute sämtlicher Glocken wie eine Königin empfangen. Zu Tausenden drängte sich das Volk in die Elefterios-Kapelle neben der Kathedrale zur Verehrung der Muttergottes „Axion Estin".
Sie ist von der Darstellungsart der „Eleousa", der Gottesmutter der Barmherzigkeit. Eine Goldverkleidung (griech. „Endyma", russ. „Risa") schützt das seit Jahrhunderten hochverehrte, rußgeschwärzte Bild.

Das Jesuskind hält in der Hand eine Buchrolle mit dem Schrifttext aus dem Buch des Propheten Jesaja, den Jesus in der Synagoge von Nazareth vorlas, worin er sich selbst als der verheißene Messias vorstellte:

„Der Geist des Herrn ruht auf mir, weil er mich gesalbt hat;
er hat mich gesandt, Armen Frohbotschaft zu bringen,
den Gefangenen Befreiung zu verkündigen
und den Blinden das Augenlicht,
Bedrückte in die Freiheit zu entlassen,
auszurufen ein Gnadenjahr des Herrn."

(Jes 61,1-2; Luk 4,18-19)

Diese Ikone befand sich einst in einem kleinen Kellion zwischen Karyais und dem Kloster Pantokrator. Von ihr erzählt die Legende:

Eines Tages war der Geron nach Karyais gegangen und hatte seinen Novizen allein zurückgelassen. Dieser betete vor dem Bild der Gottesmutter und bemühte sich, ihr einen würdigen Lobpreis darzubringen. Doch es wollte ihm nicht gelingen. Die Nacht war schon hereingebrochen, als es an die Tür klopfte. Der Novize öffnete, und draußen stand ein ihm unbekannter Mönch, der um Einlaß bat. Es war der Erzengel Gabriel im Mönchsgewand, der zu ihm sprach:
„Die Gottesmutter weiß von deinen Bemühungen, sie hat mich gesandt, dich den neuen Hymnos ‚Axion Estin' zu lehren:

Würdig ist es in Wahrheit, dich selig zu preisen, Gottesgebärerin,
allezeit selige und makellose Mutter unseres Gottes.
Ehrwürdiger als die Cherubim
und unvergleichlich herrlicher als die Seraphim,
unversehrt hast du das Wort Gottes geboren,
du wahrhaft Gottesgebärerin, dich preisen wir."

Bei diesen Worten erstrahlte die Ikone im übernatürlichen Licht, um ihre Zustimmung zu bekunden. Der Engel wiederholte dreimal den Vers, aber der Novize vermochte ihn nicht zu behalten.
Da auch Papier und Tinte nicht zu finden waren, nahm der Engel eine Marmortafel und schrieb darauf wie auf Wachs den Hymnos:
„Axion estin ..." Das geschah am 11. Juni 980.

Die Marmortafel wurde als Beweisstück an den Patriarchen nach Konstantinopel geschickt, die Ikone aber wurde feierlich ins Protaton übertragen und der Hymnos zum liturgischen Festgesang erhoben.

Pantokrator „Antiphonetrios", der „Widersprechende"

Von einem zweiten Gnadenbild im Protaton berichtet die Legende:
Einmal ließ sich ein todkranker Mönch zur heiligen Kommunion ins Protaton tragen, wo ein Priester die göttliche Liturgie überaus langsam zelebrierte.
Der alte Mönch fürchtete, daß er die Kommunion nicht mehr erleben würde, und bat, die heilige Handlung zu beschleunigen. Da sich aber der Priester nicht darum kümmerte, vernahm er plötzlich von der Christusikone die Stimme des Herrn, die ihn aufforderte, sich zu beeilen. So erlebte der sterbende Mönch noch den Empfang der heiligen Sakramente und entschlief selig in Frieden.
Das Gnadenbild ist fortan trostreicher Schutz und Beistand für Sterbende.

„Der schlafende Jesusknabe“, von Pansélinos zwischen 1282-1328, während der Regentschaft des Kaisers Andronikos II, gemalt. Protaton, Westwand

Dazu zitiert das Malerhandbuch (§ 205, S. 161) die Worte aus der Prophetie Jakobs an seine zwölf Söhne:
„Da er sich niederlegte, ist er eingeschlafen, wie ein junger Löwe; wer wird ihn erwecken?“ (Nach Gen 49,9)

Der Löwe ist das Sinnbild des Stammes Juda, aus dem Christus geboren wurde.
Der Löwe ist sein Symbol geworden.
Im Kloster Philotheou liegt ein Löwe zu Füßen des Kindes, der wie sein Urbild schläft.

Weiters werden David und Salomon zitiert:
„Wache auf, warum schläfst du, o Herr.“ (David, nach Ps 35,23)

„Ich schlafe, aber mein Herz wacht.“ (Cant 5,2)
(Ego dormio, et cor meum vigilat.)

Die Ostkirche deutet diese alte Weissagung als eine Vorhersage des Todes und der Auferstehung Christi.

Dreizehn standhafte Kellioten

Am Eingang in das Protaton brennt eine Öllampe, und eine Marmortafel gemahnt an die hier bestatteten Märtyrer.

Es geschah unter der Regentschaft des byzantinischen Kaisers Michael VIII. Palaiologos (1259 - 1282). Dieser hatte sich unter dem Zwang der politischen und ökonomischen Situation am 6. Juli 1274 mit dem päpstlichen Legaten auf eine Unionsform geeinigt. Danach akzeptierte der byzantinische Hofkanzler zu Lyon im Namen seines Kaisers nicht nur den päpstlichen Primat, sondern der Kaiser nahm auch den römischen Glauben an. Diese Union wurde von den Mönchen entschlossen abgelehnt. Da wandte der Kaiser Gewalt an, um die Einheit des Reiches zu schützen. Mönche und Priester wurden ermordet. Der Patriarch wurde im Jahre 1275 zur Abdankung gezwungen. Der Archivar Ioannis Bekkos übernahm das Amt (1275-1282). Seine Männer überfielen auch die Mönche auf dem Heiligen Berg. Einige von ihnen, wie im Kloster Watopedi, Zografou und in Karyais, mußten ihren Widerstand mit dem Leben bezahlen. In Karyais erhängten sie den Protos und enthaupteten dreizehn standhafte Kellioten auf dieser Marmorplatte vor dem Protaton.

Zum Zeichen des Respektes vor dem Blut dieser heiligen Märtyrer hat sich auf diesem Stein im Winter nie Schnee angelegt, obwohl er manchmal bis zu einem Meter hoch lag. Dieser Marmorstein, der das Blut der Märtyrer empfing, schmolz den Schnee sofort. Die Körper dieser Märtyrer wurden neben dem Protaton begraben.

Im Jahre 1954 wurde das Protaton renoviert. Um den Bau von der Feuchtigkeit zu befreien, grub man rundherum Schächte aus. Dabei stieß man auf die Gebeine der dort begrabenen Märtyrer. Auf Anordnung der Heiligen Gemeinde wurden die Reliquien der unvergeßlichen Bekenner vor dem Eingang beigesetzt.

Die Mönche des Heiligen Berges bezeugen diesen heiligen Märtyrern ihre Verehrung, die in Liebe zu Christus und des orthodoxen Glaubens wegen ihr Leben opferten. (20)

Geron Gregorios, der Geistliche aus der Wüste von Mikri Agia Anna

Es war zur großen Feier der Gottesmutter am 15. August, die früher in Karyais fünfzehn Tage dauerte, zu der aus allen Teilen des Heiligen Berges, auch aus der Wüste, die Väter ihre Handarbeiten brachten, um sie zu verkaufen.
Die ehrwürdigen Väter erzählen noch heute von einem Geistlichen Geron, der einfach und unauffällig lebte. Er verfügte über keine besondere Schulbildung, hatte aber einen reinen Sinn und war fleißig im Studium der göttlichen Worte. Er pflegte in der Nähe des Friedhofs zu stehen, hielt in seiner rechten Hand die Gebetsschnur und in der anderen seine Handarbeit. Sein Blick war immer nach unten gerichtet, und er sprach innerlich unablässig das Gebet.
Als ihn einmal ein Passant zum Spaß anredete:
„Du Geistlicher, du mußt dich mehr umschauen!" -
da antwortete der Geron:
„Wenn sie mich sehen, ist es überflüssig, daß ich nach ihnen Ausschau halte." (21)

Über diesen Geistlichen hat man gesagt, daß er äußerst klar die Hauptuntugend des Beichtenden erkennen konnte. Mit seiner asketischen Wortkargheit gab er immer in einem Aphorismus die passende Anweisung, die zur Zurechtweisung beitrug.
In der Zeit von 1901 - 1903 lebte der ökumenische Patriarch Ioakeim III. als Hesychast auf dem Agion Oros. Als er einmal nach Karyais kam, ging er zur Kapelle des hl. Nikolaos gegenüber dem Protaton, wo sich auch der Friedhof für die Weltlichen befindet, die auf dem Heiligen Berg sterben. Dort sah der Patriarch einen alten Mann, der seine Handarbeiten verkaufte. Er hielt eine Gebetsschnur in der Hand und wiederholte unablässig sein Gebet. Der Patriarch war vom demütigen Gesichtsausdruck des Geron beeindruckt. Er näherte sich ihm, kaufte eine Gebetsschnur und fragte ihn:
„Geachteter Geron, man hat mir gesagt, daß du ein Geistlicher bist. Ich möchte zu deiner Hütte kommen und meine Beichte ablegen."

Der Patriarch war als einfacher Mönch gekleidet und trug kein äußeres Zeichen seiner Würde. Der Geistliche antwortete ihm in seiner ganzen Einfachheit, die ihn auszeichnete:
„Hochwürdiger, du kannst nicht in meine Hütte eintreten, weil sie sehr niedrig ist und du, wie ich sehe, sehr groß bist."
Tatsächlich war er sehr groß, aber der Geistliche meinte nicht seine körperliche

Größe, sondern seinen stolzen Charakter, den er durch die Gnade des Heiligen Geistes erkannte.
Der Patriarch antwortete dem Geistlichen:
„Ehrwürdiger, ich werde mich bücken, so werde ich sie betreten können und in deiner Hütte Platz finden. In der Not, wenn sie so niedrig ist, werde ich sogar am Boden kriechend eintreten."
Der Geistliche sprach dann zum Patriarchen:
„Hochwürdiger, wenn du deinen Nacken gebeugt hättest, wärest du auf deinem Thron geblieben."
Patriarch Ioakeim war erstaunt, als er all diese Worte hörte, um so mehr, als er erfuhr, daß der Geistliche ihn nicht kannte. Wie er selbst zugab, gewann er großen Nutzen aus dieser Begegnung, die ihn zur Demut ermahnte.

Man sagt, daß jener Geistliche der berühmte, für seine Tugenden mit der Gabe der Unterscheidung und der Prophetie von Gott beschenkte Papa Gregorios war, der in einer hesychastischen Kalyba in Mikri Agia Anna lebte. (22)

Zu diesem Geistlichen kam einst ein anderer Geron, der klagte, daß sein junger Novize sich in Gefahr befände, von seiner Traurigkeit verschlungen zu werden, obwohl er ihn nicht mit Arbeit belastete und ihn nur mit dem Lesen der Akolouthia beschäftigte. Er wollte die Meinung und die Anweisung des Geistlichen zu dieser Frage hören.
„Du mußt ihn verheiraten", sagte ihm der Geron.
Als der andere das hörte, traute er seinen Ohren nicht.
„Du mußt ihm eine Arbeit geben", sagte ihm der Geron.
„Die Jungen können nur durch das Joch der regelmäßigen Arbeit gedemütigt werden und zur Ruhe kommen. Gebet ohne Arbeit ist für den Mönch gleich sinnlos wie Arbeit ohne Gebet. Verheirate ihn mit der Arbeit!" (23)

Das Kellion „Paterítsa" und das „Typikarió" (Abb. links)

Im nördlichen Teil von Karyais, unterhalb des alten Weges nach Watopedi, finden wir das zu Chilandari gehörende Kellion „Metamorphosis tou Sotiros", das „Paterítsa" genannt wird.

Der Name „Paterítsa" bedeutet „Krücke, Stock", im übertragenen Sinn, „Hirtenstab".
Von ihm erzählt die Legende:
Der hl. Sabbas (439 - 5.12.532), der Gründer des nach ihm benannten Klosters bei Jerusalem, prophezeite, kurz bevor er entschlief: „Nach vielen Jahren wird ein agioritischer Mönch unsere Lawra besuchen. Er wird serbischer Kronprinz sein und mit seinem Mönchsnamen so wie ich Sabbas heißen. Ihm sollt ihr die heilige Ikone der Panagía Galaktotrophousa übergeben. Achtet auf das Zeichen, denn sobald er zu meinem Grab kommen wird, um zu beten, wird mein Hirtenstab auf ihn fallen. Auch den soll er bekommen, denn er ist würdig, ein christliches Volk als Hirte zu hüten."

Zwei Jahrhunderte später verfügte Johannes Damaskinos (um 675 - 749) im selben Sabbas-KLoster, daß nach seinem Heimgang auch die wundertätige Ikone der Panagía Tricherousa dem gleichen Mönch Sabbas zu übergeben sei.

Gegen Ende des 12. Jahrhunderts kam der Sohn des serbischen Großfürsten Stephan I. Nemanja, der Rastko hieß, auf den Heiligen Berg Athos. Er verzichtete auf den Thronanspruch und empfing im alten russischen Kloster die Mönchsweihe.

Der Mönch Sava verließ bald darauf das Kloster des Thessalonikers und begab sich nach Watopedi, wo bereits drei byzantische Kaiser ihr Leben beendeten.
Von hier aus bewog er seinen Vater, den Thron zu verlassen und zu ihm auf den Heiligen Berg zu kommen, was dann auch geschah.

Im Jahre 1198 gründeten beide das serbische Kloster Chilandari. Anfang des 13. Jahrhunderts pilgerte Sava ins Heilige Land nach Jerusalem und besuchte die Lawra des heiligen Sabbas.

Nachdem mehr als 600 Jahre vergangen waren, erfüllte sich die Prophezeiung des Heiligen. An seiner Grabstelle fiel der Hirtenstab auf den betenden Athos-

mönch, und die Mönche erkannten in ihm den vorhergesagten Prinzen, dem sie die zwei wundertätigen Ikonen und den Stab übergaben.
Nach der Rückkehr aus dem Heiligen Land blieb der Hirtenstab im Kellion „Metamorphosis tou Sotiros", das fortan Pateritsa genannt wurde. Das Kellion war zu Lebzeiten des heiligen Sava, der Sitz des Klostervertreters von Chilandari in Karyais.

Westlich vom Protaton liegt das Typikario, die einzige Asketenzelle am Athos, die ein Typikon besitzt, nach dem man täglich lebt. Es trägt das Siegel des heiligen Sava und wird heute in der Bibliothek des Klosters Chilandari verwahrt.
Im Typikario erwartet die wundertätige **Ikone der Panagia Galaktotrophousa** (Abb. auf Tafel VII, S. 55) den Pilger. In ihrer Kapelle lesen die Mönche nach altem Gebot seit Jahrhunderten täglich 150 Psalmen in serbischer und altslawischer Sprache.

Es war im Jahre 1992, als ich eines Morgens an das Tor klopfte.
Ein junger Mönch öffnete, der eine wohltuende Ruhe und Gelassenheit ausstrahlte.
„Christos voskrese", - „voistinu voskrese", („Christus ist auferstanden", - „Er ist wahrhaft auferstanden"), eine innerliche Freude bewegte seinen Gesichtsausdruck.
Er führte mich in die Kapelle.
Hier lasen die Väter Symeon und Moises die Psalmen. Nach einer Weile wandte sich der ehrwürdige Vater Symeon mir zu und reichte mir erwartungsvoll den Psalter.
Ich sollte wohl einen Vers mitlesen, doch waren mir Schrift und Sprache fremd. Geduldig und langsam erklärte er mir in gutem Englisch, daß sie jeden Tag innerhalb 24 Stunden 150 Psalmen lesen, damit die Menschen friedvoll werden.

Skiti Koutloumousiou

Die griechische Skiti ist dem heiligen Großmärtyrer und Krankenheiler Panteleimon geweiht (Festtag: 27. Juli/9. Aug.). Man nennt sie deshalb auch die Skiti des hl. Panteleimon.

Sie ist eine Streusiedlung von 23 Kalybes, die unterhalb des zugehörigen Klosters Koutloumousiou beginnt und im Jahre 1785 vom Mönch Charalambos gegründet wurde.

Ein kunsthistorisch bedeutendes Haus ist das **Kellion Rabdouchou**, das gleich unterhalb des Klosters gelegen ist. Der tatkräftige Mönch Ioannikios bemüht sich um die Restaurierung des Hauses. Er berichtet von der urkundlichen Erwähnung eines Klosters aus den Jahren 850 und 971, wo ein Igoumen Ignatios namentlich genannt wird.
In der Kapelle finden wir Wandmalereien, die Apostelfürsten Petros und Paulos, aus dem Anfang des 13. Jahrhunderts.

Durch Krankheit zum Seelenheil

In der Kalyba des Agios Chrysostomos in der Skiti Koutloumousiou, die dem hl. Panteleimon geweiht ist, litt der Mönch Daniel seit vielen Jahren an einer unheilbaren Krankheit.

Er hatte Schmerzen im ganzen Körper, ohne daß die Ärzte eine organische Ursache feststellen konnten. Da die Ärzte ihm nicht helfen konnten, wandte er sich an den hl. Panteleimon, den Krankenheiler.
Am Festtag des Heiligen, am 27. Juli, bat ihn Bruder Daniel inständig in der Nachtwache:

„Heiliger Gottes und Beschützer unserer Skiti, der du ein Arzt bist und für die Liebe Christi dein Blut vergossen und den Märtyrertod erlitten hast, bitte den Herrn Jesus Christus, mir meine Gesundheit wiederzugeben, damit ich deinen Namen lobpreisen kann."

Nachdem Daniel diese Worte gesprochen hatte, schlief er vor Müdigkeit ein.
Da sah er in einer Vision den hl. Panteleimon vor dem Throne Gottes knien, um für die Gesundheit des Bruders zu bitten.
Darauf antwortete ihm der Herr:
„Mein Bruder, Großmärtyrer Panteleimon, bist du etwa barmherziger als ich? Liebst du die Menschen mehr als ich? Ich weiß, daß du dein Blut für meine Liebe vergossen hast, aber habe ich nicht auch mein Blut zum Seelenheil der Menschen hingegeben? Lerne, oft ist es von Vorteil, daß der Leib krank ist, damit die Seele gerettet wird. So will ich, daß viele Menschen gerettet werden."

Als Bruder Daniel diese Worte gehört hatte, wachte er auf, pries den Namen Gottes und dankte dem hl. Panteleimon für seinen Beistand. Sofort war eine schwere Last von ihm genommen, und er konnte nun im Vertrauen auf Gott seine Krankheit und seine Schmerzen annehmen und mit Geduld tragen. (24)

Begegnung mit Vater Paisios

Es war eine von den vielen unvergeßlichen Pilgerfahrten zum Heiligen Berg. Beim Abschied empfahl mich Giorgo, der Fischer, der Schutzherrin des Athos: „Panagia masi sou!“ Dann bestieg ich wie alljährlich das Schiff nach Dafni. Am Sonntag waren die meisten griechischen Pilger schon auf dem Heiligen Berg. So war es nichts Außergewöhnliches, daß ich im Bus nach Karyais noch einen Sitzplatz bekam. Doch ungewöhnlich war es, daß ein junger Grieche mich fragte, ob er sich zu mir setzen dürfte. Er war Student und kam von Deutschland, wo er Physik und Mathematik studierte. Im Kloster Stavronikita wollte er seinen geistlichen Vater, den Abt Basilios, besuchen. Ich fragte ihn, ob er Vater Paisios kenne? - „Was für eine Frage“, antwortete er, „den berühmten Asketen kennt wohl jeder Grieche hier. Tausende von Pilgern kommen jährlich zu ihm und finden bei ihm geistliche Hilfe.“

So beschlossen wir, ihn gemeinsam aufzusuchen. Konstantin, so hieß der mir durch göttliche Vorsehung zugeführte junge Grieche, kannte bereits den Weg zu der Einsiedelei. Auf der Straße nach Iwiron wies ein Holzpfeil den Weg rechts talwärts zum Kellion Panagouda des Vaters Paisios. Der schmale, viel begangene Weg führte über einen kleinen Bach durch einen Oliven- und Zitronenhain zu dem auf einer kleinen Anhöhe gelegenen Kellion. Eine wohltuende, heilige Ruhe lag über dem Ort. Als wir näher herankamen, verwehrte uns ein Drahtzaun den weiteren Zugang. Das Tor war fest verschlossen, Zettel und Bleistift waren für Gebetsanliegen bereitgelegt. Eine lange Schnur war mit der Hausglocke verbunden, doch wir wagten nicht, die Ruhe zu stören und warteten. Sodann ging ich allein hangaufwärts, wo ein kleiner Weg zu einem oberen Eingang führte. Dort überraschte mich ein unvergeßlicher Anblick. Ich verharrte wie angewurzelt. Es waren nur mehr etwa fünf Meter bis zum Tor. Dort stand ein Mönch mit einem kleinen Buben, und vor ihnen sah ich Vater Paisios, eine hagere, asketische Gestalt mit strahlenden Augen und silberweißem Bart im Sonnenlicht. Er hielt seine Hand segnend über den Buben. Was war das für ein wunderbarer Augenblick!

Danach verabschiedeten sie sich. Vater Paisios öffnete das Tor und gewährte mir Einlaß. Auch Konstantin kam herauf, und gemeinsam erlebten wir die Gegenwart und die leisen, gütigen Worte des Asketen.

Als er erfuhr, daß ich Österreicher bin, sagte er in dankbarer Erinnerung: „Agapao tous austriakous“ („Ich liebe die Österreicher“). Dann erzählte er aus seiner Heimat Kappadokien, wo sein Vater damals Gemeindevorsteher gewesen war.

Seine Mutter war bei einem österreichischen Fabrikanten beschäftigt. Als die Türken einfielen und die Dörfer vernichteten, fanden seine Eltern Zuflucht im Hause des Österreichers, der seine Fahne aufgezogen hatte. Dadurch rettete er ihr Leben.
Mit dem Segen des Vaters Paisios verließen wir diese heilige Stätte, nicht ahnend, daß es unsere letzte Begegnung mit ihm war. Er starb am 12. Juli 1994.

Der heiligmäßige Asket hatte zwei Jahre in der ältesten Einsiedelei der hll. Galaktionos und Epistimis auf Sinai, in zweitausend Meter Höhe, gelebt. Auf dem Heiligen Berg Athos befand er sich danach in der Einsiedelei des Starez Tichon in der Nähe des Klosters Stavronikita. Er war dort geistlicher Ratgeber des Igoumenos Basilios. Später suchte er einen ruhigeren Ort auf und bezog die Einsiedelei in der Nähe von Koutloumousiou. Aber es dauerte nicht lange, dann kamen auch dorthin wieder viele Pilger, so daß ein Zaun in einiger Entfernung um das Kellion angebracht werden mußte.
Vater Alexander vom gregoriatischen Kellion Agios Nikolaos erzählte, daß im Sommer über hundert Menschen täglich Vater Paisios besuchten. Ein wahres Wunder war dessen Gedächtnis, denn auch noch nach zehn Jahren vergaß Vater Paisios niemals den Namen jedes einzelnen Besuchers. Besonders gerne besuchten ihn die Athosschüler mit all ihren kleinen Anliegen. Viele Pilger baten ihn oft um sein Gebet, fragten ihn über den Verlauf einer Krankheit oder über den Ausgang einer Operation. Seine Voraussagen haben sich immer erfüllt, wenn die Menschen seine Anweisungen befolgten. Das Wort von Vater Paisios war ihnen immer ein großer Trost, eine große Beruhigung und Sicherheit. Es ist bekannt, daß er durch seine Gebete half.

Aber er war auch ein Nothelfer und Lebensretter durch seine Bilokation, indem er dem Menschen, der entweder krank oder seine Hilfe brauchte, im Traum oder im Moment der Gefahr erschien. Davon erzählte Vater Alexander.

Es ist die Geschichte eines sechsjährigen Buben, dem bei einem Verkehrsunfall plötzlich ein Mönch erschien, der ihn noch rechtzeitig aus der tödlichen Gefahr rettete. Nach diesem Unfall redete das Kind immer nur von dem Papuli, von dem Väterchen, das ihn gerettet habe. Die Ärzte fanden keinen organischen Schaden, doch das Kind gab keine Ruhe, es wollte seinen Retter sehen. Da meinte einer der Ärzte, daß es eine Folge des Schocks sein könnte. Der Vater solle doch mit dem Buben auf den Athos fahren, da könne er genügend Mönche sehen, dann würde es sich wohl beruhigen und darüber hinwegkommen. Das haben sie dann auch in die Tat umgesetzt. Der Vater fuhr mit dem kleinen Buben zum Berg Athos. In Karyais bekamen sie die Aufenthaltserlaubnis. Der Vater fragte nach dem nächstgelegenen Kloster, und so wiesen sie ihm den Weg nach Koutloumousiou. Dort erzählte er dem Archontar die Geschichte und daß das Kind seit dem Unfall eine fixe Idee hätte.

„Das ist keine Schwierigkeit", sagte der Archontar, „da kann nur Vater Paisios helfen, er wohnt hier ganz in der Nähe."

So gingen sie gleich weiter talabwärts zu der kleinen Einsiedelei des Vaters Paisios. Dort angekommen, zogen sie an der langen Schnur und läuteten. Vater Paisios schaute, wie er das immer zu tun pflegte, unbemerkt aus seinem kleinen Fenster, wer da sei. Er wußte sogleich, wen er einlassen sollte und wer nur aus Neugierde kam. Er ließ den Schlüssel an einem Draht hinunter, damit konnten sie aufsperren und eintreten. Als der Vater mit dem kleinen Buben Vater Paisios entgegenging, rief der Kleine ganz aufgeregt: „Das ist der Vater, der mich gerettet hat." Nachdem sie sich begrüßt hatten, fragte der Vater den Mönch, ob er denn das Kind kenne. Vater Paisios sagte: „Ich kenne das Kind nicht. Aber was ist denn geschehen?" Dann erzählten sie ihm von dem Unfall.

Vater Paisios fragte: „Ja, das ist eigentlich sehr einfach. Um welche Zeit ist es denn passiert?"

- „So um die Mittagszeit zwischen zwölf und ein Uhr."

- „Oh ja," sagte Vater Paisios, „das ist richtig, weil zwischen zwölf und ein Uhr bete ich immer für die Menschen, die Unfälle haben, daß Gott sie bewahren möge, und ich bete für die Menschen, daß sie gerettet werden."

Und so war dann das Rätsel gelöst. Vater Paisios ist im Gebet dem kleinen Buben erschienen und hat ihn gerettet. Gott dankend und voll Freude sind sie nachhause gereist, und das kleine Kind war gesund und fröhlich, weil sein großer Wunsch erfüllt wurde, daß es den Vater, der ihn gerettet hatte, sehen und danken konnte.

Und Vater Alexander erzählte weiter: „Eines Tages kam ich auch zu Vater Paisios. Zur gleichen Zeit kamen einige junge Pilger zu ihm. Der Bus war gerade angekommen und sie beeilten sich, daß sie die ersten waren. Schon von weitem sahen sie Vater Paisios mit einer Dose Kondensmilch in der Hand. Da dachten sie: ‚Das soll dieser heilige Asket sein, der noch dazu am Freitag Milch trinkt?' Und im selben Augenblick sagte Vater Paisios: ‚Ihr braucht nicht ganz so schlecht über mich zu denken, die Milch ist nicht für mich, sondern sie ist für Jeremias.'

Und wer war Jeremias? Jeremias war eine große Schlange, die immer zu ihm kam, denn in diesem Gebiet war es sehr heiß, und es gab immer viele Schlangen. Vater Paisios rief Jeremias und gab auf ein Tellerchen etwas Milch. ‚Komm trink deine Milch, aber verweil dich nicht zu lange, weil die Leute vor dir Angst haben.' Dann trank Jeremias die Milch und verschwand wieder zwischen den Steinen."

Der Tag war schon fortgeschritten. Ich dankte und verabschiedete mich von Vater Alexander, um noch rechtzeitig vor Sonnenuntergang ins nächste Kloster zu kommen. Zum Abschied gab er mir eine kleine, liebevoll dekorierte Schachtel mit der Aufschrift: „Geisblatt, je länger, je lieber." Sie enthielt einen besonders wohlriechenden Weihrauch, den Vater Alexander selbst herstellt.
Vater Alexander, noch viele Jahre! Evlogite! - O Kyrios!

„Verkehrte Gedanken trennen von Gott" (Weish 1,3)

Von Geron Paisios erzählen die Mönche, daß er sie immer anspornte gute Gedanken zu pflegen. Denn auf diese Art und Weise werden wir allmählich zum vollkommenen Guten geführt. Er erklärte, daß nicht einmal Gott selbst uns helfen könne, wenn wir uns nicht guten Gedanken zuwenden.
Der Geron betrachtete diese Ausrichtung der Gedanken auch von einer anderen Perspektive und legte besonderen Wert auf die Eigenschaften der Liebe, daß sie nämlich das Böse nicht nachträgt und nicht an das Böse denkt. Er pflegte zu sagen, daß wir unserer Seele auch in den schlimmsten Situationen nicht erlauben dürfen, daß ein böser Gedanke in sie eintritt. Derjenige, der immer und in jedem Fall eine Neigung zu guten Gedanken hat, trägt unter keinen Umständen einen bleibenden Schaden davon. Das Leben dieses Menschen, das dauernd mit guten Gedanken genährt wird, ist ein dauerndes Fest.
Ein Mönch wandte sich an den Geron mit der Frage: „Geron, wenn ich nach Thessaloniki komme, begegnen mir unterwegs mehrere Bettler. Meistens sind es Zigeunerinnen mit kleinen Kindern im Arm, die sagen, daß ihr Kind an einer Krankheit leide, und sie bitten um finanzielle Hilfe. Meine Gedanken sagen mir, daß sie lügen, und ich weiß nicht, was ich tun soll. Wie würden Sie an meiner Stelle handeln?"
Geron Paisios antwortete daraufhin dem Mönch: „Ich war auch einmal außerhalb des Berges, und auch mir begegnete eine Zigeunerin mit einem Kind und bat mich um Hilfe. Ich hatte sofort Mitleid mit ihr, aber ich hatte sehr wenig Geld und gab ihr 500 Drachmen. Es bedrückte mich sehr, und ich sagte zu ihr: ‚Verzeih

mir, ich habe nicht mehr Geld bei mir, aber ich bitte dich, schreibe meine Adresse auf und schicke mir deine Anschrift. Wenn ich zum Agion Oros zurückkehre, werde ich dir Geld schicken, damit dir geholfen werden kann.'
Sie war sichtlich gerührt und schrieb meine Adresse auf. Nach kurzer Zeit schickte sie mir einen Brief, aber ohne Absender. Dieser Brief enthielt die 500 Drachmen, die ich ihr gegeben hatte. Sie entschuldigte sich, daß sie mich in Verlegenheit gebracht hatte, und dankte mir für die ihr erwiesene Güte.
Ich glaube also, daß auch in diesem Fall derjenige, der gute Gedanken pflegt, keinen Nachteil hat, denn es gibt den Gott, der alle Herzen beobachtet und jedem das gibt, was ihm gebührt."

Über Demut und Geduld

„Gott tritt den Stolzen entgegen, den Demütigen aber schenkt er seine Gnade. Demütigt euch vor dem Herrn; dann wird er euch erhöhen" (Jak 4,6 und 10)

Geron Paisios sagte: „Derjenige, der in Schwierigkeiten Geduld zeigt und Gott um die Lösung bittet, sieht, wie er die besseren Lösungen findet. Heute sind wir leider voller Ungeduld. Wir lieben Geduld überhaupt nicht, und trotzdem sagt Christus, daß allein die Geduldigen das Himmelreich erben werden."
„Wer jedoch bis zum Ende standhaft bleibt, der wird gerettet" (Mt 24, 13).
„Wenn ihr standhaft bleibt, werdet ihr das Leben gewinnen" (Lk 21,19).

Weiters meinte Geron Paisios: „Gott erlaubt einer Person, die mit uns verwandt ist, oder einem Mitarbeiter, daß er uns Probleme bereitet, um uns in bezug auf Ausharren und Demut zu prüfen. Der gute Christ muß auch bei einem ungerechten Vorgesetzten ausharren können. Die Menschen sollen staunen, wenn sie sehen, daß, obwohl sie Unrecht getan haben, wir uns ihnen gegenüber gut verhalten, als wäre nichts geschehen. Gott will nicht, daß sein Geschöpf geschädigt wird, aber die Versuchungen werden herangetragen, damit sich der Mensch vervollkommnet. Wenn sich der Mensch vervollkommnet hat, dann hören die Versuchungen auf.
Wir Christen müssen die Drangsale lieben und sollen nicht versuchen, uns von ihnen zu befreien. Denn die Drangsale sind unerläßliche Mittel zur Vervollkommnung. Wenn Menschen uns ungerecht behandeln, dann haben wir Grund uns zu freuen, weil uns die Gerechtigkeit Gottes überschattet, die viel höher ist als die Gerechtigkeit der Menschen. Wir können entweder die menschliche

Gerechtigkeit suchen oder geduldig auf die Gerechtigkeit Gottes warten. Wenn man uns ungerecht behandelt und wir nicht reagieren, sondern ausharren, indem wir auf die göttliche Gerechtigkeit hoffen, dann erweisen wir uns selbst eine Wohltat. Diesen Nutzen werden nicht allein wir genießen, sondern auch unsere Kinder werden ihn später als Wohltat empfinden. Der gütige Gott läßt dann Versuchungen über uns kommen, wenn wir vom Hochmut beherrscht werden, und er zieht dann die Versuchungen zurück, wenn wir Demut bekunden."

Ein Möch stellte dem Geron die Frage: „Geron, als ich das erste Mal ins Kloster ging, fragte ich mich, ob ich mich nur vor dem Abt demütigen soll oder vor allen Brüdern, auch vor den Novizen."

Der Geron antwortete: „Eines Tages trat an mich die Versuchung heran mit dem Gedanken, daß sogar die Tiere besser sind als ich, und deshalb demütige ich mich auch vor ihnen und erweise ihnen sogar Gehorsam. Heute bei Tagesanbruch war ich sehr müde von der Nachtwache und völlig erschöpft wegen meiner Krankheit. So legte ich mich nieder, um mich zu erholen. Nachdem ich mich niedergelegt hatte, hörte ich eine Katze außerhalb der Zelle schreien, als würde sie etwas von mir wollen. Ich stand auf und öffnete die äußere Tür, um nachzusehen, was sie wollte. Es begann zu regnen. Ich nahm die kleine Katze und legte sie auf einen trockenen, geschützten Platz."

Eine weitere Frage des Mönchs betraf das Unterscheidungsvermögen: „Sollen wir Gehorsam mit oder ohne kritische Prüfung leisten?" Darauf entgegnete der Geron: „Nachdem wir uns einem guten Geistlichen untergeordnet haben, sollen wir, ohne zu hinterfragen, Geduld anwenden. Ich möchte dir ein Beispiel anführen, damit du verstehst, wie Gott wirkt. Gesetzt den Fall, daß dir der Abt den Auftrag erteilt, zum Kloster Iwiron zu gehen, von dort mit dem Schiff in die Lawra zu fahren und im Kloster eine Arbeit zu verrichten. Du denkst nach und erklärst ihm: ‚Geron, ist es nicht besser, ich gehe zu Fuß über den Berg? Ich wäre allein und würde einen geistigen Nutzen haben, denn auf dem Schiff wird es viele Leute geben, und es könnte sein, daß ich irgendwelche unnützen Worte sage, die mir schaden könnten.'

Dann mag dir der Abt zustimmen, weil er dich nicht beunruhigen möchte. Du mußt aber erkennen, daß du dann nach deinem eigenen Willen gehandelt hast und nicht gemäß dem Gehorsam. Deshalb wird Gott es zulassen, daß dir unterwegs etwas zustößt. Entweder begegnest du einer Schlange, verstauchst dir den Fuß, oder du verirrst dich. Im allgemeinen wird er eine Versuchung zulassen, um dich zu lehren, demütig zu sein und nicht auf deine eigenen Interessen zu schau-

en. Du sollst Gott erlauben, für dich zu sorgen, denn er allein weiß, was zu deinem echten Nutzen ist. Wenn du aber nicht deinen eigenen Willen vorziehst und Gehorsam erweist, und du mit dem kleinen Boot fährst, dann wird dich die Gnade Gottes überschatten, und du wirst von der Gesellschaft der Menschen keinen Schaden erleiden. Wir müssen unseren geistigen Vätern vertrauen und ohne zu zögern gehorchen.
Wenn wir daran gehen, alles, was sie uns gebieten, unter die Lupe zu nehmen und das Ganze zuerst mit unserer Vernunft beurteilen und erst dann gehorchen, dann sollen wir wissen, daß wir nicht dem Geistlichen Gehorsam erweisen, sondern vielmehr unseren eigenen Urteilsvermögen und unserer eigenen Meinung. Wir müssen wissen, daß allein das Herz, das in Einfachheit den Vätern vertraut und nicht seinen eigenen Gedanken, daß nur dieses Herz die Gnade Gottes empfängt. Das Ziel des Gehorsams besteht in der vollkommenen Läuterung unseres Sinnes und der gänzlichen Unterordnung unseres Willens unter die göttliche Gnade. Damit ist der Zweck des Gehorsams erfüllt."

Der Geron konzentrierte die gesamte geistige Arbeit des Christen auf den Erwerb der Demut. Er sagte: „Gott liebt den Menschen. Er kennt das Problem jedes Einzelnen sehr gut, und möchte ihm helfen, bevor dieser ihn darum bittet. Obwohl es für Gott keine Schwierigkeiten gibt, denn er ist allmächtig, ist die Hilfe trotzdem vom Menschen abhängig. Die Schwierigkeit für Gott besteht darin, daß er nicht helfen kann, wenn die Seele des Menschen nicht demütig ist. Dann ist der gütige Gott irgendwie betrübt, denn obwohl er sieht, wie sein Geschöpf leidet, kann er ihm nicht helfen. Denn welche Hilfe er auch immer anbieten mag, sie würde ihm schaden, denn er hat keine demütige Gesinnung. Was immer dem Menschen geschieht, ist völlig von seiner Demut abhängig. Wir sehen zum Beispiel, wie ein Mensch von irgendeiner Leidenschaft bedrängt und besiegt wird. Das läßt Gott allein aus dem Grund zu, weil diese Seele entweder bereits hochmütig ist oder gefährdet ist, hochmütig zu werden. Dieser Mensch mag die Leidenschaften hassen, und aus diesem Grund bemüht sein, sie zu vertreiben. Aber es wird ihm nicht gelingen, denn Gott hilft ihm nicht, und das geht so weiter, bis er sich demütigt. Denn er mag gewisse Leidenschaften hassen, aber er wird von der Leidenschaft des Stolzes versklavt, und diese erzeugt alle anderen Leidenschaften.

Der Mensch mag den Wunsch haben, geistige Fortschritte zu machen. Er mag Gott um Liebe bitten, um Gehorsam, um Gebete und alle Tugenden. Aber wir müssen wissen, und wir sollen es klar vor Augen haben, daß Gott keine von diesen Tugenden uns verleihen wird, ungeachtet des Kampfes, den wir führen mögen, es sei denn, wir werden zuerst demütig. Wenn wir das als unser einziges Ziel haben, dann wird uns Gott alles andere dazu geben. Das einzige, was Gott von uns möchte, ist Demut, nichts anderes. Er benötigt nichts von uns, er möchte bloß, daß wir demütig werden, damit er imstande ist, uns zu aktiven Teilhabern an seiner göttlichen Gnade werden zu lassen. Er hat sie uns schon durch seine unsagbare Güte in der Taufe geschenkt. Das einzige, was er von uns erwartet, ist, daß wir dankbar seine Geste erwidern und uns demütigen. Auf diese Art und Weise werden wir die Gnade in uns aktivieren, und diese wird das übrige verrichten. Sie wird uns veranlassen, Gott zu lieben, ihn kennenzulernen, und sie wird im allgemeinen für alles sorgen. Wir brauchen nur demütig zu sein, sodaß die heilige Gnade nicht behindert wird. Wir sollen zulassen, daß sie wirken kann, denn wir können sie behindern, wenn wir keine Demut haben. Das einzige, was sich der göttlichen Gnade widersetzt, ist Hochmut und Stolz.

Der Apostel Petrus sagt uns, was wir unternehmen müssen:
‚Sodann, ihr Jüngeren: Ordnet euch den Älteren unter! Alle aber begegnet einander in Demut! Denn Gott tritt den Stolzen entgegen, den Demütigen aber schenkt er seine Gnade. Beugt euch also in Demut unter die mächtige Hand Gottes, damit er euch erhöht, wenn die Zeit gekommen ist'. (1Petr 5,5 und 6).

Wenn wir uns dieser Aufgabe hingeben, nämlich uns zu demütigen, dann wird alles andere als Segen von Gott gegeben. Wenn wir wiederum für alles andere sorgen, aber nicht für unsere Demut, dann werden wir nichts Gutes erwerben, und auch wenn wir es erwerben könnten, würden wir nicht imstande sein, es zu behalten. Allein eine Sache wird benötigt, die Demut des Herzens, damit von dort das Königreich der Gnade Gottes wie die Sonne aufgeht.“ *

* IM. Christodoulos: "O Geron Paisios". Agion Oros 1994. S. 175–180

Das Kellion „Bourazeri"

Die zum Kloster Chilandari gehörige Klosteranlage befindet sich an der Straße nach Iwiron, etwa 2 km von Karyais entfernt.
Von der Skiti Andreou führt der alte, direkte Gehweg zum Kloster Pantokrator am oberen Tor des Nikolaos-Kellion vorbei.

Im Jahre 1991 fanden die seit zehn Jahren durchgeführten Erneuerungsarbeiten mit der Fertigstellung der Trapeza und des in jeder Hinsicht vorbildlichen Gästehauses ihre Vollendung. Dank der entgegenkommenden Aufnahme und Bewirtung durch den jungen, gastfreundlichen Mönch Nektarios, sah ich die neuen, eindrucksvollen Wandmalereien aus der **Werkstatt des begnadeten Agiographen Arsenios.**

Die Gemeinschaft zählt 18 Mönche. Sie leben im gleichen Rhythmus. Etwas in ihnen pulsiert auf einheitliche Weise - der göttliche Name in ihrem Herzen. Mit der Klostergemeinschaft von Philotheou und Watopedi gehören auch sie zu den geistigen Erben des Geron Iosif, aus dessen Gefolgschaft Ieromonachos Charalambos nach Bourazeri kam. Diese geistlichen Mönchsgemeinschaften sind durch ihr immerwährendes Gebet die Hoffnungsträger nicht nur für den Athos, sondern für die ganze Welt.
Die frühe Existenz des Kellions bezeugt eine Begebenheit vom Beginn des 13. Jahrhunderts.
Als der hl. Sava von seiner Pilgerfahrt aus dem Heiligen Land zurückkehrte, landete er nördlich vom Kloster Iwiron. Die Sonne war bereits untergegangen. In der Dunkelheit verfehlten sie den Weg und suchten Zuflucht in einem Kellion, wo sie gastfreundlich aufgenommen wurden.
Am nächsten Tag bedankte sich der Heilige beim Protos, dem Eigentümer des Kellions.
Der Protos fand Gefallen an dem Königssohn und schenkte ihm das Kellion mit dem dazugehörigen Grundstück.
Für den heiligen Sava und seinen Vater, den heiligen Simeon, war es durch viele Jahre ein beliebter Ort der Ruhe und Einkehr.
Heute ist das „Kellion" eine Klosteranlage mit zwei Kirchen, dem Agios Nikolaos und der Koimesis geweiht.

Groß-Skiti des hl. Andreas

Skiti Agiou Andreou, auch „Sarai" (pers./türk. Palast) genannt (Abb. auf Tafel VIII / IX und X, S. 56/57 und 59).

Das gewaltige russische Bauwerk ist zum Sinnbild für die Vergänglichkeit alles irdischen Glanzes, der Nichtigkeit von Macht und Pracht geworden. Die Grundsteinlegung zu diesem größten Kirchenbau erfolgte am 16. Juni 1867 zur Erinnerung an die Errettung von Zar Alexander II. bei einem Attentat in Paris. Am 16. Juni 1900 wurde die Kirche dem Apostel Andreas, dem Erstberufenen, geweiht. Das Gotteshaus mißt eine Länge von 60 m, eine Breite von 33 m und eine Höhe von 29 m; der Glockenturm erreicht eine Höhe von 58 m. Die vergoldete Ikonostase, der Glanz der Ikonen, die Kronleuchter und kostbaren Teppiche vervollständigten einst die Pracht des „Palastes". In der Skiti befanden sich noch weitere 19 Kapellen, eine Bibliothek, ein Spital mit Apotheke neben vielen Werkstätten und Lagerräumen. Nach dem Aussterben der russischen Mönche 1972 ist die Groß-Skiti vom Kloster Watopedi übernommen worden, auf dessen Grund sie ursprünglich errichtet wurde. Im Südtrakt wurde die Athosschule für junge Mönche und Priesterkandidaten eingerichtet.

In der Andreas-Kathedrale befand sich eine wundertätige Kopie der Muttergottes-Ikone „Trösterin der Trauernden und Betrübten" („Ton Slivomenou Paramithia"), deren Fest die russische Kirche am 19. November feiert.

Kellion „Axion Estin"

Im Vorhof der Skiti Andreou führt links um die Klostermauer der wild umwachsene alte Steinpflasterweg abwärts in eine Talschlucht und über eine Holzbrücke hangaufwärts zum Kellion „Axion Estin". Das Kellion gehört zum Kloster Pantokrator.

Im Jahre 1991 begegnete ich dort dem 57jährigen Mönch Ioannis. Er lebt seit 30 Jahren auf dem Athos und schilderte eindrucksvoll und glaubhaft an diesem ehrwürdigen Ort seinen Kampf gegen die Dämonen. Seine einzig wirksamen Waffen sind das Komboskoini und das Gebet. Die Väter sagen, die Gebetsschnur ist das Gewehr des Christen gegen den Teufel und das Gebet verbrenne den Dämon.

Skiti des Propheten Elias (S. 110).

Skiti des Propheten Elias

Die russische Mönchssiedlung liegt eine knappe Gehstunde oberhalb vom zugehörigen Kloster Pantokrator. Sie wurde im Jahre 1759 vom hl. Paisij Welitschkowskij gegründet. (Kirchweihfest: 20. Juli/2. Aug.)
Die Verehrung des Starez war so groß, daß seine Gemeinde immer größer wurde und die Räumlichkeiten nicht mehr ausreichten. Er verließ bald darauf den Heiligen Berg und fuhr mit sechzig Brüdern zurück in die Walachei nach Jassy, wo ihm das Kloster Dragomirna übergeben wurde.
In den Jahren 1841 bis 1871 prägte abermals ein Eremit das geistliche Leben in der Skiti des hl. Elias. Es war der bulgarische Mönch Paisij II., der als Einsiedler nahe Kavsokalybia ein asketisches Leben geführt hatte und als Vorsteher der Mönchsgemeinschaft die koinobitischen Regeln des Begründers neu belebte. Sein leuchtendes Vorbild und die strenge Zucht zogen viele junge Mönche an, sodaß gegen Ende des 19. Jahrhunderts die Klosteranlage erweitert wurde.
Am 22. Juni 1881 erfolgte die Grundsteinlegung der neuen Kirche durch Konteradmiral Golowatschew, in Vertretung der Fürstin Alexandra Petrowna, die den Athos nicht betreten durfte. Dank der großzügigen Unterstützung russischer Fürsten wurden die Trapeza, der Glockenturm, die Kapellen des Erzengels Michael, des hl. Nikolaus und des hl. Mitrophan, des Wundertäters von Woronesch, ein Spital und eine Apotheke errichtet.

In der Kirche beeindruckt die prachtvolle, vergoldete Ikonostase (Abb. Tafel XI, S. 58). Unter vielen Ikonen befinden sich zwei wundertätige Muttergottesikonen, eine „Tichwinskaja" und eine „Galaktotrophousa".

Im Jahre 1991 empfing uns noch Vater Seraphim, wie immer mit herzlicher Gastfreundschaft. Er war 1970 mit seinem Bruder Johannes als Amerikaner russischer Abstammung auf den Heiligen Berg gekommen. Mit bewunderswertem Einsatz arbeiteten sie an der Wiederherstellung der Gebäude. Bruder Johannes wurde bereits 1989 von Gott abberufen.
1991 lebten hier vier Mönche, um 1900 waren es 390 Mönche.

Der hl. Prophet Elias stammte aus Thesba in Palästina, er war der Sohn des Sabach aus dem Stamme Levi und wurde unter König Achab, 900 v. Chr., zum Propheten berufen.
Zu des Königs und des Volkes Besserung kam eine dreijährige Dürre und Hun-

gersnot über das Land. Während dieser Zeit verbarg sich Elias am Bache Chorab, wohin ihm ein Rabe jeden Abend Brot und Fleisch brachte. Durch sein Gebet auf dem Berge Karmel zog er auf sein Opfer Feuer vom Himmel herab, um dem Volke zu zeigen, daß Jahwe der wahre Gott ist. Auch lenkte er durch sein Gebet Regen auf das dürre Land herab. Deshalb wird Elias bei Dürre noch heute um Herabsendung von Regen angerufen. Auf dem Berge Horeb wurde er gewürdigt, die Nähe Gottes im sanften Wehen wahrzunehmen.
Wegen seines frommen Lebens und flammenden Eifers um Gott wurde Elias lebendig in den Himmel aufgenommen.
Nach kirchlicher Anschauung wird er nebst Henoch Vorläufer der zweiten Ankunft Christi sein. Im Neuen Testament erscheint er nebst Mose als Zeuge der herrlichen Verklärung Christi auf dem Berge Tabor.

Die Ikone „Bogomater Tichwinskaja"

Diese wundertätige Gottesmutter-Ikone ist eine jener wahrheitsgetreuen Kopien, auf die sich die Gnade des Urbildes übertragen hat.
Die folgende Begebenheit wurde schriftlich protokolliert:
Am 17. Feber 1877 sahen die sieben unterzeichneten Mönche nach dem Gottesdienst Tränen in den Augen der Gottesmutter-Ikone.
Sie nahmen die Ikone aus ihrer kostbaren Verkleidung, trockneten die Tränen und verschlossen sie wieder. Nach drei Stunden betrat der Abt mit seinen Mönchen abermals die Kirche, und sie sahen wiederum, wie Tränen aus den Augen liefen und auf die rechte Hand des Jesuskindes herabtropften. Nach dieser erschütternden Vision trockneten sie nochmals die Tränen.
Dann wiederholte sich diese Erscheinung nicht mehr.

Die Orthodoxe Kirche feiert das Tichwinsche Bild am 26. Juni (9. Juli).

Nach der Überlieferung wurde die Urikone vom heiligen Apostel und Evangelisten Lukas gemalt und zusammen mit dem Evangelium und der Apostelgeschichte nach Antiochia gesandt, später dann nach Jerusalem und im 5. Jahrhundert nach Konstantinopel gebracht.
Dort wurde für das heilige Bild die berühmte Muttergotteskirche zu Blachernae erbaut.
Siebzig Jahre vor der Zerstörung von Konstantinopel entfernte sich das heilige Bild aus der Stadt.

Im Jahre 1383 erschien es im Gebiet von Nowgorod über dem Gewässer des Ladogasees und kam beim Fluß Tichwinka zum Stillstand. Dort erbaute man eine Kirche und später im Jahre 1560 ein Kloster. In den Jahren 1613 und 1614 überstand das Kloster unter dem Beistand der Muttergottes eine Belagerung durch die Schweden.
Daraufhin wurde der Stolbowische Friede vor dem Bilde der Muttergottes geschlossen, durch welchen das ganze Gebiet von Nowgorod nach siebenjähriger Herrschaft der Schweden an Moskau kam.

Festpropar (4.T)

„Heute erglänzte uns, gleich einer hell schimmernden Sonne,
in der Luft dein allverehrtes Bild, o Gebieterin,
mit den Strahlen der Gnade die Welt erleuchtend,
welches das große Rußland als ein göttliches Geschenk
von oben voll Ehrfurcht entgegennahm und dich
verherrlicht, Gottesmutter, Gebieterin aller,
und den von dir geborenen Christus, unseren Gott,
freudig hochpreist. Denselben aber bitte, o Herrin,
Königin, Gottesgebärerin, auf daß er bewahren möge
alle christlichen Städte und Länder unversehrt von
allen feindlichen Anschlägen, und erlöse alle, die
da im Glauben niederfallen vor seinem göttlichen und
deinem allerreinsten Bilde, unvermählte Jungfrau!“ (25)

Skiti Bogoróditsa

Im 11. Jahrhundert wurde die kleine griechische Skiti „Xylourgou“ den russischen Mönchen vom Kaiser Aléxios I. Komnenos (1081 - 1118) durch Schenkung überlassen. („Xylourgos“, griech., Tischler, Schreiner, Holzarbeiter)

„Xylourgou“ wurde zum ersten russischen Kloster auf dem Hl. Berg ausgebaut. Die Hauptkirche ist der „Koimesis“, der „Himmelfahrt der Gottesmutter“ (15. Aug.) geweiht, sie wurde bereits 1030 erbaut.

Zwei weitere Kapellen wurden zu Ehren des hl. Johannes Rila (1820) und der heiligen Kyrill und Method (1885) errichtet.

Am Beginn des 19. Jahrhunderts kam die Mönchsiedlung in den Besitz der Bulgaren, die sie dem Schutz der „Bogoroditsa“, der Gottesmutter, empfahlen. Die Skiti wurde in den letzten Jahrzehnten vom ehrwürdigen Vater Evthymios allein betreut. Im Jahre 1991 bemühte sich Ieromonachos Stephanos um die Erhaltung der Bauwerke.

Von der Skiti des Propheten Elias (180 m Seehöhe) führt ein stiller Waldweg nach Bogoroditsa (330 m), der im Jahre 1991 stellenweise zugewachsen war. In Richtung Watopedi führt eine breit ausgeschlagene Zufahrt auf die oberhalb gelegene Straße, Karyais - Watopedi.

Palaio Monastirion, „Stary Russik“

Das „Alte Russenkloster“ erwandert man auf breit angelegten Forststraßen am schönsten vom Athosrücken, ausgehend von Stavros oder von der Straßenkreuzung Watopedi-Xenophontos, mit herrlichem Ausblick auf die Wälder, Talsenken und die vereinzelten Kellia.

Im 11. Jahrhundert gründete hier ein reicher „Thessaloniker“ ein Kloster zu Ehren des Märtyrerarztes, des hl. Panteleimon. Wegen des starken Zustroms russischer Mönche in „Xylourgou“ überließen ihnen die Griechen im 12. Jahrhundert diese Gründung des Thessalonikers auf dem Berge. Im 18. und 19. Jahrhundert erfolgte dann der Ausbau der russischen Klosterstadt an der Küste, die unter Patronanz des hl. Panteleimon steht.
Noch im Jahre 1871 ermöglichte eine großzügige Hilfe aus Rußland die Erneuerung der Hauptgebäude mit der Kirche des hl. Sava. In den Jahren 1880 bis 1883 wurde der herausragende neue Kirchenbau errichtet.

Starez Siluan lebte eineinhalb Jahre auf dem Stary Russik. Die Einsiedelei liegt gegenüber der Klostereinfahrt. Ein schmaler Pfad führt etwa 50 Meter waldeinwärts zu der verwahrlosten Hütte.

In der Skiti des hl. Dimitrios

Die Skiti liegt in einem zauberhaften Talschluß, ungefähr eine Stunde von ihrem Mutterkloster Watopedi entfernt.
Dem beschaulichen Wanderer entflieht die Zeit, und es eröffnet sich ihm der Reichtum dieser paradiesischen Landschaft. In den verstreut gelegenen 21 Hütten leben kaum mehr als fünf Mönche, eine Oase der Ruhe und Stille.

Nach einer Legende soll der einstige Stadthauptmann von Thessaloniki und Großmärtyrer, der hl. Dimitrios (†306), hier selbst eine Kirche zu Ehren der Gottesmutter gestiftet haben.
Auch das alte Kloster Chalkeos soll einst hier gestanden haben.
Die dem hl. Dimitrios geweihte Hauptkirche wurde Ende des 18. Jahrhunderts fertiggestellt und ausgemalt. Nach griechischen Angaben wurde die Kirche 1755 und der später angebaute Narthex 1806 mit Wandmalereien versehen.

Der Beitrag unseres ausgehenden 20. Jahrhunderts ist eine am oberen Rand der Skiti in die urige Waldlandschaft brutal hineingeschlagene, staubige Forststraße, die einen der schönsten stillen Waldwege zur Skiti jäh unterbrochen hat.

Kellion „Moliwokleisiá"

Das unter dem Schutz der heiligen Klostergründer Sava und Simeon stehende chilandarische Kellion liegt etwa eine halbe Gehstunde nordwestlich vom Protaton.
Die Kirche ist der „Koimesis tis Theotokou" geweiht.
In ihr befinden sich bedeutende Wandmalereien der „Kretischen Schule" und eine holzgeschnitzte Ikonostase aus dem 17. Jahrhundert.
In dieser ruhigen Waldeinsamkeit lebt Vater Chrysostomos unter dem besonderen Schutz der Panagía.

Die Wüste von Kapsala

Dieses unterhalb von Karyais gelegene Gebiet reicht von der großen Schlucht, die zwischen dem Kellion „Agios Georgios o Phaneromenos“ und dem Kloster Iwiron verläuft, bis zu den Klöstern Stawronikita, Pantokrator und zur russischen Skiti Prophet Elias.
Kapsala wird in zwei Bereiche unterteilt, der eine gehört zum Kloster Stawronikita, der andere zu Pantokrator. In diesem Gebiet lebten 1915 an die zweitausend Mönche.
Einer der verehrtesten Heiligen von Kapsala ist der hl. Theóphilos „Myrowlytis“ (†1548), dessen Gedenktag die Orthodoxe Kirche am 8. Juli feiert.
Seine Reliquien werden im Kloster Pantokrator verehrt.
Der Anlaß, der ihn auf den Heiligen Berg führte, waren große Wunder, die sich im 16. Jahrhundert ereigneten und die damals nicht nur die Christenheit zutiefst bewegten.
Theophilos wurde im Auftrag der heiligen Synode nach Alexandria entsandt, um die dort geschehenen Wunder zu bestätigen.
Hierbei ging es vor allem um die Versetzung des sogenannten „Dur-Dag“-Berges zur Zeit des Patriarchen Joachim im Jahre 1536.
Patriarch Joachim der Gr. war 75 Jahre der gesegnete Hirte der Alexandrinischen Kirche und starb im Alter von 135 Jahren.
Während der langen Zeit seines Patriarchats ereigneten sich viele Wunder.

Zwei der eindrucksvollsten Ereignisse wurden in den folgenden Erzählungen überliefert. Diese Ereignisse bewogen Theophilos trotz seiner kirchlichen Würde und seines Amtes als Notar, alles zu verlassen und sein Leben auf dem Heiligen Berg zu vollenden.

„Dur - Dag!“ („Halt’ an - Berg !“)

Das folgende Ereignis geschah in Alexandria zur Zeit des Patriarchen Joachim des Großen im 16. Jahrhundert (1536).
Der Minister des Sultans, ein unversöhnlicher Feind der Christen, erhob Anklage gegen sie. Er sprach zu seinem Sultan:
„Majestät, die Christen verbreiten Lügen und nehmen den Anhängern Mohammeds den Glauben an den Propheten. Sie behaupten, der Glaube könne Berge versetzen. In ihrem Evangelium sagt Christus: ‚Wenn ihr Glauben habt und nicht

zweifelt ... selbst wenn ihr zu diesem Berg da sagt: Hebe dich weg und stürze dich ins Meer, so wird es geschehen.' (Mt 21,21)

Der Sultan, der schon lange nach einem Anlaß suchte, um gegen die Christengemeinschaft vorgehen zu können, befahl dem Patriarchen und der Kirche von Alexandria zu beweisen, daß es die Wahrheit ist, die im Evangelium geschrieben steht. Wenn sie nicht imstande seien, den Berg bei Alexandria zu versetzen, werde er die Christen hinrichten lassen.

Der fromme und heilige Patriarch Joachim, der für seinen unerschütterlichen Glauben an Christus bekannt war, kam zu dem vom Sultan bestimmten Ort, sprach seine Gebete mit den Fürbitten an unseren Herrn Jesus Christus, weihte den Berg, nahm sein Kreuz in die Hand und ließ laut seine Stimme ertönen:
„Ehre sei der Heiligen Dreifaltigkeit, im Namen des Vaters und des Sohnes und des Heiligen Geistes!"

Dann rief er zum Berg gemäß dem heiligen Evangelium:
„Im Namen des Herrn Jesus Christus, steh auf und begib dich auf die gegenüberliegende Seite des Hafens!"
Daraufhin erhob sich der Berg, schwankte in der Luft und bewegte sich im Namen Christi in die Richtung, die der Patriarch befohlen hatte.

Der Sultan aber, als er sah, wie sich der Berg erhob, befürchtete, er könnte auf ihre Köpfe fallen und schrie laut vor Angst und Schrecken:
„Dur-Dag, Dur-Dag", das heißt „Halt' an, Berg!"

Da gab der Patriarch einen anderen Befehl, worauf der Berg in drei Teile auseinanderbrach und ins Meer stürzte, genau dorthin, wo er sich noch heute befindet, an der Einfahrt in den Hafen von Alexandria. (26)

Der Giftbecher und die „Zauberei"

Im Anschluß daran befahl der Sultan, dem heiligsten Patriarchen Joachim einen Giftbecher zu reichen mit der Aufforderung, diesen zu leeren, ohne vorher die „Zauberei" zu machen, welche die Christen das Kreuzzeichen nennen.

Der Patriarch nahm den Becher in seine Hände, sprach stumm das Gebet zum allmächtigen Gott und wandte sich dann mit der Frage an den Sultan:
„Majestät, von wo möchten Sie, daß ich trinken soll?"
Dabei wandte er seinen Kopf in die vier Himmelsrichtungen und machte auf diese Weise mit dem Mund das Kreuzzeichen über dem Becher, ohne daß es der Sultan bemerkte.
Dieser antwortete ihm sogleich:
„Trinke den Becher aus, von wo du willst!"
Und der Patriarch trank das Gift. Es blieben nur ein paar Schaumtropfen zurück.

Dann sprach der Patriarch zum Sultan:
„Majestät, jetzt bin ich an der Reihe und bitte euch um einen Gefallen.
Ich möchte, daß mein König Eure Größe erkennt und daß jener, der dieses schreckliche Gift zubereitet hat und Euch diese Lügen über uns Christen erzählt hat, sich selbst von der Wirkung des Giftes überzeugen kann und den kleinen Rest im Becher trinken soll."

Der Minister, der die Wirkung des Giftes nur allzu gut kannte, weigerte sich, auch nur einen Tropfen davon zu nehmen. Doch auf Befehl des Sultans mußte er den Becher vollends leeren und fiel auf der Stelle tot um.
Dem Patriarchen, der einen vollen Becher getrunken hatte, war durch seinen festen, unerschütterlichen Glauben und durch göttliche Kräfte nichts geschehen.

So haben sich die Worte des heiligen Evangeliums bewahrheitet, und das Christentum triumphierte. (27)

Kelli „Agios Georgios o Phaneromenos", („Heiliger Georg, der erschienene")

Es war vor ungefähr 200 Jahren, zur Zeit der türkischen Knechtschaft, da lebten in den Bergen zahlreiche Räuber. Unter ihnen war auch der berüchtigte Räuber Stamatis, der in Chalkidiki sein Unwesen trieb. Von Zeit zu Zeit wagte er auch Raubüberfälle auf den Agion Oros.

Einmal faßte er den Entschluß, mit zweien seiner mutigsten Männer ein abgeschieden gelegenes Kellion auszurauben.
Dieses Kellion in Kapsala gehörte zum Kloster Pantokrator und hatte den Ruf,

eines der reichsten zu sein. Seine Kapelle war dem heiligen Großmärtyrer Georg geweiht.
Die Räuber brachten in Erfahrung, daß dort nur zwei alte, schwache Gerontes wohnten und daß sie sehr viel Geld hatten.
Zur mitternächtlichen Stunde gingen sie hin und klopften an die Tür. Sie hörten drinnen eine Stimme, die fragte, wer sie seien und was sie zu so später Stunde wollten.
Ihr Anführer Stamatis antwortete im befehlerischen Ton:
„Macht uns auf! Wir sind Fremde und möchten beherbergt werden."
Die Räuber staunten, als ihnen ein junger Mann die Türe öffnete. Dieser fragte sie nochmals, was sie zu dieser Zeit wollten.
Die bewaffneten Räuber sagten: „Wir müssen unbedingt den Geron sprechen, es ist wichtig!"
Der junge Mann führte sie in den Gästeraum, der Archontariki genannt wird, und sagte zu ihnen: „Setzt euch so lange, bis ich den Geron gerufen habe."
Die Räuber setzten sich und warteten.

Es verging eine Stunde, es vergingen zwei Stunden, der Geron erschien nicht.
Es blieb absolut ruhig und still im Hause.
Da verloren die Räuber ihre Geduld und wollten aufspringen, um ihr Vorhaben auszuführen.
Aber was war geschehen?
Sie konnten sich nicht bewegen, weder nach rechts noch nach links, weder die Füße noch die Hände, sie konnten keinen einzigen Schritt machen.
Da schrien die bis zu den Zähnen bewaffneten Räuber um Hilfe.

Davon wachten die Gerontes auf und liefen zum Archontariki. Was für ein Anblick bot sich ihnen? Die Räuber waren dem Schein nach frei, aber sie konnten sich nicht von ihren Plätzen bewegen.

Die Gerontes fragten sie: „Wer seid ihr? Was wollt ihr hier? Wie seid ihr hereingekommen? Wer hat euch die Tür geöffnet?" Die Räuber baten flehentlich, sie aus dieser mißlichen Lage zu befreien und antworteten: „Gerontes, ein junger Mann hat uns die Tür geöffnet und gesagt, daß wir hier warten sollten, bis ihr kommt." Die Gerontes verstanden, daß hier ein Wunder geschehen war. Sie liefen in die Kirche, holten die Ikone des hl. Georg und zeigten sie den Räubern. Diese riefen erschrocken wie aus einem Munde: „Der hat uns die Tür geöffnet."

Und nachdem sie ihr böses Vorhaben bereut hatten, konnten sie sich plötzlich wieder bewegen. Sie warfen sich zu Boden, huldigten dem hl. Georg und versprachen, von nun an ihre Räubereien zu beenden.

Der einstmals gefürchtete Räuber Stamatis ging nach Karoulia und baute sich dort eine kleine Hütte und eine Kapelle zu Ehren des heiligen Georg.

Es heißt, daß er der erste Einsiedler war, der Karoulia bewohnte. In dieser Wüste verbrachte er den Rest seines Lebens in aufrichtiger Reue und Demut, und es wird erzählt, daß Geron Stamatis, der ehemalige Räuber, in Karoulia ein Ende als Heiliger fand. (28)

Das Kellion in Kapsala trägt heute den Namen: „Hl. Georg , der erschienene."

Der hl. Nikódemos erzählt in seinem Werk „Pneumatiká Gymnásmata" („Geistige Übungen") das folgende eigene Erlebnis.

Als er am Vorabend eines Festtages von seinem Hesychasterion nach Iwiron unterwegs war, kam er beim Kellion „Agios Georgios o Phaneromenos" vorbei.

In diesem Kellion lebten zehn Asketen. Sie hielten auch Nachtwache, aber was war das für eine Wache! Nach der Lesung des Apodeipnon (Komplet) in der Kapelle des hl. Georgs weihrauchten sie. Nachher erhob sich jeder Einzelne, begab sich in die Mitte der Kirche und sprach mit leiser Stimme und tiefer Ergriffenheit das Gebet:
„Herr Jesus Christus, Sohn Gottes, erbarme dich meiner."

Das wiederholte sich inwendig auch bei den anderen Brüdern, die noch saßen. Dann waren sie an der Reihe. Das geschah bis zum Morgen, als die Liturgie begann.

Der hl. Nikódemos ging auch in die Mitte, und er schrieb nachher, daß er eine solche Ergriffenheit und Freude von diesem Gebet und von dieser Wache empfand, daß er diese absolute Ordnung und Hesychia nie vergaß: „Ich dachte, daß ich mich im Himmel befand, daß ich Gott mit den heiligen Engeln lobpries, und meine Augen füllten sich mit Freudentränen. So blieb ich bei dieser Nachtwache und ich bin nicht mehr zum Kloster Iwiron gegangen."

Die Probata

Die Probata ist der aufgehenden Sonne zugewandt. Sie liegt in einem weitausgedehnten Waldgebiet an der Ostseite zwischen Morfonou und dem Kloster Karakalou und ist dem Kloster Megisti Lawra zugehörig.
Von den 17 Kellia sind 12 bewohnt; im Jahre 1991 lebten dort 24 Mönche. Heute verbinden Forststraßen die oft weit voneinander entfernt gelegenen Kellia.
„Papa Nikolai", 79 Jahre (1991), im Kellion „Agios Theodoros", bedient seit Jahrzehnten die Telefonzentrale (Tel. Nr. 612-16).
Hier wohnen handfeste Kellioten, die als Jäger, Holzarbeiter, Gärtner und Fischer idiorrhythmisch leben.
Das Haus von Gerontas Eugenios Kasotakis, **„Kastanias"**, (Abb. auf Tafel XII / XIII, S. 60/61) ist das höchstgelegene Kellion in der Probata (350 m). Seine Ruhe und Gelassenheit, das gemeinsame Gebet, das abendliche Verweilen auf der Terrasse mit dem Blick zum Athosgipfel sind unvergeßliche Erlebnisse. Gott schenke ihm noch viele Jahre!
In seiner Gemeinschaft leben der passionierte Jäger Gabriel und der geduldige Christophoros, der mit dem unverwüstlichen Unimog Materialien und Pilger transportiert.

Im Kellion „Agia Triada" (300 m) lebt Stephanos. Er ist ein ausgezeichneter Koch und kann mit seinem Unimog Pilgern behilflich sein.
Das Kellion „Panagía i Kranía" liegt etwa 200 Meter über dem Meer.
Die Kapelle ist dem hl. Gregorios Palamas geweiht.
Papa Gregorios ist Mechaniker. Er wird unterstützt von den Mönchen Kallinikos und Ignatios.

Das Unvergeßliche dieser Begegnungen ist:
Hier zählt der Mensch, der Bruder in Christo!

Lakkou Skiti

Die rumänische Niederlassung, am Nordabhang des Athos oberhalb von Morfonou gelegen, ist dem hl. Dimítrios (26. Okt./8. Nov.) geweiht.
Die Kirche liegt etwa 200 Meter über dem Meer und wurde im Jahre 1900 erbaut.
Lakkou Skiti (gr. „lakkos“ = Grube, Graben) gehört zum Kloster Agiou Pavlou, von dem eine Verbindungsstraße über den 800 Meter hohen Sattel in die Skiti und über Probata nach Karyias führt.
Im Jahre 1991 war die Skiti von sieben Mönchen bewohnt. Der überaus freundliche und demütige Mönch Seraphíon, der hier seit 15 Jahren lebt, erklärte, daß die Skiti aus 20 Häusern und 15 kleinen Hütten besteht (siehe Abb. unten).
Im Jahre 1925 lebten hier 120 Mönche.
Der Turm ist der Rest des einstmaligen Klosters der Amalfitaner und ein bereits ein Jahrtausend überdauerndes Zeugnis der Präsenz auch der römischen Kirche auf dem Heiligen Berge. Er ist ein Denkmal abendländischer Festungsbaukunst. An der Nordseite ist das Adlerwappen noch sichtbar.
Das Kloster ist urkundlich bereits zu Athanasios Zeiten erwähnt, letztmalig im Jahre 1169 zur Regierungszeit des Komnenen-Kaisers Manuel I. Danach wurde es dem Lawra-Kloster übergeben.
Die bereits in frühester Zeit wichtige Anlegestelle Morfonou ist heute zu einem großen Holzverladeplatz ausgebaut worden.

Nea Skiti

Das „Neue Dorf" beim Turm „tou Pyrgou" liegt an der lichten Südwestküste, etwa eine Wegstunde vom Kloster Agiou Pavlou entfernt. Es ist durch die hervorragende Lage, die ruhige Umgebung und das milde Klima begünstigt. Die Mönche nennen es scherzhaft „California", denn es ist einer der wärmsten Orte auf dem Agion Oros (Abb. auf Tafel XIV, S. 63).
Hier lebten im Jahre 1991 ungefähr 45 Mönche in etwa 28 Kalybes.

In früheren Jahrhunderten haben sich die Mönche wegen der häufigen Piratenüberfälle in höhere Lagen zurückgezogen. Der mittelalterliche Wachturm war oft die einzige Zufluchtsstätte der Mönche.
In den Jahren 1740 bis 1750 wurde die Skiti wieder „neu" bewohnt. Die Hauptkirche, in der Sprache der Skitenbewohner „(to) Kyriakon" genannt, wurde im Jahre 1753 erbaut und ist der „Geburt der Gottesmutter" („Gennisis tis Theotokou") geweiht. Das Kirchweihfest, (gr. „Panígyri") wird am 8. (21.) September gefeiert.

In der Nea Skiti lebten viele hervorragende geistliche Väter, **Arbeiter des geistigen Gebets und des geistigen Lebens**. Unter ihnen finden wir heute viele Ikonenmaler, die zusammen mit dem Handwerk auch den Garten ihres Herzens kultivieren und ihn vom schädlichen Unkraut säubern, wie von Neid, Eifersucht, Ehrgeiz, Selbstsucht und all den Leidenschaften, die den Menschen im allgemeinen bekriegen, um so mehr den Mönch.

Das hagiographische Haus der Brüder Kyrillaioi führt sein geistliches Leben seit 1859 und ist der „Koimesis Theotokou“ (15. August) geweiht. Dieses abrahamische, traditionsgemäß gastfreundliche Haus widmet sich auch heute der Hagiographie mit zwei großen Künstlern, dem Geron Makarios und dem jüngeren Mönch Ignatios.
Ihre besondere Verbundenheit und ihren Dank an die Gottesmutter für dieses kleine Paradies, in dem sie hierorts jetzt schon leben dürfen, bringen die Mönche immer wieder zum Ausdruck.

Es war im Jahre 1980, als ich das letzte Mal - wie immer überaus herzlich - in der Kalyba der Gerontes Panteleimon und Symeon empfangen wurde. Es war ein heißer Septembernachmittag, ich war auf dem Weg nach Agia Anna. Als ich Geron Panteleimon für seine Gastfreundschaft danken wollte, winkte er ab, zeigte nach oben und sagte, der Panagía solle ich danken! Er geleitete mich zum Tor, um mir von seiner Quelle frisches Wasser zu geben. Die Panagía hatte den Fels gesprengt, wie er sagte, und ihm die Quelle geschenkt. Der Panagía sei Dank, ich durfte ihm noch einmal begegnen.

Im Jahre 1992 fand ich zur späten Stunde noch besonders freundliche Aufnahme im Abramaion bei Geron Seraphim und Vater Andreas, einem weitbekannten Ikonenmaler.
Es war knapp vor Sonnenuntergang, als ich beim Kyriakon ankam. Auf der Suche nach dem Archontar, dem Gästepater, riet mir ein Mönch, an der Kirchenglocke zu ziehen. Da mir keine andere Wahl blieb, unterbrach ich die heilige Stille und ließ dreimal die helle Glocke ertönen. Sofort kam die Antwort aus der Mitte der Skiti: „Ela!“ Ich sollte herauf kommen. Mit großer Dankbarkeit darf ich von der freundlichen Aufnahme und dem gemeinsamen Festmahl mit den ehrwürdigen Mönchen erzählen.
Es war am Tag der „Analepsis“, der „Himmelfahrt Christi“. Die Freude strahlte aus ihren Augen. Auf dem Tisch stand alles, was ihnen die hier so reiche Natur zum

Geschenk machte: mit würzigen Kräutern frisch zubereiteter Salat, gekochter Fisch „Saloúbardo“, selbst geharzter Retsina und reife Marillen aus dem Garten. Der Panagía sei gedankt!
Zu meiner großen Freude machte ich die Bekanntschaft mit einem jungen, deutsch sprechenden Mönch namens Gabriel, einem wunderbaren Menschen und Ikonenmaler.

Im Turm der Nea Skiti lebte im 19. Jahrhundert Gero-Daniel, ein in der gottgemäßen Tugend weit fortgeschrittener Asket. Er betreute die Turmkapelle der heiligen Anna. Eines Tages hatte man ihn beauftragt, die Gebeine der entschlafenen Väter im Friedhof der Skiti zu ordnen. Es war im Monat Juli. Wegen der großen Hitze setzte er sich, um etwas auszuruhen. Dann wandte er sich mit Gottergebenheit und Respekt den Gebeinen zu und sagte: „Heilige Väter, betet ihr nicht mehr? Vermittelt ihr nicht bei Gott für uns Sünder, damit wir Armen gerettet werden und Barmherzigkeit von dem allgütigen Gott erlangen?“ Nachdem er das gesagt hatte, hörte er auf wundersame Weise eine Stimme, die ihm sagte: „Natürlich beten wir und flehen ohne Unterbrechung zu Gott, damit ihr gerettet werdet. Aber Brüder, wie ist es möglich, daß ihr gerettet werdet, wenn ihr nicht die notwendigen Voraussetzungen haben wollt, nämlich die Demut und die Liebe? Wißt ihr nicht aus der Heiligen Schrift, daß Gott Liebe ist und daß er den egoistischen und nachtragenden Menschen verabscheut? Ohne Liebe kann niemand gerettet werden!“ (29)

Eine Legende erzählt, wie der hl. Pavlos und der hl. Athanasios die Grenze zwischen ihren Klosterbezirken ermittelten. Sie vereinbarten, sich an einem bestimmten Tag nach dem Gottesdienst zu treffen. Der hl. Pavlos verließ sein Kloster gleich nach der Liturgie, während der hl. Athanasios bereits einige Stunden auf dem Weg war, da er den Gottesdienst nicht in der Kirche abwartete, sondern auf dem Wege verrichtete.
So begegneten sie sich auf dem Weg zwischen Agia Anna und der Nea Skiti an der Stelle, wo sich heute ein gemauerter Unterstand befindet.

Skiti der hl. Anna („Skiti Agias Annas“)

Agia Anna ist die älteste und größte Skiti auf dem Heiligen Berg. Bereits im 7. Jahrhundert bestand ein Kloster „Boulevtirion“ nahe dem Meer, das im 9. und 10. Jahrhundert von Piraten zerstört wurde. Daraufhin gründete der hl. Gerontios, ein Zeitgenosse des hl. Maximos von Kavsokalybia, eine Skiti höher am Berg und erbaute dort eine Kirche zu Ehren des hl. Panteleimon.

Die Skiti gehört zum Kloster Megisti Lawra, zählt etwa 51 Hütten und 80 Mönche. Die Lebensform ist idiorrhythmisch. Der Vorsteher (Dikaios) wird jährlich am 8. (21.) Mai gewählt, ihm zur Seite steht ein Verwaltungsrat von 7 Gerontes (Synaxis).
Das Kyriakon, die Hauptkirche, 280m über dem Meer gelegen, wurde 1752 erbaut und 1757 ausgemalt. Sie ist der hl. Anna, der Mutter der heiligen Gottesgebärerin, geweiht, deren Fest die Kirche am 25. Juli (7. Aug.) feiert.

Die im Kyriakon verehrte wundertätige Ikone der hl. Anna kommt nach der Überlieferung aus dem Heiligen Land. Die Legende berichtet, daß sie eine Münze aus etwa zehn Zentimeter Entfernung magnetisch an sich zieht. Dieses Opfer soll sie nur von guten Menschen annehmen. Ist der Zweifler mit einer Sünde beschwert, fällt das Geldstück zu Boden.

Die hl. Anna war aus dem Stamme Levi, dem Geschlechte des Aaron. Nach der Überlieferung starb sie friedlich zu Jerusalem, 79 Jahr alt. Unter dem Kaiser Justinianus wurden ihr Leib und ihr Omophorion (Schultertuch) nach Konstantinopel gebracht. Eine Reliquie der hl. Anna wird im Kyriakon verehrt.

Die Heilige Skiti Agia Anna hat der Mutter Kirche vierzehn Heilige und Neumärtyrer geschenkt:
Die Heiligen Gerontios, Sophronios, die heiligen Märtyrer Nikodemos, Makarios, Kosmas, Loukas, Ilarion, Nikitas, David, Paulos, Nektarios, die Heiligen Gerasimos, Niphon und Sabbas (†1948).
Jedoch gibt es am Agion Oros mehr unbekannte Heilige als bekannte.

Gleich hinter dem Kyriakon beginnt der steile Anstieg hinauf zum Höhenweg in Richtung Lawra und zum Athosgipfel. Ein steiniger Weg, vorbei an gewaltigen Felsabbrüchen, wild zerhackten Gesteinsmassen, vom Athos einst wie durch Titanenfaust in die Tiefe geschleudert.
So erzählt der Dichter:
„Das hat Xerxes getan! Am Südkap war seine Flotte zerschellt, von feindlichen Winden gegen die Klippen getrieben. Da befahl der Großkönig in Wut, die Halbinsel im Norden zu durchstechen und den Athos zu züchtigen. Tausend Sklaven erklommen den Gipfel und spalteten sein kahles Haupt. Das sind die Trümmer, die damals über seine Flanken niederprasselten. Noch jetzt ist als Wunder zu bestaunen, was die Kraft eines Großen vermag.“ (30)

Wo das Quellwasser zwischen den Felsen entspringt, beginnen hoch oben am Berghang die steinernen Häuser und Gartenterrassen der eifrig werkenden Mönche und fröhlichen Baukünstler.
Ein neuer Baustil überrascht den Pilger im Garten der Muttergottes: Stahlbeton mit offenen Rundbögen, durch die der Bergwind talwärts pfeift. Das griechische Wort für Zugluft heißt „reuma“ – so erleben es auch einige Mönche.

Der Kirchenvater Origines sagte, das Christentum verachtet und verdammt nichts, was in der Welt ist, sondern vollendet es.
Die ganze Welt ist hier hereingeholt.

Geron Theoliptos nützt umweltschonend die Wasser- und Sonnenenergie. Eine kräftig sprudelnde Quelle in der Nähe seiner Hütte betreibt über eine Turbine einen Stromgenerator. Sonnenkollektoren nützen die reichlich vorhandenen Sonnentage zur Energiegewinnung. Im großen Backofen hinter dem Haus wird Vollkornbrot (nach deutschem Rezept) für seine zahlreichen Gäste gebacken. Der stets freundliche, quicklebendige, hilfsbereite Geron Theoliptos spricht Englisch. Sein gastfreundliches Haus wurde in den Jahren 1978 - 1982 erbaut. In seiner Gemeinschaft leben fünf junge, wunderbare Mönche.

Ihre Hauskapelle ist dem hl. Johannes dem Täufer, dem Vorläufer, geweiht.
Der hier erlebte Abendgottesdienst (Hesperinos) und das Spätabendgebet (Apodeipnon) gemeinsam mit seinen liebevollen, jungen Mönchen im Wohlklang der griechischen Sprache und Hymnen bleiben unvergeßlich.

Im Jahre 1992 wurde Geron Theoliptos mit seiner Mönchsfamilie in das Mutterkloster Megisti Lawra für weitere Aufgaben und Dienste berufen.

Der Teufel fürchtet nur das Komboskoini und das Gebet

In der Kalyba „Eisódia tis Theotokou" (Einführung der Muttergottes in den Tempel) in Agia Anna lebte der Mönch Prokopios. Sein großer Wunsch war, den byzantinischen Gesang zu lernen, damit auch er mit den anderen Brüdern Gott lobpreisen könne. Da er aber falsch sang, wollte ihn niemand unterrichten. Bruder Prokopios hatte stattdessen von Gott das Charisma des immerwährenden Gebets: „Herr Jesus Christus, Sohn Gottes, erbarme dich meiner, des Sünders." Dabei hielt er immer in seiner linken Hand das Komboskoini, die Gebetsschnur, die er nie weglegte.

Eines Tages war er sehr traurig, weil er niemanden finden konnte, der ihn in den herrlichen Gesang eingeführt hätte. Während er darüber nachdachte, hatte er aufgehört, sein Gebet zu sprechen. Da erschien plötzlich vor ihm ein weißbärtiger, unbekannter Geron, der zu ihm sprach: „Bruder Prokopios, was hast du? Du bist so traurig, was beschäftigt dich?"
Prokopios erzählte ihm, daß er den Gesang lernen möchte, doch niemand wolle ihn unterrichten, weil alle sagten, daß er falsch singe.
Da sprach der Unbekannte zu ihm: „Ist das der Grund deiner Traurigkeit, du Armer? Ich werde dich lehren, du wirst zu den besten Psaltisten gehören, und du wirst singen wie die beste Nachtigall, aber ich will auch, daß du mir einen Gefallen tust."

„Was verlangst du?“ fragte Prokopios. „Ich will dir alles geben, was du willst.“ Daraufhin sprach der Fremde zu ihm: „Ich will, daß du diese Gebetsschnur von deiner Hand wegwirfst und du aufhörst, das Gebet zu sprechen. Dann werde ich dich in allem unterweisen, was du willst.“
Sobald der Mönch Prokopios das hörte, verstand er, daß dieser Unbekannte kein Mönch war, sondern der hinterlistige Dämon. Sofort bekreuzigte er sich und befahl ihm: „Tritt hinter mich, Satan, ich brauche deine Gesangskünste nicht.“ Dann war der Dämon verschwunden.

Aus dieser Geschichte lernen wir, wie sehr der Teufel die Gebetsschnur und das Gebet fürchtet. Die Väter sagen: „Die Gebetsschnur ist das Gewehr jedes Christen gegen den Teufel, und das Gebet verbrennt den Dämon. Dagegen fürchtet der Satan nicht die Psaltisten, weil sie unaufmerksam werden, und sie fallen dann sehr leicht in Eigensinn und Stolz.“ (31)

Wie aus einem Räuber ein Asket wurde

Die Väter erzählen von einem gefürchteten Räuber, der in Agia Anna von 1890 bis 1915 als Asket lebte und das Charisma der Prophetie besaß.Als Räuber und Dieb lebte er zunächst in Kreta zur Zeit der türkischen Besatzung. Er bereitete den Türken großen Schaden und half heimlich den Christen. Er war so fürchterlich und schrecklich, daß ihm der Pascha Amnestie versprach, wenn er Kreta verließe. Doch selbst die wohlgemeinten Vorschläge des türkischen Paschas waren für ihn unannehmbar. So war er nur mehr durch höhere Gewalt zu retten.

Da erschien ihm eines Tages die heilige Mutter Anna und befahl ihm, den Rat des Paschas anzunehmen und so rasch wie möglich auf den heiligen Berg in ihre Skiti zu kommen. Unter diesem Druck der heiligen Erscheinung nahm der Räuber das Angebot an.
Wie die Väter der Skiti erzählten, hatte ihn der Pascha selbst zum Athos begleitet, um sicher zu gehen, daß er Kreta verlassen werde.
Als der Räuber im Hafen von Dafni ankam, wollte er sogleich in die Skiti Agia Anna gebracht werden. Dort weigerte er sich, unter einem Geron zu leben. Er verlangte, sofort zum Kalogeros namens Anna ernannt zu werden, und wollte eine Zelle gleich neben der Kirche der heiligen Anna beziehen.
Die Väter versammelten sich und erklärten dem Räuber, daß Anna ein Frauenname und für einen Mönch nicht vorgesehen sei.

Schließlich einigten sie sich, und der Räuber wurde zum Kalogeros Ioakeim.
Er bekam ein Zimmer in der Nähe vom Kyriakon, der Kirche der heiligen Anna. Dort führte er lange ein asketisches Leben unter der Leitung und dem Rat aller Väter, denen gegenüber er immer Demut zeigte. Nach fünf Jahren verließ er das Zimmer und ging, um mehr Ruhe zu haben, hinter die Skiti in eine Höhle. Dort versorgten ihn die Väter und brachten ihm regelmäßig Brot und Zwieback. Ioakeim kämpfte mit den Versuchungen der Dämonen und zeigte große Geduld wie ein alter, erfahrener Kalogeros. Auch zeigte er eine große Widerstandsfähigkeit gegenüber Kälte im Winter und Hitze im Sommer.

Eines Tages, so erzählten die Väter, war mehr als ein Meter Schnee gefallen, der alles zudeckte. Die Gerontes von der Kalyba „I Papanti", die regelmäßig das Brot für ihn backten, brachten es auch an jenen Tag zur Hütte für Ioakeim. Aber sie fanden ihn nicht. Sie machten sich auf die Suche und riefen nach ihm. Da hörten sie seine Stimme unter der Schneedecke und beeilten sich, ihn auszugraben. Sie fanden ihn, von Schnee bedeckt, auf einem Stein sitzend. Er betete ganz ruhig und war beleidigt, daß sie ihn in seiner Ruhe gestört hatten.
Er fehlte nie beim Gottesdienst und nahm immer an der heiligen Kommunion teil. Er wurde vom Herrn mit vielen geistigen Gaben beschenkt, so auch mit dem Charisma der Prophetie.
Als eines Tages drei Russen bei ihm vorbeikamen, um ihn kennenzulernen, gab er ihnen zum Abschied mit dem Segen die folgenden Geschenke: Dem ersten gab er drei Bohnen, dem zweiten Weihrauch und dem dritten eine Blume.
Als die Russen weggegangen waren, fragten ihn die Väter, was für eine Bedeutung diese Dinge hätten. Er antwortete ihnen: „Dem ersten habe ich drei Bohnen gegeben, denn er wird Kalogeros. Dem zweiten gab ich den Weihrauch, denn wenn er nachhause kommt, wird er seinen Vater im Sterben finden. Dem dritten gab ich eine Blume, weil er in die Welt zurückgehen wird. Dort wird er heiraten und diese Blume seiner Frau geben."

Nach dieser Zeit erkrankte er und sah seinen Tod voraus. Nach einem Krankenlager von drei Tagen starb er und ging von der Erde in den Himmel, ins ewige heilige Zelt. (32)

Mikri Agia Anna

Kleine Skiti der heiligen Anna

Hier lebt **Geron Gerasimos, einer der begnadetsten Hymnographen** aller Zeiten. Er hat bis 1987 etwa zweitausend Patroziniums-Akolouthien verfaßt. Diese Hymnen der heiligen Väter werden in den Gottesdiensten gesungen.

Die Bedeutung der Heiligen in der Orthodoxen Kirche beschreibt Vater Gerasimos: „Die Heiligen sind für uns ein lebendiges Evangelium. Sie verkörpern die biblischen Gebote; sie sind durch ihr heiliges Leben Freunde Gottes geworden."

Seit Jahrzehnten widmet er sich dem Herzensgebet und muß für die zahlreichen jungen Mönche sein im steilen Gelände gebautes Haus ständig erweitern.

Der untere Weg führt am Haus der Gold- und Silberschmiede vorbei. Hier werden unter anderem auch Weihrauchgefäße angefertigt.

In der Skiti von Mikri Agia Anna lebten am Ende des 15. Jahrhunderts zwei erleuchtete geistliche Väter, der hl. Dionysios, der Rhetoriker, und sein Jünger, der hl. Mitrophanis, der Geistliche. Beide sind die großen Lehrer der Wüste von Mikri Agia Anna.

Ein glänzender Stern des athonitischen Himmels, Geron Sabbas

Auf der Anhöhe von Mikri Agia Anna, in der Hütte der „Anastasis", lebte der berühmte Geistliche, Geron Sabbas (1821-1908).

Sein Ruhm als hervorragender Beichtvater und Seelenheiler reichte bis in die entferntesten Länder der Orthodoxie. Seine väterliche Liebe mit großem Einfühlungsvermögen und Mitleid, sein Talent, aus den Worten der Menschen auf ihre innersten Gedanken zu schließen, seine Fähigkeit, zu trösten, zu stärken und zu leiten, als auch die Heiligkeit seines Lebens würdigten ihn als einen Geistlichen ohnegleichen. Niemand hat ohne Trost den kleinen, kryptaähnlichen Beichtraum verlassen. Die Väter des Berges selbst, die mit Lob äußerst sparsam umgehen, zögerten nicht, ihn als den Chrysostomos unter den Geistlichen zu bezeichnen.

Die Christus tragende Seele von Vater Sabbas wurde von grenzenloser Liebe zu allen Menschen bewegt. Jeder, der ihn aufsuchte, um zu beichten, war die Person, für die Christus in seiner unendlichen Liebe sein Blut vergossen hatte. Diese Liebe, und allein diese, stimmte förmlich alle seelischen Saiten des liebevollen Beichtvaters.

Kein Opfer war ihm zu groß, wenn es darum ging, die Schafe Christi, die verletzt, zerschunden, verloren und zerstreut waren, von den Räubern, von den Wölfen und vom Tod zu retten. Die Worte der Schrift: „Das Verlorene will ich suchen, das Versprengte zurückführen, das Gebrochene verbinden, das Kranke stützen ..." (gemäß Ezechiel 34,16) bildeten den Leitsatz in seinem Leben als Beichtvater.

Der schmale Weg vom Hafen in Agia Anna hinauf zur Hütte der Auferstehung wurde in den Jahren des Vaters Sabbas viel begangen. Vor allem in der Fastenzeit, vor Ostern, der „Tesserakosti", verwandelte sich der Pfad in eine Menschenkette. Jedes Glied dieser Kette war ein Christ, der im Begriff war, ein geistiges Bad zu nehmen.

Der Dikaios, der Mönch, der die Skiti Agia Anna verwaltete, beherbergte im Kyriakon diejenigen, die auf den nächsten Tag warten mußten, bis sie an die Reihe kamen.

Es gibt viele schwere Sachen in dieser Welt, aber das schwerste ist es wahrscheinlich, daß jemand die weite und bequeme Straße der Sünde verläßt und in Demut und Reue auf den Weg Gottes zurückkehrt. Er hat zu kämpfen mit sich selbst, mit der Welt und mit den finsteren Mächten, welche die Seelen daran hindern, sich dem Licht zu nähern. Vater Sabbas wußte, mit welchen Schwierigkeiten das Bekennen von Fehlern, das Bloßlegen von inneren Wunden, das Bekanntmachen der eitrigen Stelle und der Schuld verbunden ist. Aber es war ihm ebenso bewußt, daß ohne diese Bloßlegung der Sünden weder Heilung noch Vergebung denkbar wäre. Und gerade in diesem Punkt führte ihn seine Liebe und seine Barmherzigkeit gegenüber seinen verwundeten Brüdern zu genialen Erfindungen.

Sobald er einen Besucher das erste Mal erblickte, ungeachtet der Zeit, wann er kam, entwaffnete er ihn mit einem Angriff der Güte, der Herzlichkeit und Freude. Es bedarf keiner großen Weisheit, um zu verstehen, daß ein grimmiges Gesicht für einen Seelenheiler äußerst unangebracht wäre.

Beim Abnehmen der Beichte ließ er sich Zeit, er nahm keine Rücksicht auf seine Müdigkeit. Das einzige, was ihn interessierte, war, daß richtige Arbeit geleistet wurde. Das hieß, am Anfang die Diagnosestellung der Krankheit, dann die Behandlung, die Reue und der Entschluß zur Korrektur. Der Ausspruch „Sündige nicht mehr" nahm immer die erste Stelle ein.

Häufig konnte man beobachten, wie er den Beichtraum verließ und herauskam. Jemand ging um die Hütte herum und zögerte, die rettende Entscheidung zu treffen. Er mußte ihm in dieser kritischen Zeit helfen, er mußte ihm Vertrauen einflößen, ihn ermutigen und ihn in den Hafen der Rettung führen.

Jedesmal, wenn er beim Offenlegen der Sünden Schwierigkeiten feststellte oder voraussah, benützte er weise Mittel oder auch manchmal eine List, um dem Beichtenden Mut zu machen. Auch wenn gewisse Herzen wie verriegelt waren, gelang es ihm immer, sie aufzusperren.
Sobald ein junger Novize oder Mönch sich schämte, ihm alles zu sagen, erfand seine große Liebe eine List. Er sagte dann: „Sprich, mein Kind, erzähle mir von deinen Sünden, ohne zu zögern. Ich bin ein Greis, vielleicht schlafe ich sogar ein, dann sprich trotzdem weiter, denn Christus ist anwesend und hört alles. Beichte alles ohne Furcht, damit du deine Seele reinigst." Dann hatte es den Anschein, als ob der Geistliche schläfrig sei. Er neigte seinen Kopf zu Seite und schnarchte. Der Mönch bekannte jetzt seine schweren Sünden. Als er fertig war, erwachte auch der Geistliche. Sodann setzte der Mönch mit den leichteren Sünden fort. Vater Sabbas sagte in seiner gewohnten liebevollen Art zu ihm: „Hör ein bißchen auf! Vorher hast du eine gewisse Sünde erwähnt, ich habe nicht gut gehört, sag sie deutlicher, damit du deine Seele läuterst." Dann faßte der Beichtende Mut und sprach sie klar und deutlich heraus. Dadurch erleichterte er seine Seele, erfreute Gott und verwundete den Teufel.

„Allen bin ich alles geworden"

Vater Sabbas zögerte nicht, auf das gleiche Niveau des Beichtenden hinunterzusteigen. Er verlieh ihm den Eindruck, daß auch er selbst ähnlichen Sünden verfallen war, damit dieser Mut faßte und seine tiefen Wunden offenbarte. Er handelte gemäß den Worten des Apostels: „Den Gesetzlosen ward ich wie ein Gesetzloser, ... um die Gesetzlosen zu gewinnen. Den Schwachen bin ich ein Schwacher geworden, um die Schwachen zu gewinnen, allen bin ich alles geworden, um auf jeden Fall etliche zu retten." (1.Kor 9,21-22)

In der Skiti Agia Anna hatte ein Geistlicher seine Hütte. Es fehlte ihm an Erfahrung, und auch das Unterscheidungsvermögen von Vater Sabbas besaß er nicht. In sein Beichtzimmer kam einmal ein sehr schwerer Sünder. Er begann wie ein geknicktes Schilfrohr seine Sünden zu beichten. Während der Geistliche ihm lauschte, befiel ihn Entsetzen: „Mein Gott, was für furchtbare Dinge, was höre ich alles."
Der arme Mann hatte noch nicht ausgeredet, da sagte der Geistliche zu ihm: „Hör auf! Ich bin entsetzt, ich werde meinen Verstand verlieren. Das sind keine menschlichen Sünden, ich kann das nicht mehr hören, geh weg!"

Das einzige, was diesem armen Mann übrig geblieben war, war die Gnade Gottes. Aber nachdem ihm diese Tür zugeschlagen wurde, half auch die Gnade nicht. Er wußte keinen Ausweg mehr. Er sah das Meer unter sich und dachte daran, seiner Tragödie ein Ende zu setzen. Aber Gott ist groß. Ein Mönch aus Agia Anna traf ihn in diesem Zustand und sprach ihn an: „Was ist los, was hast du?“ Er war sprachlos. „Was ist dir passiert, warum sprichst du nicht?“ Nach vielen Bemühungen konnte er erfahren, was geschehen war. Er war ganz betrübt und dachte nach, wie er ihm helfen könnte. Es gab für ihn nur eine Lösung, er mußte ihn zu Vater Sabbas führen. Es war nicht leicht, aber zum Schluß konnte er ihn dazu überreden.

Als Vater Sabbas den Sünder erblickte, erfaßte er seine ganze dramatische Situation. Er dachte, mein Bruder befindet sich im tiefsten Abgrund. Um ihn wieder heraufzuholen, muß ich mich auch dorthin begeben.
- „Geistlicher, gibt es für mich eine Rettung?“
- „Die Barmherzigkeit Gottes ist weiter als der Himmel und tiefer als der Abgrund.“
- „Nein, für mich, den Sünder, gibt es keine Rettung, unmöglich.“
- „Für dich? Wenn es sogar für mich eine Rettung gegeben hat.“
- „Was für Sünden hast du begangen?“
- „Große, sehr große Sünden.“
- „Was heißt große Sünden? Wer konnte gegen Gott so sündigen wie ich?“
- „Und doch, einmal war ich unaufmerksam, ich wurde irregeführt und verfiel in folgende Sünde.“
Vater Sabbas erwähnte eine schwere Sünde.
Der andere reagierte so, als würde er wieder lebendig werden.
Er faßte Mut.
- „Aber mein Geistlicher, diese Sünde, genauso wie du sie mir erzählt hast, habe auch ich begangen.“
- „Auch du? Dann sei nicht beunruhigt, Gott wird dir vergeben. Es ist gut, daß du gebeichtet hast, daß du dich dazu bekannt hast.“
Vater Sabbas fuhr auf die gleiche Art und Weise fort und hatte Erfolg. Der arme Mann faßte Mut und offenbarte ihm in aller Offenheit und Aufrichtigkeit die ganze Liste seiner Verbrechen. Die Idee, daß der Geistliche ihm ähnlich war, gab ihm Mut. Am Ende sagte ihm Vater Sabbas: „Ich bereute und weinte bitterlich, und seit zwei Jahren habe ich mein Leben verändert. Ich bekam als Kanon, Geistlicher zu werden. Ich habe sogar das getan. Ich habe Taten der Liebe und Barm-

herzigkeit gesetzt, ich habe gefastet und ich bin ein anderer Mensch geworden."
- „Auch ich, mein Geistlicher, bereue mit meiner ganzen Seele. Was immer du mir sagst, ob fasten und was immer, ich werde es befolgen."
- „Wenn du beschlossen hast, dein Leben zu verändern, dann knie nieder, damit ich dir die Absolution erteile und Gott dir deine Sünden austilgt."

Nach kurzer Zeit ist ein Mann herausgekommen, der vor Freude beflügelt war, weil er diese schweren Lasten hinter sich geworfen hatte.
In Agia Anna begegnete er seinem Bekannten.
- „Du hast mich gerettet, ich bin ein anderer Mensch geworden."
- „Danke und preise Gott!"
- „Er ist ein guter Geistlicher, ein mitfühlender, nur daß er noch Schlimmeres in seinem Leben getrieben hat als ich."
Der Mönch, der das ganze sofort erfaßte, sagte:
- „Schlimmeres als du, daß ich nicht lache. Er lebt seit seiner Jugend auf dem Heiligen Berg. Er ist ein echter Engel, deshalb ist er auch ein Priester geworden."
Der andere war erstarrt. Was war geschehen?

Durch diese Erklärung begriff er die List der Liebe. Er war ganz überrascht. Aber nach dieser Verletzung, die ihm der vorhergehende Geistliche zugefügt hatte, gab es keine andere Möglichkeit vom Rand des Abgrundes gerettet zu werden.
Von diesem Moment an entstand in seiner Seele eine grenzenlose Bewunderung und eine unendliche Liebe für den wunderbaren Arzt und Heiler der Seelen.

Das Vorbild

Es wurde Abend in Mikri Agia Anna. Im Garten vor der Hütte, am Fuß des kahlen asketischen Berges, unterhielten sich zwei Mönche, der Geron mit seinem Untergeordneten. Allein das nie aufhörende Rauschen des Meeres war in der Ruhe des Abends zu hören, der ideale Hintergrund für die Gebete der Asketen, die mit erhobenen Armen aus den Abgründen die bewohnte Erde stützen. Sie unterhielten sich. Dann erhob sich der Jüngere, grüßte den Geron und ging zurück zur Hütte, wo ein anderer Mönch wartete.
- „Bist du fertig, Vater Onoufrios?"
- „Ich bin fertig, Vater Ilarion."
- „Dann werde ich gehen."

Mit leichten Schritten näherte sich der junge Mönch dem Geron.

- „Deinen Segen, Geron."
- „Sei willkommen, Ilarion. Sei willkommen, mein Engel. Setz dich hierher."

Es waren nicht viele Tage seit der Mönchsweihe vergangen. Seine Liebe zu Gott hatte ihn aus seinem Land und von seinen Verwandten weggeführt und ihn in das Land der Asketen verpflanzt. Drei Jahre lang wurde er auf die Probe gestellt. Danach fühlte er, daß sich alles verändert hatte. Er war nicht mehr Georgios Chatzitassou. Er war der Mönch Ilarion von Mikri Agia Anna. Er gehörte nicht den Menschen, sondern Gott und war überflutet von göttlicher Freude. Heute abend wollte er seine Unterhaltung mit dem Geron verlängern und sich an seinen Worten der göttlichen Gnade erfreuen.

Es verging etwas Zeit, nachdem einige Gedanken geäußert wurden.

- „Mein Kind, Ilarion, hat dir der Name, den ich dir gegeben habe, gefallen?"
- „Ja, besonders gut, mein Geron."
- „Weißt du, warum ich diesen Namen gewählt habe?"
- „Ja, ich weiß es, du hast mir den Namen des Großvaters gegeben, deines seligen Geron, des Vaters Ilarion."

Es war nicht das erste Mal, daß die Augen des Geron feucht wurden, wenn er an seinen geistigen Vater dachte.

- „Seine Gebete sollen uns schützen. Mögen wir seinen Segen haben. Und dir, mein Kind, wünsche ich aus ganzem Herzen, daß du seine Gaben erbst. Die Enkelkinder ähneln in der Regel dem Großvater. Sei das Ebenbild seiner Tugenden. Du sollst mich an ihn erinnern, nicht nur durch deinen Namen, sondern auch durch deinen Lebenswandel."
- „Mit deinem Segen, Geron. Möge Gott es gewähren."

Es folgten einige Momente des Schweigens.

- „Mögest du ihm in der Reinheit deines Lebens ähnlich sein. Seine ganze Seele, seine Gedanken, seine Wünsche und seine Entscheidungen waren von Licht erfüllt. In seinem heiteren Gesicht und seinen strahlenden Augen spiegelte sich das Antlitz des Herrn wider. In seinem Blick leuchtete paradiesisches Licht auf. Es glänzte und blitzte. Es war der Blick eines Propheten."
- „Geron, du hast uns gesagt, daß er auch die Gabe des Voraussehens hatte."
- „Ja, mein Kind, das war zu erwarten. Die im Herzen rein sind, bekommen prophetische Augen. Das schreibt unser Lehrer Basilios: ‚In den Seelen, die rein sind und sich von jeder Befleckung befreit haben, leuchtet die prophetische

Gabe auf.' Dort wo es die Reinheit des Herzens gibt, dort schlägt der Heilige Geist, der durch die Propheten gesprochen hat, sein Zelt auf."

- „Geron, es scheint, daß er eine übergroße Liebe zum Herrn hatte."
- „Sein Herz brannte vor göttlichem Eros. Was hätte ihn sonst bewegt aus dem fernen Kaukasus aufzubrechen und in die agioritische Wüste zu gehen? Ohne den Gedanken an Christus konnte er nicht leben. Es verging kein Tag ohne die Heilige Kommunion."
  „Für mich bedeutet das Leben Christus", sagte er. Jeden Freitag befand er sich in Gedanken zusammen mit der Gottesmutter und dem Johannes unter dem Kreuz, so intensiv nahm er an seiner Passion teil. Nie aß oder trank er etwas an diesem Tag aus Respekt vor der Passion des Retters.

Der Geron entfaltete vor den Augen seines Untergeordneten die Tugenden und die Gaben seines seligen Vaters, und der junge Mönch konnte davon nicht genug hören. In seiner Seele bewegten sich die göttlichen Sehnsüchte, wie wenn starke Winde das Meer aufpeitschten.

- „Er war wahrhaftig heilig, mein Kind Ilarion, der Großvater. Er soll dein Vorbild sein."

Ostern im Himmel

Während der großen vierzigtägigen Fastenperiode war Vater Sabbas äußerst erschöpft. Seine körperlichen Kräfte verließen ihn, aber der innere Mensch erneuerte sich Tag für Tag, und seine Güte und Milde waren besonders beeindruckend.

Seine Hütte war der Auferstehung geweiht. Viele kamen, um mit dem Geron gemeinsam das Osterfest zu feiern. In dieser ärmlichen Hütte war die ganze Herrlichkeit und Größe des Ostergeheimnisses spürbar. Reingewaschen durch das Sakrament der Vergebung, erlebten sie gemeinsam die Auferstehung.

In jenem Jahr war das Fest am 13. April, aber es schien, daß Vater Sabbas nicht so lange leben würde. Es hatte den Anschein, daß er Ostern im Himmel feiern würde. Er war 87 Jahre alt, und seine Schultern, die so lange Zeit das Kreuz so vieler Menschen mitgetragen hatten, waren im Begriff, sich zur Ruhe zu begeben. Gott pflegt seine Heiligen zu bedeutsamen Tagen heimzuholen. Es war Freitag, der vierte April, zur Zeit der Vesper vor dem Lazarus-Samstag, an dem uns der Herr den Glauben an die Auferstehung aller geschenkt hat. Vater Sabbas feierte mit seinen letzten Kräften den Abendgottesdienst. Es war sein letzter Dank an seinen Schöpfer. Er wußte es und war zutiefst bewegt. Die Lesungen steigerten die Ergriffenheit. Sie handelten vom Tod heiliger Personen aus der Genesis, vom Heimgang Jakobs und Josefs. Es war die geeignete Zeit auch für seinen Aufbruch. Hatte nicht auch Vater Sabbas wie der Patriarch Jakob gerungen, um Gott zu erobern? Hatte er nicht wie Josef das hungrige Volk Gottes mit Nahrung versorgt?

Nach dem Gottesdienst verließen ihn die Kräfte, er setzte sich und rief seine beiden Jünger, Onoufrios und Ilarion, zu sich: „Kommt, damit ich euch ein Vergebungsgebet lese, denn danach werde ich von euch gehen.“

Er segnete sie, verabschiedete sich von ihnen, gab ihnen seine letzten Ratschläge und sprach davon, daß sie sich in der himmlischen Stadt wieder treffen werden. Es waren heilige Momente, die von Trauer, von Schweigen und einem göttlichen Mysterium erfüllt waren. Mit unendlicher Ruhe und Ergebenheit wartete Vater Sabbas auf den Besuch der Engel, während seine Lippen ohne Unterbrechung den Herrn des Lebens und des Todes lobpriesen. Zur neunten byzantinischen Stunde, drei Stunden vor Sonnenuntergang auf dem Athos, inmitten seiner Jünger und Mönche, im Wohlgeruch der Aprilblumen, begleitet vom Vogelgesang der Wüste und mitten im Weihrauch der abendlichen Gebete stieg die Seele des Geistlichen in die himmlischen Gemächer zu den Welten der Unvergänglichkeit empor.

Sie folgte voller Hoffnung auf die Auferstehung, während die Kirche jenen lobpries, der den Tod besiegte und dem Lazarus die Auferstehung am vierten Tag schenkte. Der Herr Jesus wartete auf die geliebte Seele am Ufer des himmlischen Sees „Tiberiádos“, um ihr die Krone der Schönheit zu überreichen.

Vater Sabbas war ein blühender Zweig des heiligen Weinstocks, trostreich, barmherzig, selig und heilig, ein Freund Gottes, der sowohl von Gott als auch von den Menschen geliebt wurde, ein glänzender Stern des athonitischen Himmels. (33)

Zu den Einsiedlern
auf den Südfelsen
des Athos

Von Katounakia bis Prodromou

Der Südhang von Katounakia bis Prodromou ist die eigentliche Wüste (Eremos) des Heiligen Berges. Er gilt für die Mönche als eine besondere, energiereiche Zone. Auch die Besucher empfinden die intensive Ausstrahlung dieser Orte in einem neuen, veränderten Lebensgefühl.

Katounakia und Karoulia sind das Herzstück des Heilgen Berges, Agios Nilos ist der Ort der Erleuchtung, Kavsokalybia das neue Jerusalem!

Die ersten Mönche und Wüstenbewohner des Agion Oros lebten im Verborgenen, unauffällig, „λαθε βιωσασ", allein sichtbar dem nicht schlafenden Auge Gottes. Sie glaubten tief an die Allgegenwart Gottes, der, überall anwesend, alles erfüllt, der als seine auserlesene Wohnstätte das Herz der Menschen erwählt hat.

Aus diesem Grunde liebten sie auch das Alleinsein vor den Augen des einen und einzigen dreieinigen Gottes. Sie wollten seine Gemeinschaft erfahren, seine Nähe spüren, sich mit ihm unterhalten und ihn allezeit preisen, so wie einst der Prophet David ausrief:

> *„Ich will den Herrn allzeit preisen,*
> *immer sei sein Lob in meinem Mund." (Ps 34,2)*

Sie lebten fern von der Welt und deren falschen Gütern, ihrer Eitelkeit, Geldliebe und Vergnügungssucht. Sie suchten die Besitzlosigkeit, den Gehorsam, die Keuschheit des Lebens, um Reinheit und Ruhe des Geistes zu finden, die man nur in der Nähe Gottes finden kann, nachdem man sich von den Sorgen befreit hat, mit denen das weltliche Leben beladen ist.

Sie gaben sich ganz dem geistigen Gebet hin. Mit Fasten und Wachsamkeit reinigten sie ihr Herz und empfingen vom allgütigen Gott die Gabe der göttlichen Erleuchtung, der auch die Einsicht, die Durchsicht und die Voraussicht folgen. Sie sind der geistige Reichtum des mystisch erleuchteten Herzens.

So wurden die Mönche für würdig erachtet, Gott zu sehen und sich mit ihm zu unterhalten, wie der Prophet Moses, von Angesicht zu Angesicht, genauso wie ein Freund zu seinem Freunde spricht.

Sie mieden die Welt, um Gott zu finden, nach dem sie sich sehnten, den sie geistig begehrten. Sie verließen die zeitweiligen, vergänglichen Güter dieses Lebens, um die unsterblichen und ewigen des künftigen Lebens zu gewinnen, gemäß dem Wort des Herrn, der sagt:

„Ja, jeder, der Haus, Bruder, Schwester, Vater, Mutter,
Kind und Acker um meines Namens willen verläßt,
wird das Hundertfache dafür empfangen und
das ewige Leben erben." (Mt 19,29)

Um das alles zu erreichen, mußten sie mit großer Geduld den Krieg gegen das Fleisch und die Leidenschaft führen. Sie kämpften mit Tapferkeit und unerschöpflicher Geduld gegen die Versuchungen Satans. Sie rangen mit den Geistern der Lästerung, die sie durch den Lobgesang Tag und Nacht besiegten. Sie bezwangen den Weltbeherrscher und Fürsten der Finsternis und all die Geister der Bosheit, deren Machenschaften sie mit dem unablässigen Gebet zunichte machten, wobei sie ohne Unterbrechung mit den Lippen, mit dem Verstand und mit dem Herzen das einfache Gebet wiederholten:

„Herr Jesus Christus, Sohn Gottes, erbarme dich meiner."

Der hl. Johannes Klimakos sagte, daß er mit dem Namen Jesus die Feinde geißelte. Auf die gleiche Art züchtigen auch die Wüstenbürger die listigen Dämonen durch das ununterbrochene Wiederholen des heiligen Namens des Herrn, unseres Gottes und Retters Jesus Christus.
Das ist im Grunde genommen der unsichtbare Krieg jedes Christen.

Diejenigen, die einsam in Höhlen und Hütten ihr Leben beendeten, mieden die Gemeinschaft mit den Menschen, damit sie mit Gott und mit den Engeln Zwiesprache pflegen konnten. Sie nahmen selbst Entbehrungen auf sich, um ihren Körper zu beherrschen, damit sie beides, den Körper als auch den Geist, dem Willen Gottes unterordneten. Der Apostel Paulus sagt: „Ich härte meinen Leib ab und mache ihn mir dienstbar ..." (1Kor 9,27).

So verweigerten sie sich auch ihren eigenen Begierden und dem eigenen Willen, um sich vollständig dem Willen Gottes unterzuordnen, gemäß dem Spruch des Evangeliums:

„Denn wer sein Leben retten will, wird es verlieren. Wer aber sein Leben verliert um meinetwillen, der wird es finden. Denn was nützt es dem Menschen, wenn er die ganze Welt gewinnt, aber dabei seine Seele verliert?" (Mt 16,25-26)

Hier werden im übertragenen Sinn der eigene Wille und die Begierde des Menschen zu einer Mauer, die sich zwischen Gott und Mensch emporhebt und das Seelenheil verhindert. Aus diesem Grund gaben diese Wüstenbürger, den Worten Gottes treu, den Körper hin, und sie empfingen den Geist. Sie sind vom Lärm weggegangen, um Ruhe zu finden. Sie wichen dem bewegten Meer aus, den Wellen des Lebens, um die wirkliche Stille und den Hafen der Rettung zu finden.
Auf diese Art und Weise entdeckten und fanden sie das selige Leben, das die Erstgeschaffenen im Garten Eden, im Paradiese, geführt hatten.
Solche Engel auf Erden und himmlische Menschen haben auf dem Heiligen Berg, im Garten der Panagia, der allheiligen Muttergottes, gelebt.

Sehr viele Eremiten führten hier ihr verborgenes Leben in Christo.
Sie brachten und bringen sich selbst als Opfer dar, und dies nicht nur, damit sie selbst daraus Nutzen ziehen, sondern sie bringen durch ihr Gebet für ihre Mitmenschen und für die ganze Welt den Frieden und das Seelenheil allen Menschen.

Im Apolytikion des ersten Eremiten, des hl. Antonius, heißt es:

„Du hast, o Vater Antonius, den Eiferer Elias in der Lebensweise nachgeahmt und bist so dem Täufer auf geraden Wegen nachgefolgt, du bist ein Bewohner der Wüste geworden und hast die bewohnte Erde durch deine Gebete gestützt."

Von Zeit zu Zeit lebten in verschiedenen Teilen des Agion Oros Menschen mit übermenschlichem Willen und Selbstverleugnung, deren Leben nach dem Tod der allgütige Gott auf wunderbare Weise geoffenbart hat. (34)

Einladung des hl. Nikódemos Agioreítes

„Ich wollte, daß mein Herr diese Dinge, und jene, die noch vollkommener sind, die mündlich gelehrt werden, weil sie schwer zu verstehen sind, genießen könnte. Um es kürzer zu formulieren, wollte ich, daß er zuerst über sich selbst herrscht und dann über das Volk Christi. Denn derjenige ist ein Herrscher, der vornehmlich über sich selbst herrscht, der die Seele und den Körper der Vernunft unterordnet. Deshalb bat ich den Herrn darum, während ich auf dem Heiligen Berg war, daß er auf irgendeine Art und Weise verfügen möge, daß auch Du auf den Berg kommst, damit Du die Vorzüge der Hesychia genießen kannst, die viel wertvoller als Geld, Herrlichkeit und die Vergnügungen der Welt sind. Gemäß dem Theologen Gregorios ist die besitzlose Hesychia wertvoller als die Zurschaustellung der Habseligkeiten. Nach dem weisen Nilos ist ein ruhiges Leben viel höher zu bewerten als viel Geld. Denn gemäß dem hl. Basilios ist die Hesychia der Beginn der Reinigung. Auch Isidoros aus Pilousios sagt: ‚Mir hat die Anachoresis des einsamen Lebens die folgende Erkenntnis hinzugefügt: Denn derjenige, der sich mitten im Lärm der Welt wendet und dreht und trotzdem dabei die himmlischen Dinge erkennen will, hat vergessen, daß die Samen, die unter die Dornen gesät werden, von ihnen erstickt werden. Derjenige, der nicht damit aufhört, kann Gott nicht erkennen.' Aus diesem Grund sagt auch der Psalmist: ‚Laßt ab und erkennt, daß ich Gott bin, erhaben über die Völker, erhaben auf Erden.' (Ps 46,11) Also derjenige, der nicht abläßt, kann Gott nicht erkennen. Aus diesen Gründen bat ich den Herrn, er möge veranlassen, daß Du auf den Berg kommst, damit auch Du die Männer siehst, die auf den Bergen und in den Schluchten makellos leben und Gerechtigkeit üben und die Wahrheit in ihren Herzen sprechen, gemäß dem Wort Davids (Ps 15,2). Das heißt, daß sie in der Tiefe ihres Herzens im geistigen Gebet unablässig den allerheiligsten Namen des wahrhaftigen Jesus Christus anrufen. Gemäß dem hl. Basilios wird ihr Sinn nicht durch äußere Dinge zerstreut, noch wird er durch die Sinne auf die Welt gerichtet, sondern er kehrt gewissermaßen in sich selbst zurück und steigt dadurch zu Gott empor. Da er durch jene Schönheit erleuchtet wird, vergißt er auf die eigene Natur. Und diese sind tatsächlich diejenigen, über die der hl. Basilios sagt: ‚Glücklich sind diejenigen, welche die wahre Schönheit gern sehen, die mit ihr durch die Liebe verbunden sind. Sie vergessen die Verwandten, die Hausgenossen und das ganze Vermögen. Sie vergessen auch ihre Bedürfnisse zu essen und zu trinken, und sie haben sich einzig und allein dem göttlichen und reinen Eros zugewandt.'" (35)

Hl. Nikódemos Agioreítes (1782)

Drei Gott ergebene junge Männer, die miteinander befreundet waren, befolgten drei verschiedene Wege aus Liebe zu Christus. Der erste entschloß sich, als Friedensstifter Feinde untereinander zu versöhnen. Der zweite gab sich mit ganzer Seele der Nächstenliebe hin und spendete Trost den Unglücklichen. Der dritte war ein Liebhaber der Hesychia. Er ging in die Wüste, um dort als Fremder und Unbekannter mitten unter den Asketen und Eremiten zu leben.

Es vergingen einige Jahre. Der erste empfand Abscheu vor den Intrigen, der Unruhe und den Konflikten der Menschen, die nie aufhörten. Er ging schließlich zu seinem früheren Gefährten, um zu sehen, ob jener in seiner Aufgabe erfolgreicher war. Aber auch der zweite war enttäuscht. Das Unglück und das Elend seiner Mitmenschen war derart groß, daß er nicht imstande war, es zu erleichtern, so wie er wollte. Beide zusammen machten sich nun auf die Suche nach ihrem Freund in der fernen Wüste. Sie fanden ihn in seiner einsamen Hütte. Nachdem sie ihm ihre Sorgen erzählt hatten, fragten sie ihn, welche Erfahrungen er in den Jahren der Weltabgeschiedenheit gewonnen hatte. Jener aber, anstatt ihnen mit Worten zu antworten, nahm einen Behälter, füllte ihn mit Wasser und ersuchte seine Freunde, es genau zu betrachten.

- „Seht ihr irgend etwas?" fragte er sie und bewegte das Wasser. Nach einer Weile, nachdem sich das Wasser beruhigt hatte, forderte er sie wieder auf, hinzuschauen.
- „Was seht ihr?"
- „Unser Angesicht", entgegneten jene.
- „Das ist es, was ich in der Ruhe der Wüste erworben habe", sagte der Hesychast. „Jeden Tag lerne ich mich selbst besser kennen, meine Schwächen und Unzulänglichkeiten. Ich kämpfe, um mich selbst zu verbessern, und nie habe ich eine Enttäuschung erlebt."

Die beiden Freunde stimmten ihm zu, daß er recht hatte. (36)

Man sagt, daß der **hl. Arsenios** (354-445) von Gott selbst die Anweisung zur Hesychia bekam. Er war zuerst Erzieher am Hofe des Kaisers Theodosius in Konstantinopel und lebte ab 383 in der Lybischen und Ägyptischen Wüste. Als er noch im Palast weilte, betete er zu Gott, ihm zu sagen, auf welche Art und Weise er seine Rettung finden würde. Und er hörte eine Stimme, die zu ihm sagte: „Arsenios, fliehe, schweige, ruhe! Das sind die Wurzeln der Sündenlosigkeit." (37)

Die jüngeren Brüder der Skiti ersuchten eines Tages den **hl. Makarios**, sie zu lehren, wie man beten sollte. Er entgegnete: „Den größten Fehler, den wir beim Beten begehen, ist die große Menge der Worte. Es genügt, wenn der Mensch lernt, seinen Sinn zu den himmlischen Dingen zu erheben und aus ganzer Seele zu sagen:
‚Herr, erbarme Dich meiner, wie Du weißt und wie Du willst.'
Das ist das Gebet. Wenn man wiederum den Angriff des Teufels und den Aufstand der niederen Leidenschaften in sich verspürt, dann sollte man im Vertrauen zum himmlischen Vater Zuflucht nehmen und aus ganzem Herzen zu Ihm rufen: ‚Herr, hilf mir!' Denn Er kennt den Weg, der Seele zu helfen, die sich Ihm ganz anvertraut." (38)

Derjenige, der seinen Sinn gesammelt hat, während er betet und auf die Dinge achtet, die er sagt, entfernt mit der Flamme seines Gebets die Dämonen, sagt der hl. Ephraim, der Syrer. Derjenige, der seinen Sinn mit unnützen Gedanken zerstreut, wird von den Dämonen verspottet. (39)

Wenn unser Gebet mit unseren Werken nicht übereinstimmt, dann mühen wir uns vergeblich ab, pflegte Vater Moysis seinen Jüngern zu sagen.
„Wie können wir so eine Übereinstimmung erreichen?" fragten sie ihn.
„Wenn wir die Dinge anwenden, um welche wir in unserem Gebet ersuchen", erklärte der Heilige. „Nur dann kann sich die Seele mit ihrem Schöpfer versöhnen und nur dann wird ihr Gebet erhört, wenn sie alle ihre schlechten Begierden beiseite läßt." (40)

Die Hesychia, sagt ein Vater, und das Schweigen sind die geheime Arbeit, sie bringen die Heiligkeit. (41).

Katounakia. Im felsigen Südhang des Athos liegen in luftiger, aussichtsreicher Höhe die gemauerten Gebetsklausen der Hesychasten, umgeben von einem Meer voller Licht (dazu Abb. Tafel XVIII, S. 179). Hier errichtete der griechische Mönch Daniel im Jahre 1881 sein Hesychasterion.

Geron Daniel (1844-1929)

Er stammte aus Smyrna, entschied sich im Alter von neunzehn Jahren für das Mönchsleben und kam 1864 auf den Heiligen Berg. Hier diente er im Kloster des hl. Panteleimon und in Watopedi, bis ihn die Sehnsucht nach Hesychia in die Wüste nach Katounakia führte. Dort baute er eine Hütte mit einer kleinen Kapelle zu Ehren der „Agioreites Pateres", der „Heiligen Väter des Heiligen Berges". Er arbeitete viel, studierte die Heilige Schrift und wurde zu einem Leuchtturm der Tugenden. Seine große Liebe strömte aus seiner Gottergebenheit, dem immerwährenden Gebet und der Hesychia. Sein gütiges und freundliches Wesen wirkte anziehend auf die Menschen. Ein geistiger Bienenstock entstand, die Bruderschaft der Danieliden, „Adelphotis Danielaion".
Geron Daniel war, was die Gastfreundschaft betraf, wie alle wahren Mönche, ein kleiner Abraham. Auch seine „Philoxenia" war der Ausdruck einer Seele, die

Liebe, Mitgefühl und Frieden ausstrahlte. Dieser Frieden Gottes, dieser Herzensfrieden durchdrang sein ganzes Wesen. Er lehrte durch sein Beispiel den Wert seines Wahlspruchs:
„Die Gastfreundschaft vergeßt niemals!"

Geron Daniel war heilig, weil er ein Friedensstifter war. Mild gesinnt, demütig, ruhig und unterscheidend, war Geron Daniel eine der auserwähltesten Gestalten des gesamten orthodoxen Möchtums. Seine Gestalt war hager, seine freundlichen Augen strahlten, und aus seinem Mund, der voller tröstender Worte war, sprudelte das Öl des Friedens hervor. Wohin immer dieses Öl floß, heilte es die Wunden.

Der Eremit

Je mehr der göttliche Eros in der Seele eines Mönchs wächst, desto mehr sehnt er sich nach Ruhe, nach einem Berg Karmel, wo er sich wie Elias gänzlich der Liebe Gottes hingeben kann. Diese Sehnsucht nach der Wüste brannte auch im Herzen des Geron Daniel. Er verließ Watopedi und lief wie ein Reh in die Wüste nach Katounakia. Er lief dorthin, „wo der Wohlgeruch des Thymians mit dem himmlischen Duft der Myrrhe und des Weihrauchs wetteifern, dorthin, wo jeder Bach zu rauschen aufhört, sobald die Stimme des Gebets sich erhebt, dorthin, wo sogar die Felsen Heiligkeit ausstrahlen, da sie mit den Tränen der Heiligen benetzt worden sind" (Moraitides).
Seine neue asketische Arena war eine Wüstenhütte, die aus zwei Räumen und einer Zisterne bestand. Hier gab es nicht den Komfort von Watopedi, alles war ärmlich und karg. Um hier überhaupt leben zu können, müssen sich auch diejenigen einfinden, die einen mit ihrer Barmherzigkeit umgeben sollen. Man muß auch selber irgendeinem Handwerk nachgehen. Am Anfang fertigte Geron Daniel Hausschuhe an, später aber wandte er sich der Hagiographie zu. Die Mühe und die Armut begleiteten ihn beständig. Man braucht nur an den Weg denken, den er zurücklegen mußte, um vom kleinen Hafen in Agia Anna bis zu seiner Zelle die lebensnotwendigen Dinge zu transportieren, um diese Mühen ermessen zu können. Auch in der Wasserversorgung war er mit Schwierigkeiten konfrontiert, da es in diesen Felsen keine Quellen gibt. Das einzige dort verfügbare Wasser ist das Regenwasser. Diese Belastungen jedoch wurden durch die geistigen Freuden gelindert. Jetzt konnte er sich mehr als je zuvor in die Heilige Schrift und in die Bücher der heiligen Väter vertiefen. Er konnte sich dem Gebet und der heiligen Betrachtung hingeben und die mystischen Brisen des Heiligen Geistes empfan-

gen. Eine besondere geistige Freude verspürte er, wenn er die Philokalía studierte. Sie fehlte fast nie in seiner Hand, und er war betrübt, als er von einigen nachlässigen Mönchen hörte, welche die Philokalía spöttisch Philoplanía (Liebe zum Irrtum) nannten. Er sagte ihnen, daß sie sich im Irrtum befänden und sie nicht imstande seien, den Schlüssel zu entdecken, womit sie den wertvollen Schatz erschließen könnten. Dieser Schlüssel ist die Liebe zu Gott, die Demut und der Gehorsam. Dreieinhalb Jahre verbrachte er allein in der Wüste.
„Komm, Du Einsamer, zu dem Einsamen, komm Du, nach welchem sich meine demütige Seele sehnt. Komm, Du ewige Freude."
So betete er zum Heiligen Geist, zum himmlischen König, immer wenn ihn die Angriffe der Dämonen überfielen. In der Wüste lief er nicht in Gefahr, denn die Gnade der Demut behütete ihn. Geron Daniel war im Schmelzofen des Gehorsams erprobt und geläutert. Denn gemäß dem hl. Ioannis Klimakos ist es für den Unerfahrenen nicht ungefährlich, sich von der Menge der Soldaten abzusondern, um sich mit dem Feind zu duellieren. Genauso ist es für den Mönch mit Gefahren verbunden, sich in die Hesychia zu begeben, bevor er Erfahrungen in Bezug auf die Beherrschung der Leidenschaften der Seele gesammelt und geübt hat. Er war also bereit für dieses Duell mit dem Teufel, der ihm all diese Jahre viele Schläge zugefügt hatte. Wir kennen nicht viele Details aus seinem vollkommenen hesychastischen Leben, aber was danach folgte, bestätigt uns, daß er reichhaltigen göttlichen Segen zu dieser Zeit genoß.

Nach diesen dreieinhalb Jahren ließ er den ersten Untergeordneten zu sich kommen. Genauso wie die Bienen nach den Blüten suchen, die den Nektar verbergen, so näherten sich ihm viele Mönche, und sie entdeckten seine Blüten. Viele waren von seiner Tugend und seiner Weisheit fasziniert und baten ihn, bei ihm als Untergeordnete dienen zu dürfen.
Die Seelen, die sich nach einem erhabeneren Leben sehnten, flohen aus der weltlichen Verwirrung. Sie sehnten sich nach dem lebendigen Gott, und sie nahmen Zuflucht in der Wüste. Sie gingen, um ihre Nacken bereitwillig dem Joch des Gehorsams von Geron Daniel zu unterstellen. „Gut ist es für den Mann, ein Joch zu tragen in der Jugend" (Klgl 3,27).
Obwohl das Leben in Katounakia hohe Ansprüche an sie stellte, störte sie das nicht. Die Tugend, der Kampf und das Unterscheidungsvermögen des Geron zogen sie an.
Ein Mensch, der sich selbst verleugnet (Mt 16,24), der sein Kreuz auf sich nimmt, um dem Gekreuzigten nachzufolgen, ist von unschätzbarem Wert. Eine Seele, die

um Jesu willen gekreuzigt wird, ist Christus selbst, wie der Apostel Paulus verkündigt: „Ich bin mit Christus gekreuzigt worden; nicht mehr ich lebe, sondern Christus lebt in mir“ (Gal 2,20).
Rund um einen solchen Menschen, wie es Geron Daniel war, konnten sich alle seelischen und körperlichen Kräfte der Brüder sammeln. Sie vergrößerten ihre Hütte, legten einen kleinen Garten an, pflanzten Olivenbäume und transportierten das Wasser von der Skiti Agia Anna. Sie bauten eine Kapelle zu Ehren der „Heiligen Väter des Heiligen Berges“, die im Jahre 1906 geweiht wurde.
Der griechische Dichter Moraitides schrieb: „Es wurde ein zweistöckiges Haus, mit Zellen, Empfangsraum, Atelier, einem Säulengang mit herrlicher Aussicht aufs Meer und einer wunderschönen Kapelle im Obergeschoß, zum Gedenken an die heiligen Väter, die sich am Athos auszeichneten, errichtet. Ein echtes Juwel, das diesen steinigen, unfruchtbaren Berg schmückt wie eine schneeweiße Lilie, die aus diesem kargen Steinfelsen hervorsproß und nach Heiligkeit und Ruhe duftet.“
Der Blick von der Terrasse hinaus in die unendliche Weite des Meeres und in den nächtlichen Sternenhimmel bleibt jedem Besucher unvergeßlich in Erinnerung. Jenseits dieser Grenze befindet sich die Welt des Evangeliums. Das offene Meer ist die große Kluft, die diesen paradiesischen Ort von Katounakia von jener Welt trennt. (Siehe Lk 16,26).

Ein Engel des Friedens und der Liebe

Geron Daniel rettete mit seinen von Gott inspirierten Worten nicht nur die vom Stolz Irregeführten, sondern auch jene, die unter Niedergeschlagenheit und Schwermut litten, wie das in den folgenden Erzählungen der Fall war.

Im Kloster Konstamonitou wurde einmal das Gemeinschaftsleben zweier Mönche vom Feind unserer Rettung gefährlich erschüttert. Denn er kann es nicht leiden, wenn Frieden in den Seelen herrscht, und er versucht auf jede Art und Weise, Unkraut zu säen. Die Zwietracht und der Streit, die Auseinandersetzungen sind sein Reich. Wann immer solche Streitigkeiten ausbrachen, bewirkte Geron Daniel nahezu Wunder, wie das auch in diesem Fall geschah.
Die Zwistigkeiten der Brüder betrübten das ganze Kloster. Die Väter versuchten vergebens, sie zu versöhnen. Der Abt des Klosters war in einer schwierigen Situation und bat Geron Daniel um seine Hilfe.
Nach einem inständigen Gebet, ausgerüstet mit der Kraft des Unterscheidungs-

vermögens, gab sich der Geron seiner Aufgabe der Versöhnung hin. Es war ermüdend, aber am Ende war er doch erfolgreich. Er bediente sich dabei einer List. Er nahm beide getrennt auf die Seite und sagte jeweils, wie traurig der andere Bruder wegen der Zwietracht sei, daß er es bereut habe und die Versöhnung wolle. Dem Vater Modestos, der ein schwieriger Mensch war, sagte er, daß der Zwist eine Versuchung sei und daß sie vergehen werde. „Der arme Vater Athanasios weint und bereut, daß er dich gekränkt hat. Jetzt wartet er im Archontariki, daß ihr euch versöhnt. Vielleicht schämt er sich, wenn er allein ist, deshalb werde ich mitkommen. Aber du, der du der Stärkere bist, du mußt als erster den Anfang machen und um Vergebung bitten."
Der Geron hatte das gleiche auch Vater Athanasios gesagt. Nach der Begegnung im Archontariki beichtete als erster Geron Daniel. Dann folgten die beiden Mönche nach, und der Dämon der Streitsucht wurde vertrieben.

Das war nur eine der vielen Begebenheiten, in denen der Friedensstifter Geron Daniel den Sohn Gottes nachahmte und eine gute Botschaft des Friedens verkündete.

Vater Kornelios, ein Mönch vom Heiligen Berg Athos, war nach Sinai aufgebrochen. Er war in den Jahren fortgeschritten, und seine Gesundheit war angegriffen. Sein Plan war, auf dem Agion Oros eine Hütte zu kaufen, um seine letzten Jahre dort zu verbringen. Mit dieser Absicht unternahm er eine Reise nach Sinai, um von den dortigen Vätern eine finanzielle Unterstützung zu erhalten.
Alles verlief wunschgemäß. Voller Zufriedenheit trat Vater Kornelios den Rückweg in der Zuversicht an, daß sich sein Plan verwirklichen werde. Aber seine Freude verwandelte sich schnell in Traurigkeit. Auf dem Rückweg wurde er von Räubern überfallen. Sie stahlen ihm das Geld, und er geriet sogar in Lebensgefahr. Er kehrte in einem schlechten körperlichen und psychischen Zustand auf den Agion Oros zurück. Diese Prüfung hatte ihn richtig hergenommen. Es mußte jemand gefunden werden, der dieses geknickte Schilfrohr wieder aufrichtete. Geron Daniel war dafür bestens geeignet. Er konnte aber seinen Bruder nicht sofort besuchen, denn als er von seinem Unglück erfuhr, war er selbst krank und bettlägrig. Aber seine Liebe ermunterte ihn, und so fand er einen Weg, den Schmerz des Bruders zu lindern.
Denn Geron Daniel konnte nie ruhen angesichts der Prüfungen und der Versuchungen des Nächsten. Er opferte Mühe, Zeit und Kraft, um den Seelen zu helfen. Sein Grundsatz lautete: „Die Liebe schaut nicht auf die eigenen Interessen!"

Er setzte sich im Bett auf, nahm Papier und Bleistift und schrieb einen wunderbaren, tröstenden Brief:

„Den ehrwürdigen Mönch Kornelios grüße ich! Diese bittere Nachricht bewegte meine demütige Seele und mein Herz. Aber die Erinnerung an viele historische Begebenheiten aus der Heiligen Schrift ermunterten mich, da es mir bewußt wurde, daß viele der Heiligen und Gerechten der alten Zeit ähnliches oder viel Furchtbareres erleiden mußten. Diese Dinge wurden von der göttlichen Vorsehung zugelassen, und am Ende trugen sie große geistige Reichtümer davon. Statt Schaden zu erleiden, wurden diese Seligen auch nach dem Tod verherrlicht ...

Die Traurigkeit kann nur dann Gewalt über uns haben, wenn wir vorsätzlich und willentlich das Schlechte tun und jede Art von Sünde treiben. Dann müssen wir Schmerzen empfinden und Reue bekunden. Aber was die Dinge betrifft, die nur zur Drangsal des Körpers führen, diese Dinge dürfen wir nicht zurückweisen, sondern wir sollen sie vielmehr willkommen heißen und umarmen, denn sie bewirken unsere Rettung.
Ich möchte folgendes Beispiel anführen. Wenn Du bei Deiner Rückkehr vom Sinai eine Menge von gefangenen Christen gesehen hättest, die zu den entferntesten Teilen Afrikas verschleppt worden wären, die unter Krankheit, Nacktheit und Durst leiden müßten, und wenn nicht nur ihr Leben, sondern sogar ihr Bekenntnis zur Orthodoxie gefährdet wäre und deine Heiligkeit aus Menschenfreundlichkeit und Liebe ihr ganzes Geld dafür geben würde, um diese armen Geschöpfe zu erlösen, dann würde sie nicht so großen Nutzen haben, wie sie jetzt gewinnen kann, wenn sie ausharrt und den Herrn verherrlicht. Diese demütigen Worte schicke ich Dir, und wenn es meine Gesundheit erlaubt, werde ich Dich besuchen, sodaß wir durch den Geist getröstet werden können.

Dein geringster Bruder in Christo, Daniel Mönch ...
in Katounakia, am 17. September 1894.“ (42)

Geron Daniel sagt: „Das Mönchsleben ist die hohe Schule, wo unbeirrbar das gottgemäße Leben gelehrt wird und die evangelische Genauigkeit in allem praktiziert wird. Durch das Mönchsleben kann man die verschiedenen Fallen des hinterlistigen Satans und die komplizierten Verirrungen des sündigen Lebens vermeiden und ein tugendhaftes Leben führen, das im Einklang mit der evangelischen Vollkommenheit steht. Die Gott tragenden Väter der Kirche legten als erstes Fundament des Mönchlebens den seligmachenden Gehorsam, der mit der Armut im Geiste Hand in Hand geht, das heißt mit der ersten Seligpreisung.

Der Gehorsam ist das oberste Gebot des Mönchs.
Er entwurzelt alle Neigungen der Eitelkeit und unzählige Schlingen des Dämons und macht denjenigen, der ihn ausübt, mild gesinnt, barmherzig, friedlich, mit einem Wort, er trägt dazu bei, daß er diese göttliche Seligpreisung erfüllt." (43)

An den Tag seiner Mönchsweihe würde sich Geron Daniel immer erinnern. Er würde immer an den Augenblick denken, als sein Geron ihn an der Hand nahm, wie er sich vor den heiligen Ikonen niederwarf, vor einer nach der anderen, während der Chor das Troparion sang: „In die Arme des Vaters ..."
Diese Worte, diese erschütternden Gebete der Mönchsweihe in der Aura des Evangeliums würde er nie vergessen:
„Rüste mich mit Weisheit aus, um den großen Schild des Glaubens zu ergreifen, um mit ihm alle feurigen Geschosse des Bösen auszulöschen, um den Helm des Heils zu nehmen und das Schwert des Geistes, das dein Wort ist, um die unausgesprochenen Seufzer dieses Geistes wahrzunehmen .. Zähle ihn zu deinen Auserwählten dazu, mache ihn zu einem wohlklingenden Instrument des Heiligen Geistes ..." (gemäß Eph 6,14-17).
Diese Ehrfurcht einflößende Verkündigung des Priesters hatte ihn mit unsagbarer Freude erfüllt: „Siehe, Christus ist unsichtbar anwesend. Siehe, niemand zwingt dich, diese geistliche Würde anzunehmen. Siehe, daß du absichtlich und willentlich die Verlobung möchtest, mit dieser großen, engelhaften Würde.
- „Ja, ehrwürdiger Vater, absichtlich und willentlich", hatte seine Stimme mit Zuversicht widerhallt.
Als das heilige Drama der Mönchsweihe beendet war, ein Drama, das die symbolische Wiederholung der Geschichte des verlorenen Sohnes ist, ragte ein neuer Mensch hervor, der eine andere Tracht trug, der Mönch Vater Daniel.

Geron Daniel liebte nicht die willkürlichen Eigenarten, die im echten Mönchsleben fremd und unbekannt sind. Der Geist des echten Mönchtums ist das Koinobion, in dem es, wie der hl. Basilios sagt, keinen Raum für meinen Willen und deinen Willen gibt. Er glaubte, daß der Wille Gottes für ihn darin besteht, daß er unauffällig und in Demut des einfachen Mönchs leben soll. Aus diesem Grund zog er es vor, seinen Schemel nach Katounakia zu stellen; er wollte nicht Throne besteigen. Er entschied sich für die demütige Stellung eines Mönchs und nicht für die ersten Plätze. Geron Daniel dürstete nach der Größe, die der Herr so bezeichnete: „Wer unter euch größer sein möchte, soll der Diener von allen sein" (gemäß Mt 20,26-28).

Über die geistigen Höhen befragt, antwortete Geron Daniel:
„Wenn der Christ die Reinheit des Herzens erreicht, dann hat er alle Gebote des Herrn erfüllt, und dann wird ein solcher Mensch Gott sehen, das heißt, er wird in seinem Herzen die Wirkung des Heiligen Geistes klar sehen. Sodann erleuchtet durch den Geist, wird er ein unbeirrbarer Führer der anderen werden. Er wird auch die verborgenen Worte der Heiligen Schrift verstehen. Er wird nicht nur die Natur der Dinge verstehen, sondern auch die Wahrheit, und infolgedessen wird er das Unterscheidungsvermögen, die Vorhersage und die Leidenschaftslosigkeit erreichen, woraus die heiligen Offenbarungen und das Wirken von Wundern hervorgehen werden." (44)

Geron Daniel und der hl. Nektarios

Die Briefe der heiligen Väter können als die erlesensten Werke der Väterliteratur betrachtet werden. In ihnen entfaltet sich ihre gesegnete Seele natürlich und zwanglos. Dort kann man unbekannte Facetten ihres alltäglichen Lebens beobachten. Man kann die Wünsche erkennen, die ihre Innenwelt beherrschten, und die entsprechenden Handlungen, um diese Wünsche zu erfüllen.

Geron Daniel war ein Bruder, der vom hl. Nektarios sehr geschätzt wurde. Die Bekanntschaft, die sie gemacht hatten, als der Heilige den Berg besuchte, entwickelte sich Tag für Tag durch die regelmäßige Korrespondenz, die gegenseitige Hilfe und ihre Gebete, zu einer geistig seelischen Verbundenheit.

In einer ernsten Prüfung erwies sich der Heilige dem Geron Daniel wahrhaftig als ein Engel des Trostes. Was war geschehen?
Ein rein äußerlich betrachtet anständiger Mann besuchte Mönche auf dem Agion Oros, um Abonnenten für die Werke des hl. Chrysostomos zu gewinnen, die er, wie er sagte, im Begriff war herauszugeben. Einem so Gott gefälligen Werk gebührt jeder Beistand, und Geron Daniel tat sein Äußerstes, um ihm zu helfen. Er zögerte nicht, sich trotz seiner materiellen Armut einen größeren Geldbetrag vom Kloster Megisti Lawra auszuborgen und ihm zu geben.
Es verging lange Zeit, aber er bekam keine Nachricht über die Herausgabe des Werkes. Später erfuhr er etwas, was er am besten nicht erfahren hätte. Der äußerlich untadelige Herr war ein listiger Betrüger, der verschwunden war. Was war das für ein Betrug! Was für eine Versuchung war das! In seiner Traurigkeit schrieb er an den hl. Nektarios, um sein Herz auszuschütten, und jener sandte

ihm die Antwort, die eines Heiligen würdig war. Er antwortete ihm in einem Brief, der in philosophischer Tiefe unerreichbar ist. Auf den Seiten dieses Briefes stellte der hl. Nektarios auf meisterliche Art und Weise dar, daß Prüfungen die Seele zur wahren Philosophie führen und daß alle Christen, vor allem die Mönche, verpflichtet seien, Philosophen zu werden, wahre Liebhaber dieser Philosophie.

Die Prüfungen würden von Gott geschickt und seien für unsere Unvollkommenheit unbedingt notwendig, damit wir die Vollkommenheit erreichten. Die Prüfungen öffneten die Augen und den Sinn, damit wir noch mehr sehen und denken könnten, damit wir die unsichtbaren und ewigen Dinge erblicken könnten. Aber es ist besser, den gesamten Brief zu betrachten.

Ekklesiastische Schule Rizareiou Athen, im März 1903

„Heiliger in Christo, Vater Daniel!
Ich begrüße brüderlich Ihre Liebe.

Ich las mit Traurigkeit in Ihrem Brief, wie die Drangsal, die Ihnen zugestoßen ist, Ihren seelischen Frieden gestört hat. Was geschehen ist, ist tatsächlich traurig. Aber wir wissen, daß für diejenigen, die Gott lieben, alles zum Guten gereicht. Die Wahrheit dieser apostolischen Aussage ist gleich groß wie die Gnade, die sich auf den Aposteln niederließ, und als eine göttliche Aussage verfügt sie über eine absolute Gültigkeit. Ich bin von der göttlichen Liebe völlig überzeugt, und ich glaube, daß Du aus der Prüfung etwas besonders Gutes gewinnen wirst.

Wir wissen, und Deine heilige Liebe weiß es sehr gut, daß die Prüfungen zur Vollkommenheit führen. Niemand, der nicht geprüft wurde, hat sich als wohlgefällig erwiesen. Niemand, der nicht geprüft wird, kann auf der Himmelsleiter der Tugenden emporsteigen. Die Prüfungen erweisen sich für diejenigen, die Gott lieben, als Lektionen, welche die Seele in der Philosophie ausbilden. Das Christentum führt zur wahrhaften Philosophie, wonach der Christ streben muß. Denn niemand erreicht das Maß der Vollkommenheit ohne diese wahre Philosophie.

Wenn alle Christen verpflichtet sind, sich als Philosophen zu erweisen, damit sie gemäß dem Gebot des Herrn vollkommen werden, um wieviel mehr diejenigen, welche die Liebhaber der Philosophie geworden sind und sich ihr ergeben haben. Wenn die Prüfungen die Lektionen zur Ausbildung in der Philosophie sind und

die Philosophie zur christlichen Vollkommenheit führt, dann sind die Prüfungen notwendig.
Die Prüfungen, die zur Philosophie ausbilden, erziehen auch zur Geduld. Denn die Geduld ist die Schwester der Philosophie. Aus diesem Grund ist niemand ohne Leiden ein Philosoph geworden. Die Prüfungen stellen das Fundament der Tugenden auf die Probe, das heißt die Geduld, die zur Rettung führt.
Deshalb wird der philosophische Christ nicht ermatten, sondern er wird ermuntert werden, er wird ausharren und sich freuen. Ja, er freut sich wahrhaftig, denn gemäß dem Apostel Paulus kann er auf die Drangsal stolz sein, 'mehr noch, wir rühmen uns ebenso unserer Bedrängnis; denn wir wissen: Bedrängnis bewirkt Geduld, Geduld aber Bewährung, Bewährung Hoffnung. Die Hoffnung aber läßt nicht zugrunde gehen, denn die Liebe Gottes ist ausgegossen in unsere Herzen durch den Heiligen Geist, der uns gegeben ist.' (Röm 5,3-5)
Die Prüfungen, die Du als Anhänger der wahren Philosophie sehr wohl erkennst, geschehen nach göttlichem Plan, nach dem Willen Gottes, nach seinem Wohlgefallen, damit unser Sinn angeregt wird, das Mysterium, das uns umgibt, vollkommen zu verstehen. Der Mensch würde in Unkenntnis sein, was die Wahrheit betrifft, wenn er nicht geprüft würde. Die Prüfungen sind ein unleugbares Zeugnis der göttlichen Liebe und seiner Barmherzigkeit dem Menschen gegenüber, und aus diesem Grund soll der Mensch in allem Dank sagen. Die Unvollkommenheit des Menschen benötigt und erfordert die Prüfungen, um vervollkommnet zu werden. Die Prüfungen öffnen denjenigen, die Gott lieben, die Augen des Sinnes zum Lichte der Wahrheit. Sie ermöglichen, nicht nur die nahen Dinge, sondern auch die weit entfernten zu betrachten, und sie befähigen auch den Sinn, nicht nur die denkbaren Gedanken, sondern auch die über das Fassungsvermögen hinausgehenden Dinge zu erkennen. Denn die genaue Erkenntnis verbirgt sich in der Vollkommenheit. Wenn die Vollkommenheit sich aus der Prüfung ergibt, dann auch die genaue Erkenntnis. Denn die genaue Erkenntnis geht der Vollkommenheit voraus.
Es ist also notwendig, daß wir geprüft werden, damit wir vervollkommnet werden. Das ist aus zwei Gründen unerläßlich: Erstens, weil wir gemäß dem Bildnis Gottes geboren und wir daher verpflichtet sind, uns auch gemäß dem Gleichnis zu erweisen. Zweitens, weil wir die Auswirkungen des Erbes der Vorfahren tragen, bedarf die Seele eines Stachels, um angespornt zu werden, und eines himmlischen Lichtes, damit der Sinn klar sehen und erkennen kann. Wenn, wie Du weißt, die Vervollkommnung darin besteht, daß der Mensch, der gemäß dem Bildnis Gottes erschaffen worden ist, sich auch gemäß dem Gleichnis Gottes ent-

wickelt, dann befindet sich diese Vervollkommnung auf der höchsten Stufe der geistigen Leiter, die bis zum Himmel reicht, und der Mensch ist verpflichtet, diese Stufen emporzusteigen. Aber durch die Vererbung neigt er zu den irdischen Dingen, und deshalb braucht er die Prüfungen, damit er erkennt und emporsteigt, bis er das ersehnte Ziel erreicht, welches sein Herz ersehnt.

Bruder in Christo, die Prüfung, die Du erlitten hast, hat Dir nach göttlichem Plan großen geistigen Nutzen gebracht. Ich schöpfe aus der Gewißheit meines Herzens, und ich sage Dir, daß Du heute vollkommener bist, als Du früher warst.

Aus diesem Grund bitte ich Dich aufzuhören, betrübt zu sein, preise Gott den Herrn, der Dir Barmherzigkeit erweist. Ich schicke Dir die Werke des hl. Chrysostomos in einem Paket und grüße Dich mit dem brüderlichen Gruß Christi auch an Deine Bruderschaft, und ich bitte, auch uns Gott gegenüber zu erwähnen.

Der in Christo Bruder Nektarios von Pentapolis."

Als Geron Daniel den Brief des Heiligen erhielt, wurde er beflügelt, sein Schmerz löste sich auf. Die Worte des Metropoliten von Pentapolis waren nicht nur ein menschlicher Trost, sondern sie waren Geist und Leben, denn der Vater redete und schrieb mit der Gnade des in ihm sprechenden Christus. Es war sein unverletzbarer Grundsatz, sein Wort mit der Tat zu besiegeln. Aus diesem Grund verpackte er die dreizehn Bände des hl. Chrysostomos (Ausgabe Venedig, 1734-1741) und schickte sie dem Geron Daniel. Das war wie der Tau des Berges Aermon. Das war das Meer der echten Liebe, die nicht zögert, die gewagtesten geistigen und materiellen Opfer zu bringen. Das war die Liebe, wie Gott sie möchte. Wie könnte Geron Daniel sein Glück ausdrücken, wie Gott danken?
Die Werke des hl. Chrysostomos sind in der Bibliothek der Danieliden aufbewahrt worden, um die Einheit der zwei Seelen zu bezeugen, die sich jetzt im Himmel im geistigen Band der ewigen Liebe erfreuen. (45)

Geron Daniel hatte im russischen Kloster des hl. Panteleimon bei Vater Dionysios die gesegnete Kunst der Hagiographie gelernt. Wie sehr war sein ganzes Leben mit den heiligen Ikonen des Christus, der Panagia und der Heiligen verbunden! Bis an sein Lebensende begleitete ihn der Titel eines Hagiographen. Er war ein Hagiograph im vollen Bewußtsein seiner Mission und seines Dienstes für Gott und den Menschen. Er war ein Ikonenmaler, der die Sehnsucht und Mühe, seinen Herrn möglichst vollkommen auf dem Holz darzustellen, mit dem Kampf verband, Christus in seinem Herzen zu gestalten und von ihm gestaltet zu werden. Er war ein Hagiograph mit einem geistigen Leben, mit reinen Händen und erleuchtetem Sinn. Einige seiner Werke werden bis heute im hagiographischen Haus aufbewahrt, das von seinen geistigen Enkelkindern, den Danieliden, bewohnt wird. Diese heiligen Ikonen vermitteln uns die Gegenwart von Geron Daniel in Katounakia.

Im Laufe der Jahre wurde die Klause von Geron Daniel zu einer bekannten Ikonenmalerschule ausgebaut. Die Danieliden sind eine der wenigen Malerfamilien, die Gnadenbilder in streng byzantinischer Tradition anfertigen.

Hier herrscht ein wunderbarer Geist. Neun tatkräftige Mönche wachsen im Zusammenleben weit über sich hinaus und erreichen in ihren Tätigkeiten eine beglückende und belebende Vollkommenheit. Vater Gregorios, den Erhart Kästner heute als die „Mutter der Kompanie" bezeichnen würde, beschreibt seine Bruderschaft als „mia oikogéneia", als eine Familie. Er ist Priestermönch, Ikonenmaler und ein vorzüglicher Koch.

Geron Modestos ist der geistige Vater und Abt der Familie. Bruder Damaskinos spricht Deutsch und sagt: „Vater Modestos ist ein Heiliger, er betet auch nachts im Schlaf."
Er ist Priester, zelebriert zeitlebens die langen Gottesdienste, malt als ein von Gott Begnadeter im Gebet Ikonen und verrichtet trotz Protest seiner Brüder mit schmerzgekrümmtem Rücken immer noch Garten- und Küchenarbeiten.
Diese Gemeinschaft wird durch ihre Gottesdienste in den Tag getragen. Schon die „Ekklesia" präsentiert sich jedesmal in einem himmlischen Glanz, als ob ein ganzer Engelchor damit ständig beschäftigt wäre.

Ganz sicher sind die „Himmlischen" alle in Katounakia anwesend, wenn der gottbegnadete Bassist Akakios das „Doxa tou Patros ...", den Lobpreis auf die Heilige Dreifaltigkeit, singt. Sein byzantinischer Gesang trägt wahrhaftig das Wort über seine Grenze. Der Danielide Akakios ist nicht nur „daskalos", Lehrer im byzantinischen Gesang, sondern auch Ikonenmaler und vor allem ein liebevoller Mensch.

Ihr Kirchweihfest feiert die Bruderschaft der Danieliden am5. (18)Juni dem Festtag der „Heiligen Väter des Heiligen Berges", „Agioreítes Pateres".

Apolytikion

Den Heiligen (Ton A')
Den Bewohnern der Wüste

Wir werden mit Hymnen und Oden
die Väter des Athos und Engel in leiblicher Gestalt,
die Bekenner und Heiligen,
die Kirchenführer und Märtyrer ehren;
wir, die ganze Volksmenge der Mönche des Berges,
werden versuchen, ihre Tugenden nachzuahmen,
und wir werden mit einer Stimme laut singen:
Herrlichkeit dem, der euch die Krone verliehen hat;
Herrlichkeit dem, der euch selig gemacht hat;
Herrlichkeit dem, der uns in Gefahren die Beschützer zeigt.

Kontakion

Der auf dem Kreuz empor gehoben wurde (Ton D')

Laßt uns alle die Väter lobpreisen,
die den Berg zum Himmel gemacht haben,
diejenigen, die auf diesem das Leben der Engel vorgelebt haben,
und die Menge der Mönche, die sich auf diesem versammelt haben,
indem wir zu ihnen rufen:
Ihr, die große Schar der Heiligen,
der Stolz vom Athos, befreit uns von jeder Not
und von jedem schlechten Einfluß.

Megalynarion

Wir werden mit Hymnen die Lehrer des Berges Athos,
die Eremiten, die Mönche, die Kirchenführer, die Kämpfer
und Bekenner und Hirten und Heiligen, die Volksmengen der Mönche ehren.

Geron Kallinikos

Neben Vater Daniel war Geron Kallinikos (1853 -1930) einer der bedeutendsten Hesychasten und Asketen des geistigen Gebets.
Er stammte aus Athen und kam mit 22 Jahren auf den Heiligen Berg zu Vater Daniel. Nach harten Prüfungen wurde er zum Mönch geweiht und lebte 55 Jahre in der einsamen Hütte „Agios Gerasimos" in Katounakia (Abb. auf Tafel XIX, S. 178).

Geron Kallinikos erwies sich durch seinen Kampfgeist als ein würdiger Fortsetzer der geistigen Tradition. Seine asketische Lebensweise, das Fasten, das Gebet, das Schweigen, die Konzentration, alles wurde mit einem eigenen Konservativismus systematisch gepflegt. Er hatte einen besonderen Hang zum Studium. Obwohl er keine höhere Schulbildung besaß, gelang es ihm durch seinen außerordentlichen Scharfsinn, den tieferen Sinn aus den Worten der Heiligen Schrift und aus den Büchern der Väter zu erfassen.
Nach der Bibel hatten die neptischen Väter den Vorrang. Hesychios der Ältere, Isaak aus Syrien, Gregorios Palamas und der ganze Chor jener Väter, die das Klima und den Geist der heiligen Hesychia erlebt hatten, gehörten zu seinen auserwählten Lehrern. Ihr Leben, ihr Denken und ihren Werdegang bemühte er sich zu eigen zu machen. Er hätte es sich nie selbst verziehen, wenn er nicht die gleichen Früchte hervorgebracht hätte, wie diese Väter in Fülle gezeigt hatten, da er unter den gleichen Bedingungen lebte! Seine große Liebe galt der Philokalia. Dort begegnete er dem Geist jener Menschen, die das Leben der Nüchternheit und der Betrachtung verkörperten.

Außer dem Studium faszinierte Vater Kallinikos die Einsamkeit. In der Zurückgezogenheit konnte er sich mit seinem Sinn in die Nähe Gottes begeben. Diese Grundeinstellung finden wir während des ganzen Lebens. Hesychastisches Leben ohne Isolierung war für ihn undenkbar. Seine Einstellung wird durch folgende Begebenheit deutlich sichtbar.
Manchmal war es notwendig, daß sich Geron Kallinikos nach Dafni begab, um verschiedene Angelegenheiten zu erledigen. Für diese Fälle benützen die Väter normalerweise das Boot. Aber Vater Kallinikos hatte eine andere Methode. Er ging zu Fuß, was mit einer großen körperlichen Anstrengung verbunden war. Er mußte acht Stunden lang gehen, um dorthin zu kommen. Aber das hielt ihn nicht davon ab. Er liebte die Anstrengung, und die stundenlange Einsamkeit faszinierte ihn. Befreit vom Lärm, den Gesprächen und der Geschwätzigkeit, mit denen

eine Fahrt auf dem Boot verbunden war, genoß er auf seinen einsamen Wegen die Gegenwart Gottes. Während seine Schritte auf den steilen Hängen widerhallten und er die stillen Wälder durchquerte, betete er unablässig. Wie oft hatte er die Hände erhoben, während er von der wunderbaren natürlichen Schönheit des Agion Orous umgeben war und die Unendlichkeit des Meeres vor Augen hatte, um denjenigen zu lobpreisen, der alles in Weisheit erschuf!

Der Geist der Enthaltsamkeit beherrschte sein Leben durch und durch. Er selbst und seine Untergeordneten lebten äußerst bescheiden. Ein Kanister Öl genügte ihnen fürs ganze Jahr, wobei sie dieses Öl sowohl für die Speisen als auch für die Lampen in der Kirche benutzten. Außerhalb seiner Zelle gab es eine kleine Weinrebe, die jedes Jahr bis zu zehn Trauben trug. Nie hatte er von diesen gekostet, und auch seinen Untergeordneten hatte er nie erlaubt, davon zu essen, damit sie nicht der Früchte der Enthaltsamkeit verlustig würden.
Als einmal eine Nachtwache bevorstand, fragten ihn die Väter, ob sie Kaffee trinken dürften? Seine Antwort war: „Wenn ihr mit Drogen Wache halten müßt, dann ist es besser zu schlafen." Er selbst trank nie Kaffee.

Den Grundsatz des Nichtwaschens hielt er peinlich ein. Eines Nachts schrieb er in seiner Zelle und schlief ein. Seine Öllampe fing an zu rauchen, bis er ganz schwarz wurde. Als seine Untergeordneten die Tür öffneten, konnten sie sein Gesicht nicht erkennen. Sie erboten sich, ihm sofort Wasser zu bringen, damit er sich waschen könne, er aber hinderte sie daran. Er wischte sich mit den Händen das Gesicht ab und machte dabei die Bemerkung: „Seid nicht beunruhigt, das wird alles durch den Schweiß und die Tränen weggehen."

Geron Kallinikos wußte sehr gut, welch große Bedeutung die körperlichen Entbehrungen haben: „Das verwelkte Fleisch bietet den Dämonen keine Ruhestätte" (gemäß Ioannis Klimakos) und daß „der Sinn des Enthaltsamen der Tempel des Heiligen Geistes ist" (Abt Thalassios).

Man sah ihm die Einfachheit und Demut gleich an. Seine Bekleidung war so bescheiden und schlicht, und auch sein Benehmen war so unkompliziert, daß er einem sofort auffiel. Wegen seiner Demut und seines Verantwortungsbewußtseins wagte er es nicht, die Gabe des Priesteramtes zu empfangen. Er sagte: „Ich sah die große Verantwortung, die mit der Funktion des Priesters verbunden ist, und ich erwählte das ruhige Leben des Mönchs."

Seine demütige Gesinnung wurde auch gegen Ende seines Lebens offenkundig, als er seinen Untergeordneten gebot, seine Korrespondenz zu verbrennen, die Gratulationsbriefe und Lobreden eingeschlossen, die von prominenten Persönlichkeiten stammten, wie zum Beispiel vom russischen Zaren.
Die Bedachtheit, mit der er sprach, die Wortkargheit, das Vermeiden jedes überflüssigen Wortes, die Übungen der Schweigsamkeit bildeten den wertvollen Schmuck seiner Persönlichkeit. Aber es ist nicht notwendig, die Übungen der Schweigsamkeit zu betonen, weil ein Hesychast ohne Schweigsamkeit undenkbar ist, denn „die Schweigsamkeit ist die Mutter des Gebets und die Ehegefährtin der Hesychia“ (gemäß Ioannis Klimakos).
Seine Güte kannte keine Grenzen. Alle, die ihn besuchten, fanden einen Menschen vor, der zuvorkommend war und reich an Liebe. Er widmete sich selbst den Fragen und Anliegen seiner Besucher. Er wurde als ein Mensch seltener Liebe und Zugänglichkeit beschrieben.
Im Jahre 1885 faßte er den heroischen Entschluß, als „Eingeschlossener“ in seiner Zelle und in einem kleinen Bereich rund um die Hütte alle Jahre, die ihm Gott schenken würde, zu verbringen. Und tatsächlich lebte er fünfundvierzig Jahre seines Lebens auf diesem beschränkten Raum. Wenn er irgend etwas benötigte, schob er eine lange Stange mit einer kleinen Fahne aus seinem Fenster, um die Nachbarn aufmerksam zu machen, daß sie zu seiner Hütte kommen sollten.

Er widmete sich mit ganzer Hingabe der Betrachtung und der Pflege des geistigen Gebets. In diesem erhabenen Zustand hatte das praktische Leben keinen Platz. Die Praxis wich der Theorie, der Betrachtung. Vater Isaak aus Syrien preist all diejenigen selig, die diese erhabene geistige Höhe erreicht haben: „Selig ist derjenige, der sich der Hesychia überläßt und der durch die Menge der Arbeiten nicht abgelenkt und gestört wird und sich mit ganzer Kraft dem Gebet widmet.“ (Aus der asketischen Rede 23)
Vater Neophytos und Vater Daniel, die zwei Untergeordneten des Geron Kallinikos, sorgten für die erforderliche Ruhe. Alle praktischen Arbeiten in ihrer Hütte, die Betreuung der Besucher und alles andere, was sich ergab, erledigten sie selbst. Sie rühmten sich, daß ihr Geron so hohe geistige Stufen erreichte und er für würdig erachtet wurde, immer mit den göttlichen Kräften in der Welt des Geistes zu wandeln.
Die Beschäftigung mit irdischen Angelegenheiten und materiellen Dingen hatten keinen Platz bei demjenigen, der den Weg der Nüchternheit eingeschlagen hatte. Der hl. Nilos, der Eremit, fordert, daß die Reinheit der Tugend nicht durch welt-

liche Gedanken getrübt werden soll, noch die wahre Betrachtung durch körperliche Sorgen gestört werden darf.
Nie hat er seinen Mund geöffnet, um mit Neugierde seine zahlreichen Besucher zu fragen: „Was gibt es Neues in der Welt?" Jede Neigung der Neugierde mußte erstickt werden. Auch wenn diese Welt untergehen sollte, dürfte nichts seinen Sinn von der geistigen Betrachtung ablenken, und er würde alles der Vorsehung Gottes anvertrauen.

Solch hohe Ansprüche stellt die Nüchternheit an ihre Anhänger, die das Jesusgebet immer wiederholen, ohne Unterbrechung und unablässig allein ihn anrufen, während sie atmen.
Nach Sonnenuntergang bis Mitternacht, während seine Untergeordneten sich ausruhten und absolute Ruhe in der Zelle herrschte, pflegte er das göttliche Handwerk des Gebets. Um Mitternacht, sobald seine Untergeordneten in der Kirche gemäß der Ordnung vom Agion Oros mit den Akolouthien anfingen, legte er sich nieder, um bis zum Morgen wenige Stunden auszuruhen. Gewöhnlich besuchte er die Kirche des Agion Gerasimos einmal in der Woche zur heiligen Kommunion.
Geron Kallinikos hatte alle praktischen Tätigkeiten verlassen, aber manchmal erinnerte er sich an das Kochen. Seine Untergeordneten brachten das Holz und alle anderen notwendigen Dinge herbei, und er allein bereitete ihre schlichte Speise zu. In der Regel war es gekochter Reis, während das Herzensgebet unablässig fortgesetzt wurde.
In diesem Rahmen gestaltete sich das hesychastische Leben des Vaters Kallinikos, während sein Geist durch die Strahlen der göttlichen Schönheit erleuchtet wurde. Diese göttliche Erleuchtung wurde all denen übermittelt, die sich ihm näherten, genauso wie bei Körpern mit glänzenden Oberflächen, die selbst leuchten und das Licht widerspiegeln, sobald die Sonnenstrahlen auf sie treffen (gemäß dem hl. Basilios).

Leuchtender Lichtspender

Die geistigen Kämpfe des Vater Kallinikos, die Reinheit seines Lebens, sein dauernder Kontakt mit Gott durch das geistige Gebet machten ihn zum leuchtenden Lichtspender. Mit der Gabe der Unterscheidung konnte er die geheimen Tiefen der Herzen erforschen und auch in den kompliziertesten und verwirrendsten Fällen das Licht von der Finsternis unterscheiden.
Gemäß dem hl. Klimakos ist die Gabe der Unterscheidung „die Erkenntnis durch die göttliche Erleuchtung", „das Verständnis des göttlichen Willens zu jeder Zeit und an jedem Ort", „die klare Wahrnehmung" und „das geistige Licht".
Sein Ruf als ein Geron mit Unterscheidungsvermögen zog eine Menge von Menschen an, die eine von Gott erleuchtete Antwort auf ihre Fragen bekommen wollten.
Untergeordnete, Gerontes, Eremiten, Koinobion-Mönche, Weltliche, Rechtsgelehrte, Offiziere, Polizisten, Griechen und Russen vom gesamten Heiligen Berg liefen zum eingeschlossenen Hesychasten nach Katounakia. Alle nahmen am geistigen Tisch von Vater Kallinikos Zuflucht, und immer kehrten sie zufrieden und bereichert zurück.
Neben den Besuchern mangelte es nicht an Briefen. Für alle erwies er sich als ein einzigartiger Ratgeber.

Im Jahre 1913 wurden in der russischen Zeitschrift „Der Christ" (Nr. 11) Eindrücke vom Agion Oros veröffentlicht. Darin schrieb der russische Theologe Vater Panteleimon, Professor an der Akademie des hl. Sergios in der Nähe von Moskau, über Geron Kallinikos. „Ich habe auch jemanden kennengelernt, der auf wunderbare Art und Weise geistige Erfahrung und Besonnenheit mit göttlicher Liebe und Zugänglichkeit vereint. Er verteilte mit Großzügigkeit seinen geistigen Reichtum auch an die russischen Mönche, die ihn nach Worten der Belehrung und des Trostes fragten. Ein Gott tragender Mönch, ein echter Asket, ein Bewohner der Wüste, ein himmlischer Mensch, ein Engel auf Erden."

Von Gott erleuchtete Antworten

Die zwei Eremitenanwärter

Zwei Mönche, die als Untergeordnete im Koinobion guten Erfolg hatten, gingen mit dem Segen des Abtes in die Wüste. Um das Programm ihres neuen Lebens zusammenzustellen, begaben sie sich zu Geron Kallinikos.
Der eine war für das härtere Leben der Anachoreten. Der andere war in der Welt Wissenschaftler und würde wahrscheinlich kein strenges Programm aushalten. Aus diesem Grund erklärte der erste dem Geron Kallinikos, wie sich die Sache verhielt. Es war, als würde er ihm sagen, Geron, du darfst ihm nicht soviel aufbürden, denn er wird es nicht schaffen.
Geron Kallinikos glaubte, daß auch der andere mit etwas Anstrengung das gewohnte Programm des eremitischen Lebens erfüllen könnte, damit auch er von Gott den entsprechenden Lohn für seine Mühe empfangen könnte.
Als der zweite an der Reihe war, sagte ihm der Geron folgendes: „Du, mein geliebter Bruder, der du in der Welt im Wohlstand gelebt hast, du wirst wahrscheinlich Schwierigkeiten im Leben als Hesychast haben. Geh' aus deinem Kloster nicht heraus. Bleib' dort und nimm folgenden Kanon entgegen: Wenn dir der Priester das Antidoron reicht, dann iß es nicht sofort, geh in deine Zelle, benetze es mit deinen Tränen und sag: 'Mein Herr, ich bin kein tapferer Soldat von Dir. Ich bin feige, und es ist mir nicht gelungen, das eremitische Leben zu befolgen.' Erst dann nimm es zu dir."
Diese Worte des Geron trafen ihn wie ein Blitzschlag. Sein Ehrgeiz war verletzt worden. Er wandte sich protestierend an den anderen Bruder. „Hast du dem Geron gesagt, daß ich das Programm nicht vertragen würde? Ich bin sogar bereit, für die Askese zu sterben und alle Anstrengungen auf mich zu nehmen, bevor ich mich selbst als feigen Soldaten bezeichne."
Und Vater Kallinikos sagte ihm lächelnd: „Seht, das ist der tapfere Soldat Christi!" Und er legte ihm das gleiche Programm auf wie dem anderen.

Wie Vater Kallinikos einen Mönch zurechtgewiesen hat

Nicht weit entfernt von der Hütte des Hesychasten Kallinikos lebte ein Mönch, der immer wieder andere zum Straucheln brachte, indem er aus unwesentlichen Anlässen den Vätern Vorwürfe machte.
Einmal kam er auch an der Hütte des Vaters Kallinikos vorbei und brachte seinen Ärger mit heftigen Worten zum Ausdruck. Vater Kallinikos ließ die

Beschimpfung über sich ergehen und blieb absolut ruhig, ohne irgend etwas zu sagen. Als der Mönch mit seinem Gerede am Ende war und sich abwandte, um zu seiner Hütte zu gehen, erteilte ihm Vater Kallinikos eine gute Lektion.
Er zeigte mit der Hand auf die Kapelle seiner Hütte und fügte hinzu: „Jetzt, Bruder, jetzt geh' und empfange die heilige Kommunion."
Jener schenkte diesen Worten keine Bedeutung und ging bis zu seiner Hütte. Als er aber über die Bedeutung dieser Worte nachdachte, wurde er mit Unruhe erfüllt. Wie könnte er es jetzt wagen, die heilige Kommunion zu empfangen, ohne den Bruder, den er verbittert hatte, um Verzeihung zu bitten? Seine Unruhe nahm zu, und reumütig kehrte er zum Geron Kallinikos zurück, um sich bei ihm zu entschuldigen.
Auf diese Art und Weise konnte Vater Kallinikos diejenigen zurechtweisen, die unaufmerksam waren.

Damit die Wahrheiten, die Vater Kallinikos erzählte, sich tiefer einprägen konnten, benutzte er sehr treffende Vergleiche.
In dieser Hinsicht war er unübertrefflich.

Wenn Vater Kallinikos den Mönchen die Gefahren aufzeigen wollte, die sie bedrohen, wenn sie nicht wachsam sind, sagte er zu ihnen: „Genauso wie ein Akrobat, der auf einem gespannten Seil über einen reißenden Fluß geht, einen furchtbaren Tod erleiden muß, wenn er nicht aufmerksam ist, genauso ist auch der Mönch verloren, der nicht dauernd wachsam ist."
Als ihn einmal ein Asket fragte: „Aus welchem Grund machen die heutigen Mönche keine Fortschritte in der Tugend?" Da nahm Vater Kallinikos diese Frage zum Anlaß, eine äußerst anschauliche Illustration zu geben. „Wir machen keine Fortschritte, weil uns hunderte unwichtige Dinge ablenken und wir unseren Hauptzweck vernachlässigen. Wir sind wie jener Schmied, der einem Kunden verspricht, daß er in drei Tagen den Spaten fertiggestellt haben wird, und wenn dieser dann kommt, den Spaten zu holen, er doch keine Zeit hatte, um ihn fertigzustellen. Der Schmied vereinbart einen weiteren Termin. In der Zwischenzeit kommen neue Aufträge und Bestellungen, und auch der zweite Termin kann nicht eingehalten werden. Diese Geschichte kann noch oft wiederholt werden. Die vielen Sorgen führen zu Nachlässigkeit und Vergeßlichkeit und hindern uns, Fortschritte in der Tugend zu machen."
Einmal hat man Vater Kallinikos gefragt: „Geron, wenn zwei Untergeordnete den gleichen Auftrag bekommen und ausführen, nur mit dem einzigen Unterschied,

daß der eine mit Freude Gehorsam bekundet und der andere mit Murren und Unwilligkeit. Was für eine Belohnung werden die beiden bekommen?"
Seine Antwort war: „In diesem Fall haben beide die gleiche Arbeit verrichtet mit dem Unterschied, daß derjenige, der unwillig war, bei der Arbeit mehr ermüdete als der andere. Er wird als Lohn einen rostigen Groschen bekommen, während der andere dafür eine Goldmünze erhält."

Lehrer des geistigen Gebets

Wer immer Fragen zum geistigen Gebet hatte, nahm zu Vater Kallinikos' Weisheit Zuflucht, und wer immer ernsthaft vorhatte, im geistigen Gebet aufzugehen, fragte ihn nach seiner Zustimmung. Er wurde zum unbeirrbaren Lehrer dieser himmlischen Philosophie.
Ein Mönch, der den vollkommenen Gehorsam und die Abtötung des eigenen Willens nicht geübt hatte, der in den praktischen Kämpfen nicht erfolgreich gewesen war und die Leidenschaften aus seinem Inneren nicht entwurzelt hatte, würde nie von ihm belehrt werden in bezug auf die heiligen Geheimnisse des geistigen Gebets.
Eine weitere Voraussetzung für die Pflege des geistigen Gebets war nach ihm die absolute Ruhe und die Sorglosigkeit.
Ebenfalls unerläßlich war für ihn die Beziehung zu seinem Lehrer.
„Das Leben von Büchern, um das geistige Gebet daraus zu erlernen, ist nicht ausreichend", sagte er. „Man braucht erstens die Stimme eines liebevollen Lehrers, der unbeirrbar und erfahren ist sowie Unterscheidungsvermögen besitzt, und zweitens ist es nötig, daß sich der Schüler völlig nach seinem Lehrer ausrichtet."
Er kritisierte scharf die Ausübung des geistigen Gebets seitens der Menschen, die nicht durch das Studium des Gehorsams gegangen waren oder die nicht den Segen eines Gerons erhalten hatten, sondern mit dem eigenen Willen diesen Weg begonnen hatten.
Eine solche Einstellung zum geistigen Gebet betrachtete er als Irrtum. Er lehrte, daß das geistige Gebet eine Gabe Gottes sei, eine Belohnung für diejenigen, die in der praktischen Ausübung des Gehorsams erfolgreich waren.

Um deutlich zu zeigen, wie diejenigen irregeführt sind, die in das Studium des geistigen Gebets ohne die kanonischen Voraussetzungen eintreten, erzählte er die folgende Anekdote:

„Es lebte in Karoulia einmal ein russischer Mönch, dessen inbrünstiger Wunsch es war, das Heilige Grab zu besuchen, um das göttliche Licht der Auferstehung zu erblicken. In einer Karwoche also fuhr er nach Jerusalem und besetzte in der Nacht der Auferstehung den besten Platz in der Kirche, ohne jemanden zu fragen. Er wußte nicht, daß dieser Platz für prominente Personen vorgesehen war. Der Ausgang der Sache war, daß die Polizisten ihn wegführten, und nachdem sie seine Identität festgestellt hatten und erfuhren, daß er diesen Platz willkürlich eingenommen hatte, entfernten sie ihn aus der Kirche.
So konnte er das heilige Licht nicht erblicken, und er ist beschämt nach Agion Oros zurückgekehrt."
Das erleidet derjenige, der den Weg zum geistigen Gebet und zum Taborlicht ohne die notwendigen Voraussetzungen einschlägt.

Göttliche Erleuchtungen

Gott selbst erscheint dem neptischen Mönch, der das erhabene Werk des geistigen Gebets auf richtige Art und Weise verrichtet, auf eine geheime Art und Weise in einer übernatürlichen Erleuchtung wie jene am Berg Tabor.
Dieses unerschaffene Licht, das wenige für würdig erachtet wurden zu erblicken, ist das Licht, das dem Moses erschien, den drei Aposteln auf dem Berg der Metamorphosis, dem Paulus in der Nähe von Damaskus, dem Basilios dem Großen, dem Maximos, dem Symeon dem Neuen Theologen. Dieses Licht wurde auch Geron Kallinikos für würdig erachtet zu erblicken und wiederholt zu genießen.
Viele, die ihn zu dieser Zeit der göttlichen Erleuchtungen besuchen durften, waren von der Ausstrahlung seines Angesichts erstaunt. Es war etwas Unbeschreibliches, etwas Großartiges. Vater Ioakeim erzählte: „Wenn du sehen könntest, wie die Gestalt des Geron Kallinikos glänzte, wie sie glänzte! Was soll ich dir sagen? Man hatte den Eindruck, als hätte man Moses vor sich, nachdem er vom Berg Sinai heruntergestiegen war. Was für ein Glanz das war! Was für ein himmlisches Licht!"
Was für ein seliges Glück es für Vater Kallinikos war, in diesem Leben für würdig erachtet zu werden, das Licht der Hl. Dreifaltigkeit zu erleben, kann nur durch die Worte des hl. Symeon des Neuen Theologen wiedergegeben werden (Hymnen der göttlichen Liebe,7):
„Ich nehme am Licht teil, und ich nehme auch an der Herrlichkeit teil, und mein Angesicht glänzt wie das Angesicht meines Ersehnten, und alle meine Glieder werden Lichtträger. Dann werde ich schöner als die Schönsten ..."

Das Angesicht des Vater Kallinikos, das öfters vom Taborlicht in Brand gesetzt wurde, glänzte durch die Gegenwart der göttlichen Gnade nicht nur zur Zeit des Gebets. Und die Worte des Vaters Isaak aus Syrien, die für den engelsgleichen Hesychasten Arsenios ursprünglich gedacht waren, konnte man auch auf den Geron Kallinikos anwenden: „Man ergötzte sich allein an seinem Anblick, daß man mit ihm sprach, erübrigte sich."

Der von der reichlichen Arbeit ermüdete Untergeordnete des Vaters Kallinikos bekam von ihm noch den Auftrag, in die Megisti Lawra zu gehen, um etwas zu erledigen. Das bedeutete, noch einen Weg von drei Stunden zu gehen. Er brach auf, aber nach kurzer Zeit empörte er sich derart, daß er voller Protest umkehrte, um sich zu beklagen.

Was geschah? Als er sich dem Geron näherte, sah er, wie sein Angesicht voller göttlicher Gnade, Zufriedenheit und mit einem Glanz der Güte leuchtete. Bei diesem Anblick war er entwaffnet. Es kamen ihm die Tränen, und er fing an, sich selbst Vorwürfe zu machen: „Du Elender, dein Geron vertraut dir eine Arbeit an, um dich zur Rettung zu führen, und du bist empört!"

Vater Gerasimos, der bekannte Hymnograph von Mikri Agia Anna hatte Geron Kallinikos acht Jahre lang als seinen geistigen Ratgeber. Er erzählte die folgende Begebenheit, die sich zutrug, als er eines Morgens zur Zelle des Vaters Kallinikos ging: „Als er mich sah, sagte er: ‚Sei willkommen, sei willkommen, ich habe auf dich gewartet.' Ich war erstaunt, als ich hörte, daß er auf mich wartete, weil ich ihn vorher nicht verständigt hatte. Ich setzte mich neben ihn. Als ich sein Gesicht erblickte, sah ich, wie es ganz strahlte, wie die Strahlung aus einer anderen Welt. Bei diesem Anblick verspürte ich eine besondere Freude, und ich hatte den Eindruck, daß ich einen wundersamen Wohlgeruch wahrnahm."
Die Ergebenheit und das unablässige Gespräch von Vater Kallinikos mit Christus, der schöner ist als die Menschensöhne, erfüllte seine psychische Welt, aber auch sein Äußeres mit geistiger Gnade. (46)

Der Chemiker Gerasimos Menagias berichtet über die eigene Dämonenaustreibung

Geron Gerasimos war in seinem weltlichen Leben diplomierter Chemiker und Fabriksdirektor in Kairo. Egoismus und Stolz beherrschten ihn. Er glaubte, besser zu sein als alle anderen. Er pflegte Gemeinschaft mit Spiritisten und war schließlich von einem Dämon besessen, der ihn ständig quälte. Sein Beichtvater empfahl ihm, sich sofort auf den Heiligen Berg zu begeben. Da seine Beschwerden immer unerträglicher wurden, nahm er den Rat an.

Im Kloster Agiou Pavlou fand er freundliche Aufnahme, und die Mönche erklärten sich bereit, ihm zu helfen. Da seine Krankheit schon weit fortgeschritten war, sandten sie ihn mit einem Bruder des Klosters zu Geron Kallinikos nach Katounakia.
Der Geron war ein praktischer Mönch, demütig und einfach. Er setzte ihn in eine Zelle mit der Auflage, sechs Monate lang die täglichen Gebete und Akolouthien zu befolgen, ebenso die Beichte gemeinsam mit den Brüdern zu verrichten.
Nach den sechs Monaten zog ihm Geron Kallinikos die Kutte an, weihte ihn wunschgemäß zum Mönch und gab ihm den Namen Gerasimos.

Er sprach zu ihm: „Jetzt, Bruder, werden wir gemeinsam einen Kampf führen. Wir werden vierzig Tage und Nächte ununterbrochen beten und unseren Herrn Jesus Christus um sein Erbarmen bitten. Wir werden auch die allheilige Muttergottes bitten, daß sie bei ihrem Sohn und Gott vermittle. Wir bitten auch Johannes den Täufer, den hl. Gerasimos und alle Heiligen um Fürbitte beim Herrn Christus, damit Er dir seine Gnade und Barmherzigkeit bekunde und dich von der Tyrannei des Satans befreie.
Du wirst klar und aufrichtig dem Geistlichen beichten und sowohl vor Gott als auch vor den Menschen Demut bekunden."
Darüber berichtete Gerasimos: „Vierzig Tage haben wir keinen einzigen Bissen gegessen. Nur jeden zweiten Tag, wenn wir die göttliche Liturgie feierten, nahmen wir das Antidoron zu uns und tranken das geweihte Wasser. Während dieser Zeit nahmen die Versuchungen derart zu, daß ich mehrmals fliehen wollte. Aber immer kam der Geron rechtzeitig und brachte mich zurück.

Am vierzigsten Tag verspürte ich einen großen Druck im Bauch, es war mir zum Erbrechen. Bei der Vesper sang Geron Kallinikos die Hymne ‚Phos hilarion' mit Tränen in den Augen. Bei der Stelle, ... lobpreisen wir den Vater, den Sohn und den Heiligen Geist ...' war mir wieder zum Erbrechen, und dann sah ich, wie aus meinem Mund etwas herauskam, das wie ein Tier aussah und einen gräßlichen Gestank hinterließ. Ich fiel sofort zu Boden. Die Brüder kamen und hoben mich auf. Als der Geron am Ende der Vesper die Hymne sang ‚Nun entläßt du deinen Diener in Frieden, Herr ...' wurde ich vollständig von meinen Beschwerden befreit. Mein Sinn wurde klar, der Schwindel und die dauernden Kopfschmerzen waren verschwunden."

Der Mönch Gerasimos verließ mit dem Segen des Geron Katounakia und begab sich in die Skiti Agios Basilios. Im Jahre 1944 holten ihn die Brüder ins Kloster Agiou Pavlou. Er führte dort ein tugendhaftes Leben und übergab im hohen Alter seine Seele dem Herrn Jesus Christus. (47)

Sein seliges Ende

Der Festtag der Metamorphosis nahte. Ein Feiertag, dessen Erinnerung eine besondere Bedeutung für jeden Hesychasten hat. Nur derjenige, der sich dem Leben der heiligen Hesychia hingegeben hat, kann das Taborereignis, das unerschaffene Licht, in seiner vollen Größe verstehen. Dieser heilige Tag war der vorletzte im Leben des Geron Kallinikos auf Erden. Am 7. August würde der „eingeschlossene" Hesychast die Fesseln des Fleisches durchbrechen und zur Unendlichkeit des himmlischen Jerusalems aufsteigen.
Die letzten Stunden seines irdischen Lebens waren besonders heilig, sie waren der würdige Abschluß seines engelhaften Lebens. Ein Chor heiliger Väter machte sich bereit, ihn willkommen zu heißen. Bewegt durch diese göttliche Vision, sagte er zu seinem Untergeordneten: „Mein Kind, geh und triff die Vorbereitungen in der Kirche, denn die heiligen Väter sind gekommen." Seine Freude war unbeschreiblich. Seine geliebten Heiligen, die seine Helden und Vorbilder waren, vergaßen ihn nicht in den kritischen Momenten des Todes. Vor seinem Abgang, hielt er seine Hände zehn Minuten lang erhoben und betrachtete die verherrlichten, heiligen Gestalten, die ihn in der ewigen Heimat willkommen hießen. Er flüsterte ruhig: „Ich danke Dir, mein Gott, daß ich orthodox sterbe, obwohl ich nichts in meinem Leben getan habe, was der Rede wert gewesen wäre." Nach diesen Worten vertraute er seinen Geist Gott an.
Als nach einigen Jahren die Exhumierung seiner Gebeine stattfand, konnte man jene gelbliche Farbe sehen, mit denen die Gnade die Reliquien der Heiligen versieht. (48)

Vater Ignatios, der Geistliche

Im östlichen Teil von Katounakia, hoch über der Schlucht, ragt wie der Wachturm des Propheten Habakuk die Hütte der „Koimesis tis Theotokou" hervor. Die gesamte Felsenlandschaft strahlt eine außerirdische Herrlichkeit aus. Die vielen Felsen mit ihrem kargen Pflanzenbewuchs und den wenigen Steineichen verleihen der Gegend ein exotisches Aussehen. Jeden Morgen verzaubern zur Zeit des Orthros die seltsamen Konzerte der Wüstenvögel diesen heiligen Ort.
Wenn Katounakia ein Königreich wäre, würde der König mit Sicherheit seinen Palast in dieser Lage erbauen. Von hier oben könnte er sowohl die wunderbare Aussicht genießen als auch seine Untertanen beaufsichtigen.

Die Gegenwart des Mönchs Ignatios des Geistlichen hatte diese Hütte zu einem geistigen Bienenstock gemacht, wo die Seelen den Nektar des Geistes sammeln konnten. Achtzig Jahre des asketischen Lebens auf dem Heiligen Berg machten ihn zu einem Gefäß der Gaben des Geistes. Er besaß eine bewundernswerte mystische Gnade. Seine seelische Welt erinnerte an einen malerischen Hafen mit klaren Gewässern, erfrischenden Brisen und einer unbeschreiblichen Ruhe. Sein Herz war ein heiliger Garten voller duftender Blumen und Früchte. In ihm war im Überfluß vorhanden „alles, was wahr ist, was würdig ist, was gerecht, was rein, was liebenswürdig, was dem guten Rufe dient, was immer es an Tugend und was immer es an Lob gibt." (Phil 4,8) Er wirkte als Geistlicher an die siebzig Jahre und verbreitete in unzähligen Seelen das strahlende Licht der Gnade. Sein Beichtstuhl war ein heiliger Bezirk, von dem die Brisen des Friedens und des Trostes ausgingen.

Vater Ignatios wurde im Jahre 1827 in Serres geboren. Als Ioannis, so hieß er in der Welt, heranwuchs, gewann er bald Gunst bei Gott und den Menschen. Er war höflich, fleißig, aufrichtig, enthaltsam, voller Verständnis und Liebe. Er war das einzige Kind und der Stolz seiner Eltern. Natürlich schmiedeten sie die besten Pläne für seine Zukunft, aber der himmlische Vater hatte andere Absichten, die unvergleichlich erhabener und schöner waren. Er bereitete für ihn die Gestalt eines Engels, das Gewand des Priestertums und die Gnade der Propheten und Heiligen vor.

Als dann zur bestimmten Zeit in seinem reinen Herzen die Stimme Gottes wie ein leichter Hauch wahrgenommen wurde und ihn zu seiner erhabenen Bestimmung

rief, erwies er sich der himmlischen Berufung würdig und antwortete mit großer Bereitschaft: „Hier ist der Diener des Herrn."
Seine Zustimmung war alles andere als eine einfache, harmlose Sache. Wenn seine Eltern noch andere Kinder gehabt hätten, wären die Dinge leichter gewesen. Aber er war ihre einzige Hoffnung, ihre Stütze und Freude. Der Gedanke also, daß er seine Eltern in tiefe, unerträgliche Trauer versetzen würde und daß er sie verlassen würde, kam einer furchtbaren Folter gleich, und seine empfindsame Seele empfand sie ungleich schmerzhafter. In diesem harten Ringen führte ihn sein großer Glaube zum Sieg.

Was wurde durch die Posaune des Glaubens verkündet? Die Größe der Liebe Gottes.
Sie gab ihm die Zusicherung, daß Gott selbst den Schutz für seine Eltern übernehmen würde. Er würde ihnen den Balsam des Trostes spenden, sie beruhigen, und er würde für alle ihre Bedürfnisse sorgen. So siegte Ioannis. Er ist wie der große Patriarch Abraham aus seinem Land und von seiner Verwandtschaft wie ein Held ausgezogen. „Das ist der Sieg, der die Welt besiegt: unser Glaube." (1Joh 5,4)
Seine Flucht auf den Heiligen Berg mußte zwangsläufig heimlich vor sich gehen. Jeder kann sich vorstellen, wie herzzerreißend das Klagen seiner Eltern war, als sie seinen Weggang bemerkten. So beschritt Ioannis im Alter von zwanzig Jahren mannhaft den Weg der Hingabe. Jede fleischliche Neigung und Begierde wurde auf dem Altar des Geistes geschlachtet. Jede irdische Liebe wurde zugunsten der Liebe Gottes geopfert. Solche Opfer sind für die meisten unverständlich, vor allem für die Menschen, die zum Fleisch geworden sind (gem. Gen 6,3). Aber Ioannis lebte im Geiste.
Auf dem Heiligen Berg wurden seine Schritte zum tugendhaften Eremiten Geron Neophytos Chatzigiorgiatis geführt, der in diesem hohen Wachturm in Katounakia als Hesychast lebte.

Allein der Name Chatzigiorgiatis macht die Größe des Geron aus. Die an die vierzig Chatzigiorgiates, die geistigen Söhne des Geron Chatzigiorgis, waren die erlesensten Diamanten, die auf dem agioritischen Berge glänzten.
Geron Neophytos war das Vorbild eines echten Asketen. Sein großes Vermögen bestand aus der Gebetsschnur und einem Buch des hl. Isaak aus Syrien. Er hatte sich von den irdischen Dingen abgewendet. Sein Sinn wandelte dauernd in den Gefilden der Seligen. Er war, wie der Hymnograph sagen würde, ein himmlischer

Mensch, ein Engel auf Erden. Jedes seiner Gebete glich einer Feuerflamme. Bei diesem körperlosen Eremiten waren alle Voraussetzungen vorhanden, daß Ioannis seinen geistigen Aufstieg verwirklichen konnte.

Hirtenwissenschaft

Vater Ignatios hatte nicht an der Universität studiert. Er war ein Mensch der bescheidenen Bildung, aber seine Leistungen im Mönchsleben waren bewundernswert. Er erreichte die innere Läuterung und machte seine Seele für die Erleuchtungen des Heiligen Geistes empfänglich. Der Heilige Geist, die Quelle jeder Weisheit, lehrte ihn alle höheren Fächer, sowohl Pädagogik, Psychologie als auch die Hirtenwissenschaft und alles andere, was ihm in seiner Aufgabe als Beichtvater nützlich war. Auf diese Weise wurde er zu einem hervorragenden Geistlichen, und die Seelen fanden in seiner Nähe Heilung, Anleitung und Frieden. Sein Beichtstuhl war für zahlreiche Seelen zu einem Hafen der Rettung geworden.

Bei der Ausübung seiner Hirtentätigkeit vermied er sowohl die übertriebene Strenge als auch die unterschiedslose Milde. Er beherrschte den geeigneten Gebrauch sowohl des Hirtenstabes als auch der Hirtenflöte. Er hatte Verständnis und Mitleid für die Unvollkommenheit und Schwächen der Beichtenden mit einem Geist der Erbauung und der väterlichen Liebe.

Derjenige, der das erste Mal seinen Beichtstuhl besuchte, bekam einen unvergeßlichen Eindruck. Er erlebte eine mit Worten nicht auszudrückende geistliche Erfahrung, eine Atmosphäre, wo das Göttliche seine Gegenwart bemerkbar machte.
Zu jener Zeit lebten auf dem Heiligen Berg viele orthodoxe Slawen. Für sie war die Anwesenheit von Vater Ignatios ein Segen vom Himmel, denn er beherrschte die russische und bulgarische Sprache gut. Die russischen Eremiten von Karoulia, unter ihnen frühere Adelige und Generäle der Armee des Zaren, erwählten ihn zu ihrem Geistlichen. Bis ins hohe Alter nahm er die Beichte ab, sogar noch als er sein Augenlicht verloren hatte, spendete er den Seelen Trost und Kraft.

Viele betagte Väter können sich an ihn erinnern, wie er in seiner Zelle die Beichte abnahm.

Tafel XVII
Katounakia

Tafel XVIII (oben)
Katounakia.

Tafel XIX (links)
Hütte „Agios Gerasimos“ in Katounakia, Asketerion des Geron Kallinikos.

Tafel XX-XXI (vorangegangene Doppelseite)
„Iosaphaion", Skiti Kavsokalybia.

Tafel XXII (Abb. links)
Abt Petronios, Skiti Prodromou.
Die vertiefte Hinwendung zu Jesus Christus und den in ihm gegenwärtigen göttlichen Geist im eigenen Wesen, zur immer stärkeren Teilnahme an der Gegenwart Gottes. Sie entwickelt und entfaltet in uns göttliche Eigenschaften: Die wahre Liebe, das erbarmende Mitempfinden, tiefe innere Freude, Gleichmut, Unerschütterlichkeit und Demut.*

Tafel XXIII (Abb. oben)
Das Kap Akrathos an der Südostspitze der Athoshalbinsel mit seiner eindrucksvollen Hafenanlage aus dem 19. Jahrhundert, von der eine gut erhaltene, gepflasterte Fahrstraße zur Skiti Prodromou hinauf führt. Im Zweiten Weltkrieg befand sich hier ein befestigter Beobachtungsturm der deutschen Kriegsmarine zur Überwachung des Schiffsverkehrs zwischen Kavalla und den Dardanellen.

**Ergänzung: – führt zur Vereinigung mit dem göttlichen Urgrund im eigenen Wesen, –*

Tafel XXIV-XXV (vorangegangene Doppelseite)
Die „Adlernester" der heiligen Asketen Theodoros und Niphon im Felsabbruch der Südküste in Bigla.

Tafel XXVI (Abb. links)
Vater Joachim, Agios Nilos.

Tafel XXVII (Abb. oben)
Monachos Evthymios und Geron Nektarios, Agios Nilos.* ***(*Korr. Vater Joachim)***

Tafel XXVIII
Katholikon im Kloster Chilandari.

Tafel XXIX (Abb. rechts)
IM. Elias, der beste Koch vom Heiligen Berg.
„Die Klosterkost gibt leichtes Blut und hellen Sinn“ – schrieb schon der Tiroler Fallmerayer 1842.
Es sind Erzeugnisse der eigenen Bodenwirtschaft und des Fischfangs.
Gemüse, Salate, Oliven, Bohnensuppe, Brot und Nudeln, gekaufter Käse, selten Eier.
An Festtagen sind Fische, Olivenöl, Eier, Käse erlaubt. Untersagt ist der Fleischgenuß.
Rauchen ist verpönt. Denn ist der Weihrauch Gottes, so ist der Tabakrauch des Teufels.

Tafel XXX–XXXI

Die zweite Ankunft Christi.
Jesus Christus Pantokrator, von Cherubinen umgeben, rechts von ihm die Muttergottes, links Johannes der Täufer, Fürsprecher der Menschheit.

(Matth. 25,34/40)
„Kommt, ihr Gesegneten meines Vaters!
Besitzet das Reich, das euch seit
Grundlegung der Welt bereitet ist.“

„Denn ich war hungrig, und ihr habt mich gespeist;
ich war durstig, und ihr habt mich getränkt;
ich war ein Fremdling, und ihr habt mich beherbergt;

Ich war nackt, und ihr habt mich bekleidet;
ich war krank, und ihr habt mich besucht;
ich war im Gefängnis, und ihr seid zu mir gekommen.

Was ihr einem der Geringsten
von diesen meiner Brüdern getan habt,
das habt ihr mir getan.“

IC
XC

Tafel XXXII
Wartender Mönch

(Matth. 24/42)
Darum wachet; denn ihr wißt nicht,
zu welcher Stunde der Herr kommen wird.

Er sagte: „Komm, mein Kind, komm, mein kleiner Gerasimos, setz dich, daß wir miteinander reden können. Was gibt es? Hat uns Satan zurückgeworfen oder haben wir ihn abgewehrt?"

- „Er hat uns zurückgeworfen, heiliger Geistlicher. Ich habe meinen Kanon sehr vernachlässigt"
- „O weh! Aber jetzt sollen wir Satan zertreten. Wir möchten von jetzt an einen neuen Anfang machen und unseren Kanon nicht auslassen. Können wir ihn nicht ganz einhalten, dann sollen wir ihn etwas verringern, damit wir ihn nicht vollständig weglassen, denn wir sollen Satan zurückwerfen."

So redete er, und mit seiner überfließenden Liebe und Einfachheit stärkte und ermutigte er die Seelen.

Nach dem Bekennen der Sünden veranlaßte er den Beichtenden einen Text des hl. Ephraim kniend zu lesen:

„Herr Jesus Christus, unser Gott ... Laß Dich bitten und verzeihe mir, Deinem unwürdigen Diener, wenn ich als Mensch oder vielmehr als Unmensch gesündigt habe, sowohl meine willentlichen als auch meine unabsichtlichen Verfehlungen, die wissentlichen und die unbewußten, sowie die, die auf Unachtsamkeit zurückzuführen sind, aber auch diejenigen, die wegen meiner Faulheit und Nachlässigkeit geschehen sind, ob ich in Deinem heiligen Namen geschworen habe oder ob ich gestohlen oder gelogen habe, ob ich einen Bruder betrübt und verbittert habe, ob ich törichterweise gelacht oder eitel gedacht habe oder ob ich stolz war oder eine nichtige Schönheit gesehen habe oder ob ich zu sehr an die Schwächen meines Bruders gedacht habe, ob ich im Gebet nachlässig geworden bin, ob ich an etwas anderes Böses gedacht habe. All diese Dinge und andere, die ich getan habe und an die ich mich nicht erinnern kann, möge mir Gott verzeihen, Deinem unnützen Diener, sei mir barmherzig als der gütige und der menschenliebende Gott."

Am Ende erfolgte die Absolution, und der Beichtende ging mit seiner weißgewaschenen Seele weg, erleichtert und mit dem Frieden gekrönt.

Die Lektion des Eremiten

Von der Zeit an, als Antonios der Große den Weg des asketischen Lebens eröffnete, ist der Teufel vor Wut außer sich geraten. In seinem Krieg gegen die Mönche setzt er seine besten Kräfte ein. Er bekämpft sie tollwütig, denn sie ersetzen die Engelschar, der er selbst früher angehörte, bevor er gestürzt wurde. In diesem Krieg bedient er sich der schlauesten Erfindungen.

Und wenn es sich als schwierig erweist, daß er den Mönch von links besiegt, dann greift er ihn aus der entgegengesetzten Richtung an. Er versucht von rechts den Sturz herbeizuführen. Durch diese Angriffe von rechts läuft der Asket Gefahr, einem Irrtum zu erliegen.

Vater Ignatios befand sich am Sonnenuntergang seines Lebens. Es war Winter, als er von einem armen Eremiten besucht wurde. Sein Gesicht zeigte, daß er eine Tragödie erlebt hatte. Mit zitternder Stimme erzählte er dem Geistlichen sein Abenteuer, und am Ende stöhnte er mit Erleichterung: „Gott sei Dank! Der Herr hat mich aus den Klauen des Todes befreit!"

Was war diesem Mönch passiert? Laßt uns diese Geschichte verfolgen.

Voller Eifer für das Mönchtum, lebte er als Eremit in der Nähe von Katounakia. Er stürzte sich mit Übereifer in die asketischen Übungen, ohne entsprechende Betreuung durch einen geistigen Führer. Er glaubte, daß er bald die Stufen der Heiligkeit emporsteigen würde, ohne zu erkennen, daß er sich gewaltig überschätzt hatte.
Er setzte sich selbst asketische Ziele, beurteilte selbst seine Erfolge. Aber um ganz genau zu sein, war er nicht allein. Der Feind, der Fürst der Finsternis, warf ein wachsames Auge auf ihn und grub das Grab seines Sturzes. Er würde ihn bald zum Irrtum verführen. Für solche Fälle gelten die weisen Worte eines Geron: „Wo immer die bösen Dämonen sehen, daß die Kraft des Geistes sich einer bestimmten Richtung zuneigt, dorthin sendet ihr Führer einen entsprechenden Geist, der für die notwendige Ausrüstung für den Irrtum sorgt. Und er spricht ohne Unterbrechung, harrt darin aus und verwendet viel Zeit für diesen Zweck." (Aus „Iosif Spiliotis, der Hesychast")
Der Geist des Irrtums sorgt für die Ausrüstung, um den Irrtum herbeizuführen, und baut mit Geduld das Gebäude der Vernichtung. Das Herz des Eremiten fing langsam an sich zu verfinstern, und je mehr es sich verfinsterte, desto mehr wurde es von den Gedanken des Stolzes befallen, und je mehr stolze Gedanken, desto mehr Finsternis breitete sich aus.
Die Zeit verging, und der Asket führte Selbstgespräche, begeistert von seinen Erfolgen im Fasten, Wachen und in den Übungen: „Wenn ich so weiter mache, werde ich die Tugend des Antonios des Großen erreichen! Aber ich frage mich, warum ich trotz meines Fortschrittes noch nicht für würdig erachtet wurde, eine Vision zu erhalten?"

Es dauerte nicht lange, da kam auch die Vision. Ein leuchtender Engel erschien. Er kam, um seine Überlegungen zu besiegeln. Er sagte zu ihm: „Dein Leben hat Christus mehr gefallen als das jedes anderen Asketen auf dem Agion Oros."
Der Engel verschwand, und er befand sich jetzt in äußerster Seligkeit. Das Zeugnis vom Himmel war gekommen. Sein asketischer Weg hatte sogar die Himmel zur Freude veranlaßt. Er wurde für würdig erachtet, auch eine Engelvision zu haben, Und das war nicht alles!
Eines Nachts kam der himmlische Engel wieder. Was für eine freudige Botschaft hatte wohl er mitzuteilen? Er sagte schließlich zu ihm: „Deine Tugend ist groß, mein Bruder. Eine feierliche Krönung wird für dich vorbereitet. Morgen abend mußt du dich auf dem Gipfel des Athos einfinden, denn Christus wird heruntersteigen, damit du ihn anbeten kannst."

Die Freude des Asketen war unbeschreiblich. Was für eine Freude würden nun seine Augen erleben! Er würde die Tabor-Herrlichkeit schauen. Er konnte es nicht erwarten, bis der neue Tag anbrach. Er begann mit dem Aufstieg. Trotz des Schnees und der klirrenden Kälte, denn es war Winter, spürte er nichts. Die Begleitung des Engels wärmte ihn. Er ging weiter bergauf.
Er spürte weder Kälte noch Müdigkeit. Während er sich dem Gipfel näherte, waren seine Freude und seine Anspannung am Höhepunkt. Es war bereits Abenddämmerung, und auf einmal, was für ein überweltlicher Anblick!
Lichter, mit dem Weihrauchfaß einherschreitende Priester, Bischöfe, ein wunderbarer Empfang! Und das Majestätischste war ein herrlicher Thron, auf dem der König Christus saß, von den Heiligen und den Hierarchen umgeben. Unter ihnen sah er auch sein großes Vorbild, den hl. Spiridon.

Es ist eine furchtbare Sache, wenn der Teufel Macht über uns gewinnt. Dann geraten unsere Vorstellungen und unsere Sinne in seine Gewalt. Und was immer er will, das stellen wir uns vor, das sehen wir und das hören wir. Nur Gott kann uns erlösen. Aber laßt uns mit der Beschreibung dieses satanischen Irrtums fortsetzen.

Auf einmal wurde die Stimme des Königs gehört: „Spiridon, bring mir meinen erlesenen Diener hierher, daß er mich anbetet!" Der hl. Spiridon näherte sich mit feierlichem Schritt dem Mönch, der in Ekstase geraten war. Die Momente waren kritisch. Wenn der Eremit den angeblichen Christus anbeten würde, dann würde er entweder von den Dämonen beherrscht werden oder aber, wie das in anderen

Fällen geschehen war, würde er sich in den Abgrund stürzen, weil sich dort die angebliche Stelle des Thrones befand. Aber die Barmherzigkeit Gottes rettete ihn im letzten Moment. Als sich der angebliche heilige Spiridon ihm näherte, bemerkte der Mönch, daß er nicht die gewohnte Kopfbedeckung eines Mönchs trug. Es war natürlich nicht so wichtig, aber etwas anderes war entscheidend. Durch die Gnade Gottes sah er dort zwei teuflische Hörner, und sofort schrie er: „Herr Jesus Christus, Sohn Gottes, rette mich!"

Das war alles. Die majestätische satanische Vorstellung wurde aufgelöst, alles verrauchte, und dort, weit oben auf dem Athos, allein in der Nacht, im Schnee stand der Asket.

Dieses dramatische Abenteuer erzählte er dem Vater Ignatios. Jetzt sagte ihm der Geistliche: „Lobpreise Gott, der dich von der Bosheit Satans rettete. Von nun an darfst du nicht allein in der eremitischen Hütte bleiben. Du sollst zum Kloster Dionysiou gehen. Im Koinobion wirst du Sicherheit finden." Und so wurde er gerettet.

Das Weltgericht. (Apok 20, 11–15)

Jesus Christus, der Weltenrichter, der von Cherubim umgeben. Links die Muttergottes, rechts Johannes der Täufer, bitten für die Menschen.

Erzengel Michael stößt in die Posaune und die Toten steigen aus den Gräbern. Das Meer gibt die Toten heraus, auch der Tod und die Unterwelt geben die Toten heraus.

„Und die Toten wurden gerichtet nach dem, was in den Büchern geschrieben stand, nach ihren Werken."

Die Gerichtsengel führen sie zur „Waage der Gerechtigkeit". Hier werden die guten und die bösen Taten gegeneinander abgewogen. Die zu wenig weiße Buchrollen mit aufgezeichneten Guttaten aufweisen können, werden vom Teufel zum Feuersee geführt. Ein Feuerstrom geht von den Füßen Christi aus. Gegenüber, auf der linken Seite, die Gerechten. Das Tor zum Paradies.

Kloster Dionysiou, Trapeza.

Sohn des Trostes

Die seelische Welt des Vaters Ignatios ähnelte einem geistigen Blumenstrauß. Vielfältige, wohlriechende, verschiedenfarbige Blüten der Tugenden und der Gnade schmückten ihn. Die Schönheit einer Blüte hatte eine enge Beziehung zu seinem Hirtendienst. Man könnte ihn als den agioritischen Barnabas bezeichnen, denn genauso wie der Apostel war auch er ein Sohn des Trostes.
Aus seinem Herzen, das ein Meer der Liebe war, quoll unverfälscht die Gnade des Trostes. Und alle, die diese Gnade erfahren haben, denken mit Sehnsucht und Tränen daran zurück.

Der Abt von Dionysiou, Gabriel, hat geschrieben: „Dieser wunderbare, gesegnete Mensch Gottes hatte die besondere Gabe der Zugänglichkeit und der unverfälschten väterlichen Liebe zu allen und besonders für diejenigen, die zur Beichte kamen."
Wer immer den Weg hinauf zur Hütte „Koimesis" gegangen war, erfuhr seine väterliche Zuneigung in Fülle. Als erstes bekam er eine körperliche Stärkung. Der Geron hatte seinen Untergeordneten die Anweisung gegeben, den Besuchern die notwendige Erfrischung anzubieten. Diese materielle Erquickung war nur ein ärmliches Vorwort im Vergleich zu der folgenden geistigen Erfrischung.

Vater Ignatios war für die Seelen eine erquickende Oase, eine lebensspendende Quelle in der Wüste, wie aus den folgenden Erzählungen hervorgeht.

Christodoulos, ein junger Mönch und Untergeordneter des großen Hesychasten Kallinikos, verspürte, wie ihn in seinem geistigen Kampf die Geschosse des Feindes verwundeten. Eine große Versuchung suchte ihn heim. Sein Geron, als er von ihm darüber erfuhr, schickte ihn schnell zu Vater Ignatios.
„Das ist eine ernste Angelegenheit", sagte er ihm, „wir brauchen einen Geistlichen. Geh zu Vater Ignatios, daß er dir den Kanon auferlegt."
Schweren Herzens ging Vater Christodoulos den Weg zur Hütte „Koimesis" hinauf. Voller Betrübnis und Spannung erzählte er dem heiligen Geron über diese Angelegenheit. Und jener, mit einem Lächeln auf den Lippen, beruhigte ihn: „Mein Christodoulos, sei nicht beunruhigt wegen dieser Versuchung, die dich heimsucht. Es scheint, daß du eine Gebetsschnur zu viel erwischt und dadurch den Feind verletzt hast, deshalb ist er jetzt wütend auf dich. Beruhige dich, und die Versuchung wird vergehen. Das gehört alles zum Krieg."

Beim Verlassen des Beichtstuhls konnte der junge Kämpfer wahrnehmen, wie der Herzensfrieden in seiner Seele wiederhergestellt war.

„Sein Angesicht glänzte wie das eines himmlischen Engels"

Es war Freitag in der fünften Woche der Fastenzeit und gleichzeitig das Fest „Evangelismos", der 25. März 1911. Im Kloster Dionysou war der Novize Georgios zweiundzwanzig Jahre alt.
Am Ende der feierlichen Wache sollte er die Mönchsweihe empfangen. An jenem Tag befand sich auch Vater Ignatios im Kloster, er war im Alter schon ziemlich fortgeschritten. Vater Ignatios war der Geistliche auch dieses Klosters, und er wollte dort den Festtag der Gottesmutter und auch den „Akathistos" mitfeiern. Gleichzeitig wollte er dem Novizen beistehen, der im Begriff war, die Weihe zu empfangen.
Der Orthros wurde beendet, und die Lesung der ersten Stunde begann. Nichts deutete darauf hin, daß die Weihe erfolgen würde. Vater Ignatios erkundigte sich beim Abt, und dieser erklärte ihm: „Nein, heiliger Geistlicher, die Weihe ist auf den morgigen Tag nach der Wache von ‚Akathistos' verschoben worden."
„Warum, was ist passiert?"

„Ich werde es Ihnen erklären. Der Novize beichtete mir, daß er gestern zu Mittag am Tisch des russischen Klosters saß und Oliven gegessen hatte. Da er bei seiner Weihe die heilige Kommunion empfängt, ist es gemäß unserer agioritischen Vorschrift nicht erlaubt, am Vortag Oliven zu essen. So gab ich ihm heute den Kanon auf zu fasten, damit wir ihn morgen weihen können."
Das, was Vater Ignatios hörte, schmerzte ihn. Er dachte, die Weihe sollte wegen der zwei oder drei Oliven aufgeschoben werden, die der Novize unbedachterweise gegessen hatte. Er sollte am Tag „Evangelismos", am Tag der Freude, fasten?
Der Abt Gabriel, der damalige Novize Georgios, schrieb: „Sein Vaterherz war derart berührt, daß er mich während der Liturgie mit Tränen in den Augen umarmte und mir zu meinem Trost sagte: ‚Auch ich werde mit dir fasten und wachen.' Das tat er auch. Er ging nicht zum gemeinsamen Festmahl, sondern er teilte mit ihm das kleine Brot im Archontariki. Und das am Festtag Evangelisimos, dem einzigen Tag, an dem es erlaubt ist, sogar Fisch zu essen während der vierzigtägigen Fastenperiode. Am Nachmittag begegnete er wieder dem Novizen und fragte ihn, wo er die Wache halten würde, bis die Zeit seiner Weihe kommen würde. Er sagte ihm, daß die Kapelle des hl. Chrysostomos der ruhigste Ort sei.

Nach dem Apodeipnon ging Georgios zur Kapelle, wo ihn der Geron bereits erwartete. Er wollte ihm bei seiner geistigen Vorbereitung beistehen.
Nur wenige Mönche hatten so eine Einführung vor ihrer Weihe wie Georgios. Vater Ignatios gab die Anweisung, daß Georgios aus dem großen Gebetbuch dreimal den Kanon von der Weihe lesen sollte. In der Folge hörte er aus dem Mund des Geistlichen wunderbare Ratschläge und Gedanken über das Mönchsleben. Schließlich vergaßen sie nicht den hl. Chrysostomos, der sie in seiner Kapelle beherbergte.
„Nimm, mein Kind Georgios, dieses Blatt und lies die Ave Maria Worte des hl. Chrysostomos. Seine Fürbitten sollen dich in deinem Leben stützen."
Was dann erfolgte, konnte der Novize im voraus nicht ahnen.
Es schien, daß der hl. Chrysostomos sofort seine Bitten beantwortete. Denn was er an jenem Tag erlebte, veranlaßte den späteren Abt Gabriel zu schreiben: „Diese Geschehnisse werden mir mein ganzes Leben lang unvergeßlich bleiben, weil sie gleichzeitig unleugbare Beweise sind für die Heiligkeit dieses Mannes."
Als der Novize mit Andacht die Ave Maria Worte des hl. Chrysostomos gelesen hatte, näherte er sich respektvoll seiner Ikone, um ihm die gewohnte Verehrung zu erweisen. Dann wandte er sich dem geistlichen Geron zu, um seinen Segen zu erhalten. Aber was war das für ein Anblick! Er erschrak vor dem merkwürdigen Glanz seines Angesichts. Vater Ignatios wurde von der Tabor-Herrlichkeit überwältigt. Sein Angesicht glänzte wie das eines himmlischen Engels. Der Novize fiel sofort nieder und bat mit gebrochener Stimme: „Vater, segne mich! Segne mich!"
Jener legte seine heilige rechte Hand auf seinen Kopf, und er besiegelte ihn mit dem Segen des Kreuzes und rief bewegt aus:
„Dein Name sei gesegnet, Herrscher von allen."

Vater Ignatios gehörte zu jenen heiligen Männern, die wie Moses vom Glanz Gottes durchdrungen wurden. Das unerschaffene Licht leuchtete ihm nicht nur im Inneren, sondern übertrug die Erleuchtung auch auf den äußeren Menschen, indem sein Antlitz glänzte wie das eines himmlischen Engels.

Der hl. Gregorios Palamas schreibt unter anderem: „Über das Licht, die göttliche Erleuchtung und die heilige Glückseligkeit ... Aber auch der Körper genießt auf eine Art und Weise die Wirkungen der Gnade, die sich im Sinn (Geist) vollziehen. So empfindet auch der Körper das unbeschreibliche Mysterium, das sich in der Seele vollzieht. So glänzte auch das Angesicht von Moses. Die innere Erleuchtung des Sinnes übertrug sich auch auf den Körper. Und sein Angesicht glänzte derart, daß diejenigen, die ihn mit ihren körperlichen Augen sahen, diesen übermäßigen Glanz nicht aushalten konnten. So präsentierte sich auch das Angesicht des Stephanus wie das eines Engels. Denn innerlich ist der Sinn in der Art und Weise eines Engels, in eine mystische Vereinigung mit dem überweltlichen Licht gekommen. So ist er engelgleich geworden." (Auszug aus dem Buch „Über die Heiligen, die als Hesychasten lebten." 1,3,31.)

„Liebe denjenigen, der dich geliebt hat"

Einem Mönch, der die Welt vor kurzem verlassen hatte, erklärte der Feind einen unerbittlichen Krieg. Er malte ihm mit seiner Vorstellungskraft die Reize des Lebens in der Welt in den lebendigsten Farben aus. Die Angriffe hatten eine solche Gewalt, daß der Kämpfer bei ihrer Abwehr Blut schwitzte. Aber je grausamer die Bedrängnisse wurden, mit denen ihn der Belial peinigte, desto mehr Trost und Erquickung spendete ihm sein heiliger Geistlicher, Vater Ignatios. Er sagte ihm: „Mein Kind, die Welt ist nichtig und nicht von Dauer. Du sollst dich in deinem Kampf nicht abschrecken lassen. Eine kleine Abwehr, ein bißchen Widerstand, dafür sind die Kronen groß. Denk an den Himmel! Was erwartet dich dort, wohin du gehst? Freude und Frohlocken, die unbeschreiblich sind. Nur harre aus! Paß auf dich auf! Sei bereit! Gib dein Herz dem Christus, liebe denjenigen, der dich geliebt hat!"
Mit diesen einfachen Worten der heiligen Vaterliebe wurde der dichte Nebel aufgelöst. Der Rat „Liebe denjenigen, der dich geliebt hat" traf die feinsten Saiten seines Herzens.

Dieser jetzt betagte Mönch erinnert sich immer noch an diese stärkenden Worte, und mit Tränen in den Augen ruft er aus: „Wie er mich tröstete, wie er mich stärkte! Dieser Mensch ist ein Segen Gottes!"
Da Vater Ignatios mehrere Sprachen beherrschte, konnte er viele trösten. Griechen, Russen, Bulgaren, unzählige Mönche, Koinobiten, Kellioten, alle fanden Ruhe und Erquickung bei ihm. Er war ein Segen Gottes für alle, ein Meer der Liebe.
Mögen wir immer seinen Segen haben!

Zum Licht

Eine der beliebtesten Lesungen aus der Heiligen Schrift war für Vater Ignatios eine Textstelle aus dem Evangelium nach Lukas (18,35-43). Die große Sehnsucht des Blinden von Jericho nach dem Licht, seine flehentlichen Bitten „Jesus, Sohn Davids, erbarme dich meiner“ und „Herr, daß ich wieder sehen kann“ haben ihn immer inspiriert. Für einen Mönch, der das geistige Gebet pflegt, gibt es keine Schriftstelle, die er lieber liest.
Als Vater Ignatios das Alter von fünfundachtzig Jahren erreichte, wurde seine Verbindung mit der Persönlichkeit des Blinden noch enger, denn seine Augen erkrankten an grauem Star, und im Laufe der Zeit verlor er gänzlich sein Augenlicht. Trotz der völligen Abwesenheit des materiellen Lichts hörte er nicht auf, das immaterielle Licht um sich zu verbreiten und die Menschen, die den Weg zur Stadt des ewigen Lichts eingeschlagen hatten, zu erleuchten. Der Herr schenkte ihm noch viele Jahre, und so fanden die Schafe der agioritischen Herde immer den Ort der Erfrischung und das Wasser der Erquickung in seiner Nähe. Diejenigen, die nach einem erfahrenen Geistlichen suchten, wurden nach Katounakia zum Vater Ignatios geschickt. Er war ein unersetzbarer Hirte, ein wunderbarer Arzt, ein fehlerloser Führer, eine Bank mit unschätzbarem geistigen Kapital. Dort fanden sie einen Greis vor, der mager und gekrümmt von den Jahren war, der aber trotzdem den zu ihm Kommenden den Frieden, den Trost und die weise Führung bieten konnte. An dieser heiligen Front blieb er standhaft bis zu seinem letzten Atemzug. Bis zu seinem Abgang blieben ihm seine geistigen Fähigkeiten erhalten, und so hörte sein großzügiges geistiges Angebot nie auf.

Mit seiner Gesundheit hatte er wie alle betagten Menschen seine Probleme. Er litt an Rheumatismus, und viele Nächte schmerzten ihn die Glieder. Aber er harrte in Schweigen und ohne zu protestieren aus. Er bat nie um Medikamente oder um eine besondere Betreuung. Seine Erhabenheit über alles Irdische zeigte sich auch in der Ernährung. Was immer sie ihm zur Zelle brachten, nahm er mit Dank an. Wenn sie sich manchmal verspäteten oder sogar auf ihn vergaßen, protestierte er nie.

Sein Sinn war von den himmlischen Dingen gefangengenommen, und die irdischen Angelegenheiten brachten ihn nicht aus der Ruhe. Dasjenige, was ihn am meisten beschäftigte, war die Reise in die Ewigkeit. Er erreichte das Alter von neunzig, fünfundneunzig und sogar hundert Jahren. Hundert Jahre des irdischen Lebens, zwanzig Jahre in der Welt und achtzig auf Athos waren genug. Es war

jetzt die Zeit für das Schiff, das hundert Jahre lang durch die irdischen Meere gesegelt war, im himmlischen Hafen den Anker zu werfen.
Der Oktober 1927 war der Monat des Aufbruchs. Es schien, daß der Geron eine Vorahnung hatte, denn die letzten fünfzehn Tage gab er sich völlig dem Fasten hin. Er wollte ganz leicht für die große Reise sein.

Am 25. Oktober, kurz nach dem Sonnenaufgang, kam Vater Bartholomaios, ein russischer Eremit aus Karoulia, zu ihm und hatte die besondere Gnade mitzuerleben, wie die Heiligen sterben. Er stieg zur Hütte der „Koimesis" hinauf und wurde zur Zelle des Geron geführt.
„Guten Morgen, Großvater. Deinen Segen, bitte."
„Wer bist du?"
„Ich bin der Diakon Bartholomaios."
„Wie geht es dir, mein Kind?"
„Es geht mir gut, Großvater."
„Dir geht es gut, aber ich warte bis jemand kommt."
Auf wen wartete der Geron? Auf wen sonst als auf den Engel, der seinen Geist entgegennehmen würde. Und der himmlische Gesandte kam und nahm die Seele des blinden Geistlichen und führte sie ins Licht des Himmels zu einem glänzenden, grasreichen Ort. Wie man berichtete, starb der Geron wie ein kleiner Vogel. So einen ruhigen Tod wurde Bartholomaios nie mehr für würdig erachtet zu bezeugen.
Am nächsten Tag, am 26. Oktober, am Tag der Gnade des hl. Dimitrios, fand die Beerdigung statt.

Vater Gerasimos von Mikragianna schrieb: „Vater Ignatios der Geistliche ist eine hervorragende Gestalt der Wüste gewesen, ein Mensch der Einfachheit, der Geradlinigkeit und des tiefen Glaubens, ein Vorbild eines tugendhaften Geistlichen, der über viel Unterscheidungsvermögen verfügte, tiefgründiges Denkvermögen in der Einfachheit und einen Geist der Erbauung und des Trostes. Sein Tod hinterließ eine nicht zu ersetzende Lücke und erfüllte alle Väter der Umgebung mit großer Trauer." (Gerasimos, Hymnograph der großen Kirche Christi)

Nach einigen Jahren fand die Exhumierung seiner heiligen Gebeine statt. Alle Väter frohlockten mit geistiger Freude, denn von der heiligen Reliquie des gesegneten Geron ging ein wunderbarer Wohlgeruch aus. Auf diese Art und Weise bestätigte und besiegelte Gott die Heiligkeit dieses Mannes. (49)

Das furchterregende Karoulia

Am Südhang des Heiligen Berges vor dem Kap Nymphaion, in den steil zum Meer abfallenden, schwer zugänglichen Felswänden, leben und beten für die Welt die Asketen von Karoulia.

Das griechische Wort „Karouli“ heißt Rolle, Seilwinde, Aufzug. Damit wurde den Einsiedlern das Allernotwendigste vom Meer aus zugeführt. Gelegentlich wurden auch Gebetsanliegen und Almosen frommer Pilger in die Körbe gelegt.

Über das „heilbringende Gebet der Athosmönche“ schrieb K. Eller: „Im unaufhörlichen Herzensgebet ist ein solcher Athosmönch imstande, diese Gnadenströme in die Menschheit fließen zu lassen. Dieser Mönch ist auch ohne äußere Tätigkeit ein Tätig-Bewirkender, ein eigentlicher Weltverwandler. Diese Beter bilden ein wesentliches Gleichgewicht zu den negativen Kräften, die von den liebeleeren, icherfüllten Weltmenschen, die nur sich selbst die Ehre geben, ausgehen. Darum ist es das innigste Anliegen des Athosmönchs, von göttlichen Kräften erfüllt, für das Heil und den Frieden aller Menschen zu beten. Eine Stätte, die wie der Athos der Ursprung so vieler Gnadenströme ist, ist für die Welt von hervorragender Bedeutung.“ (50)

Die Urzelle „Agios Georgios“ liegt im Inneren von Karoulia. Der Abstieg in den heiligen Bezirk führt über schmale Felssteige mit im Gestein befestigten Eisenketten hinunter zu den Hütten, auf spärlichen Kanzeln oder in Felshöhlen eingebaut. Hier lebten am Beginn unseres Jahrhunderts dreißig Mönche in elf Hütten. Heute ist das innere Karoulia eine Einöde, und der Zugang ist wegen der zerstörten Pfade und Stufen für Besucher äußerst schwierig. Nur wenige wagen es, in diesen asketischen Berghang vorzudringen.
Monachos Chariton beschreibt das „furchterregende Karoulia“:
„Es ist kein Ort für Amateure des Geistes. Denn diejenigen, die sich dorthin vorwagen, fühlen sich so, als würden sie mit einer Fähre von einem Leben ins andere hinüberfahren.“ (51)
Hier gibt es kaum einen Trost der Mutter Erde, denn das wichtigste Element, das Wasser, fehlt hier vollständig. Man trinkt nur Regenwasser. Das einzige, was die Natur hier in großen Mengen hervorbringt, sind die Kaktusfeigen.

Die kleine, byzantinische Kirche des hl. Georg diente den Hesychasten als Kyriakon. Sie ist in einem guten Zustand und trägt in ihrem Mauerwerk das byzantinische Fresko ihres Schutzheiligen. Der letzte Bewohner dieser Hütte war der russische Asket Vater Seraphim, der dem Asketen Zosimas nachgefolgt war. Noch früher hatte dort Vater Nikon, der Erzieher des letzten Zaren Nikolaus , als Asket gelebt. Hinter dieser Zelle befand sich das Asketerion des Mönchs Philaretos, und unterhalb entdeckt man zwei Adlernester über dem schwindelerregenden

Abgrund. In der unteren, unzugänglichen Höhle lebte Vater Seraphim zwölf Jahre. Die obere wird vom siebzigjährigen griechischen Mönch Arsenios, dem Buchbinder, bewohnt. Weiter oben, als Krönung von Karoulia, stehen noch die Ruinen der Hütte von Geron Gabriel aus dem Peloponnes. Steigen wir vom oberen Weg über eine Leiter hinunter, entdecken wir die Höhle „der Geburt des Retters", wo mehrere Jahrzehnte der Asket Pachomios lebte, der beim Transport seiner Körbe abstürzte.
Dann erreichen wir die Hütte von Geron Dionysios und Vater Antonios, dem Russen. Er war Schriftsteller und beherrschte viele Sprachen. Wegen einer schweren Krankheit nahm er schließlich im Kloster Russikon Zuflucht. Weiter oben stand die heute zerstörte Hütte, wo der große Asket Bartholomaios Dionysiatis fünfzig Jahre lebte. Wenden wir unseren Blick von St. Georg in die östliche Richtung, sehen wir die steil aufwärts führenden Serpentinen zum Hesychasterion der Portaitissa. Hier lebten zuletzt der russische Starez Alexander, ein Meister des geistigen Gebets, und der Mönch Andreas vom Schwarzen Meer.

Das ist die Hesychia, welcher der himmlische Basilios die unsterblichen Worte gewidmet hat: „Die Hesychia ist der Anfang der Läuterung der Seele. Die Zunge redet nicht die Dinge des einen oder anderen Menschen. Die Augen wenden sich nicht körperlichen Schönheiten zu. Die Ohren nehmen nicht die Kraft der Seele mit wollüstigen Melodien oder durch das leichte Geschwätz oberflächlicher Menschen. Der Sinn und der Geist zerstreuen sich nicht nach außen hin, werden nicht durch die Sinne in die Welt ausgegossen, sondern sie kehren zu sich selbst zurück. Aus sich selbst erhebt sich der Sinn zu Gott. Wenn sich der Sinn Gott nähert, empfängt er reichlich den Glanz der göttlichen Schönheit und vergißt sich selbst." (Aus dem Brief an Gregorios)
Mit wissenschaftlicher Akribie beschreibt der hl. Basilios das Emporsteigen, das durch die Hesychia ermöglicht wird. Der letzte Aufstieg ist Gott, eine bezaubernde Schönheit.
„Wenn der Sinn durch diese Schönheit erleuchtet wird, vergißt er seine eigene Natur. Er ist fasziniert, hingerissen, entzückt, empfindet äußerste Lust, er findet sich außerhalb der Zeit und des Ortes, er verliert sich selbst."

Die Betrachtungen des Geron Philaretos

Geron Philaretos lebte in der tiefsten Wüste von Karoulia in der Nähe der Urzelle „Agios Georgios". Erst im höheren Alter entschied er sich für das Mönchsleben. Er war Vorgesetzter im Kloster Stavronikita, bis ihn der innere Ruf nach mehr Ruhe und Betrachtung nach Karoulia führte. Dort vertiefte er sich in das Studium der Heiligen Schrift, in die Bücher der heiligen Väter und widmete sich besonders der Betrachtung des Lebens unseres Herrn Jesus Christus.

Tag und Nacht sann er über die große Liebe Gottes zu den abtrünnigen und undankbaren Menschen nach. Wie Er zu ihrer Rettung den einzigen Sohn opferte, der bereitwillig dieses Opfer auf sich nahm, um durch die Menschwerdung das Menschengeschlecht von der Sklaverei und Sünde loszukaufen. Er vergegenwärtigte sich bildhaft und lebendig die extreme Erniedrigung, die furchtbaren Leiden und Schmähungen, das unsagbare Martyrium, das Er als vollkommener Mensch erlitt; ebenso auch die Liebe, die Er bekundete, bekundet und immer bekunden wird gegenüber dem undankbaren Menschen.

Geron Philaretos bewunderte die Freude und den Frieden des Geistes, mit dem unser Herr Jesus Christus die Herzen der Menschen erfüllte, als Er nach Seiner herrlichen Auferstehung den Jüngern erschien und zu ihnen sagte:
„Empfanget den Heiligen Geist!“ (Joh 20,22)
„Frieden hinterlasse ich euch, meinen Frieden gebe ich euch.“ (Joh 14,27)
So bereitete Er durch Sein Einhauchen die Wohnung des reinigenden Heiligen Geistes und des Gottes, wie Er selbst sagt:
„Der Helfer aber, der Heilige Geist, den der Vater in meinem Namen senden wird, der wird euch alles lehren und euch an alles erinnern, was ich euch gesagt habe.“ (Joh 14,26)
Geron Philaretos betrachtete den Menschen als ideale Wohnstätte des dreieinigen Gottes, die der Herr selbst in der Heiligen Schrift erwähnt:
„Wenn einer mich liebt, wird er mein Wort bewahren, und mein Vater wird ihn lieben, und wir werden zu ihm kommen und Wohnung bei ihm nehmen.“ (Joh 14,23)
Von diesen geistigen Betrachtungen wurde sein Herz erwärmt, und die Flamme der heiligen Liebe wurde in ihm entfacht. Er gab sich mit ganzer Seele dem geistigen Gebet hin. Sein Herz war erfüllt mit Liebe zu allen Brüdern, zu allen Menschen, zur ganzen sichtbaren und unsichtbaren Welt.

Von dieser Liebe beseelt, wollte er auch auf praktische Art und Weise seinen Brüdern helfen. Er pflanzte auf dem kargen Boden Kartoffeln an. Wegen des Wassermangels blieben sie klein, waren aber sehr schmackhaft. Er bot sie alle den

Asketen an und behielt selbst keine einzige. Das gleiche machte er auch mit dem Kohl und dem Salat. Er verteilte alles unter den Vätern, eingedenk der Worte des Herrn, der gesagt hat: „Geben ist seliger als Nehmen." (Apg 20,35)
So ging er zu allen Eremiten, verteilte den Kohl und die Kartoffeln, brachte ihnen den Zwieback, der vom Kloster geschickt wurde, und sagte: „Nehmt, Brüder und Väter, eßt von dem Segen und den Geschenken, die uns heuer Gott gemacht hat."
Er selbst aß Kaktusfeigen, die in Karoulia wild wachsen. Er zerrieb sie samt den Dornen, vermischte sie mit Kleie, aß sie einmal roh und einmal wieder gekocht. Das war für ihn die ideale Nahrung.
Philaretos trug nie Schuhe, er ging auf dem harten, steinigen Boden immer barfuß. Seine Fußsohlen waren hart wie ein Schildkrötenpanzer.

Geron Philaretos war der Gottesmutter sehr ergeben. Wenn er ihre Hymnen hörte, rannen ihm die Tränen über die Wangen. Als man ihn nach dem Grund fragte, antwortete er:
„Wenn ich die Brüder singen höre, wird mein Sinn vom Irdischen zum Himmlischen getragen, und ich habe den Eindruck, daß ich die Engel Gottes singen höre. Dann freut sich meine Seele, und vor Freude füllen sich meine Augen mit Tränen.
Es gibt aber auch Tage, an denen ich meine Sündhaftigkeit spüre, und ich weine, weil ich nicht mit diesen Engeln Gottes auf Erden singen kann. Dann rinnen wieder die Tränen, und ich denke, wenn ich mit diesen Brüdern auf Erden nicht mitsingen kann, wie werde ich die Gnade erlangen, Gott mit den himmlischen Engeln zu lobpreisen?
Wegen all dieser Gedanken, Bruder, rinnen aus meinen Augen Tränen, Tränen der Freude und der Traurigkeit. Ich fange dann inwendig an, den allerheiligsten Namen unseres Gottes zu lobpreisen." (52)

Als Geron Philaretos achtzig Jahre überschritten hatte, kam nach den Jahren harter Askese die natürliche Schwäche. Sein Körper wurde kraftlos, aber seine Seele und seine Bereitschaft zum geistigen Leben wurden stärker. Es war, wie der Apostel sagte:
„Mag auch unser äußerer Mensch altern, unser innerer erneuert sich Tag für Tag." (2 Kor 4,16)
„Und wir wissen, wenn unser irdisches Zelt abgebrochen wird, daß wir einen festen Bau von Gott erhalten, eine ewige Wohnung im Himmel, nicht von Menschenhand erbaut." (2 Kor 5,1)

Eine Prüfung im hohen Alter

Einige Jahre vor dem Abgang des Geron Philaretos aus dieser Welt, stahl ihm ein Dieb alles, was er in seiner Hütte besaß, auch die Bücher der heiligen Väter, aus denen er täglich las.
Die Polizei verhaftete den Dieb in Thessaloniki. Als sie ihn verhörten, behauptete er, der Geron hätte ihm die Bücher verkauft. Da sie bereits archäologischen Wert besaßen, erstattete die Polizei Anzeige gegen den Geron, und er mußte als Angeklagter vor Gericht erscheinen.
Die Brüder der Danieliden erfuhren diese traurige Angelegenheit und besorgten ihm die notwendige Bekleidung. Schließlich begleitete ihn einer aus der Bruderschaft nach Thessaloniki bis zum Gerichtssaal.
Der Geron erschien zur Verhandlung ohne Rechtsbeistand. Die Sache des Diebes aber wurde von einem erfolgreichen Anwalt vertreten. Dieser überzeugte den Richter mit seinem gewaltigen Plädoyer, um für die Seite seines Mandanten Stellung zu nehmen. Ein gottergebener Rechtsanwalt, der als Zuhörer anwesend war und den Betrug durchschaute, übernahm kostenlos die Verteidigung des Geron.
Als der einfache und gütige Geron hörte, wie der Anwalt sein Recht verteidigte, wunderte er sich nur und sagte:
„Woher weiß er das alles, was er sagt, dieser gesegnete Mensch?
Es scheint, daß er die Gnade des Heiligen Geistes besitzt, weil er alles genauso sagt, wie es geschehen ist."
Als daraufhin der Vorsitzende des Gerichts Philaretos zum Schwur aufforderte, erhob sich der Geron, ging zum heiligen Evangelium, bekreuzigte sich dreimal und küßte mit Gottergebenheit das Buch mit dem Wort Gottes. Der Vorsitzende forderte ihn dann nochmals mit strenger Miene auf, seine Hand auf die Bibel zu legen und zu schwören.
Daraufhin fragte der Geron den Vorsitzenden, was das für ein Buch sei. Der Vorsitzende erklärte ihm, daß es die Bibel ist, worauf die gläubigen Christen die Hand legen und schwören, um zu bezeugen, daß sie die reine Wahrheit sprechen.

Geron Philaretos sagte dann ruhig, aber bestimmt zu dem Vorsitzenden: „Wenn das Buch das heilige Evangelium ist, wie Sie sagen, dann ersuche ich Sie, das 5. Kapitel, Vers 34, des Matthäus-Evangeliums aufzuschlagen, dort werden Sie wortwörtlich finden, daß geschrieben steht: ‚Ich, Christus, sage euch, ihr habt nicht zu schwören' ... Eure Rede sei vielmehr: Ja, ja - nein, nein. Alles Weitere ist von Übel."

Der Vorsitzende ordnete an, die angeführte Stelle in der Bibel aufzuschlagen. Doch als man die Seite suchte, fehlte dieses Blatt, welches sich auf den Schwur bezog. Geron Philaretos, der Diener und Bote der Wahrheit, ergriff mutig das Wort: „Herr Vorsitzender, mit der Gnade Gottes bemühen wir uns, das zu halten, was das heilige Evangelium unseres Herrn Jesus Christus bestimmt. Wie können wir als echte Christen Sein göttliches Gesetz verletzen, um Gebote der Menschen zu befolgen? In diesem Fall sind das Ihre Gebote. Schwören Sie selbst auch, Herr Vorsitzender? Es tut mir leid, dann sind Sie Christ nur dem Namen nach, denn Sie halten nicht die Gebote Christi."

Wegen der Verweigerung des Schwures wurde der Geron für schuldig befunden und zu neun Monaten Gefängnis verurteilt.
Er nahm die Verurteilung mit Freude an und war bereit, ins Gefängnis zu gehen. Aber die anwesenden Zuhörer waren so empört über das ungerechte Urteil, sodaß sie die Strafe durch eine spontane Spendenaktion dem Gericht bezahlten.

So kehrte der Geron, einerseits von der menschlichen Gerechtigkeit ungerecht behandelt, andererseits als Kämpfer und Sieger für die Wahrheit, in seine asketische Hütte nach Karoulia zurück.
Vater Daniel fragte ihn: „Wie war es in Thessaloniki, Geron? Wie hast du die Welt gesehen? Was geschah bei Gericht?"
Geron Philaretos antwortete mit frohem Gesicht und mit seinem gewohnten Lächeln: „Mein Bruder, die ganze Welt läuft und bemüht sich um ihre Rettung mit Ausnahme von mir, dem Sünder."
Er sagte nichts weiter und zog sich zurück. (53)*

Kurz vor seinem Tod bat Geron Philaretos die beiden hervorragenden Sänger, die Danieliden Akakios und Daniel, zu seiner Hütte zu kommen, um ein letztes Mal gemeinsam die Hymnen zur Verherrlichung Gottes zu singen. Sie verehrten und liebten Vater Philaretos und kamen mit großer innerer Freude und Ergebenheit, um seinen Segen zu empfangen.
Sie sangen innigst das „Panagia Despoina", das „Mi katapistevsis me" („Handle nicht gegen meinen Glauben"), dann „Die Väter vom Athos" und weitere schöne Athoshymnen.

* Nach persönlicher Mitteilung von Geron Daniel ereignete sich der Vorfall im Jahre 1957. Geron Philaretos starb 1964.

Dem Geron flossen vor Freude die Tränen die Wangen hinunter.
Er verherrlichte mit lauter Stimme Gott und dankte der Gottesmutter Maria.

Zum Abschluß kniete er sich nieder und sprach sein inniges Gebet an den Herrn Christus, indem er sagte:
„Behüte, mein Gott, diese Engel der Wüste, die Bruderschaft der Danieliden. Beschütze, mein Christus, all die Mönche, die aus Liebe zu Dir die Welt verließen und alles, was zur Welt gehört, die den falschen Reichtum der Erde hassen und die bestrebt sind, die Verheißungen des künftigen Lebens, die ewigen Dinge, zu genießen, wie Du durch den Apostel Paulus sagtest: ‚Was kein Auge geschaut, kein Ohr gehört hat, was kein Menschenherz sich je gedacht, das hat Gott denen bereitet, die ihn lieben.' (1Kor 2,9)
Diese Mönche, die mit Kraft und Gnade zu diesem heiligen Ort, dem Agion Oros, gekommen sind, beschütze sie vor den Irrtümern und den Schlingen Satans. Aber nicht nur sie, sondern all diejenigen, die Zuflucht in diesem Hafen gesucht haben, welcher Garten der Panagia heißt. Schenke ihnen einen nüchternen Geist, Reinheit und Keuschheit des Herzens und das Seelenheil der ganzen Welt. Ich danke Dir, mein Gott." (54)

Die letzten russischen Asketen Vater Seraphim und Vater Nikodemus

Unvergeßlich bleiben die Begegnungen. Mit großer Dankbarkeit darf ich ihrer gedenken.

Vater Seraphim, ein Russe, kam 1941 im Alter von 36 Jahren auf den Heiligen Berg. Er lebte zwölf Jahre in einer Höhle im steilen Felsabhang von Karoulia. Im Jahre 1980 war es ein Abschied für immer, denn ein Jahr später blieb die Tür verschlossen, er war bereits zu den Vätern heimgekehrt (Abb. oben).

Vater Nikodemos war 1983 97 Jahre alt. Er war Offizier in der Armee des Zaren gewesen und war im Jahr 1920 zu Fuß von Rußland nach Karoulia gepilgert. Er ist Russe, trägt das Kreuz auf der Brust: „Jesus Christos nika", der Herr siegt. Das gibt Sicherheit und Ruhe im Herzen (Abb. rechts).

1984 stand ich an seinem Grab vor seinem Haus. Er starb an einem Karsamstag, an dem Tag, an welchem Christus das Totenreich betrat und den Tod für immer entmachtete. Unvergeßlich ist der einmal erlebte Auferstehungsjubel der Ostkirche:

„Christus ist auferstanden von den Toten,
hat durch den Tod den Tod überwunden
und denen im Grabe das Leben geschenkt."

Ein Leben, das kein Ende mehr kennt, das kraftvoller ist als das uns aus der Erfahrung bekannte Leben. Der Athonite ist auf ein Leben ausgerichtet, das nicht endet, das nicht verfällt, nicht gefangen ist in den Fesseln des Vergänglichen. Der Tod bedeutet dem Athoniten nicht Abbruch, sondern Beginn.
Auf dem Grabkreuz steht die Inschrift:
„Hier ruht der Diener Gottes, der Mönch Nikodemos aus Rußland, 98 Jahre. Er hat den alten Adam ausgezogen und Christus angezogen. April 1984."
Karoulia wird seit dem Heimgang des letzten russischen Starez Nikodemos im Jahre 1984 noch von zwei serbischen und zwei griechischen Mönchen bewohnt. In der ersten Hütte oberhalb des kleinen Hafens lebt der serbische **Mönch Simeon,** der den beiden letzten Russen, Vater Seraphim und Starez Nikodemos, selbstaufopfernd diente (Abb. unten).

In dieser Hüte lebten als Asketen auch der russische Mönch Innokentios und der Prinz, Vater Parthenios. Ein besonderer Wohlgeruch umgibt seine Hütte. Simeon stellt Weihrauch her und liefert ihn nach Dafni. Als ich ihn das letzte Mal dort traf, verteilte er seine Wegzehrung - eine Handvoll Kirschen - an die neuankommenden Pilger.

Die nächste Hütte wird vom Serben **Ieromonachos Papa Stephanos** (Abb. auf Seite 215) bewohnt. Hier lebte vor dem Krieg Geron Sophronios, der Verfasser der Biographie des hl. Starez Siluan. Vater Stephanos baute eine kleine Kapelle zu Ehren des hl. Sava, des Erzbischofs von Serbien. Täglich um Mitternacht läutet er die Glocke und weckt die Nachlässigen.

Etwas weiter oberhalb baut der griechische Mönch **Chariton** an seiner Hütte.
Er ist Holzschnitzer und ein ausgezeichneter Photograph. Seine einzigartige Bilddokumentation von den Mönchen sucht einen Aussteller.

Weltentsagung heißt nicht Verneinung der Welt!
Mönchische Einsamkeit heißt für den hl. Basilios nur Loslösung von den Zerstreuungen der Welt, die von Gott wegführen, keineswegs Abkehr von den Mitmenschen! Entsagung von den irdischen Gütern und dem Ruhm dieser Welt. Absage an die falschen Begierden der menschlichen Natur und ihre irdischen Bindungen. Nicht Abtötung des Leibes, sondern Überwindung und Verklärung.

Karoulia, im Felsgestein der Südküste (Abb. rechts).

Ein Ort der Ruhe und Versenkung. Hingabe an die Stille, um den tiefen Schichten im eigenen Wesen das Wort zu lassen.

Zu den unvergeßlichen Athoserlebnissen gehört die überaus gastfreundliche Aufnahme bei den Vätern Maximos und Basilios in ihrem Haus bei der Kirche der Skiti Agios Basilios. Ein wahrhaft beschaulicher Ort, wo sich Himmel und Erde berühren. Ihre herzliche Gastfreundschaft läßt den Himmel schon hierorts erleben.
Der strahlende Vater Basilios beschreibt ausdrucksvoll und überzeugend die direkte Himmelfahrt der orthodox Getauften von diesem Ort.

Skiti des hl. Basilios

Im Schutze des Berges Karmel, in ruhiger, abgeschiedener Hochlage, verbergen sich die einzelnen Hesychasterien der Skiti Agios Basilios. Nach der Überlieferung waren es erstmals Asketen aus Kaisáreia in Kappadokien, die ihr Kyriakon und die Skiti dem hl. Basilios, dem Himmelsoffenbarer, geweiht haben. Der natürliche Vorteil der Skiti ist das äußerst trockene Klima. Der geistige Vorteil ist die Ruhe, die das Innere der Seele reinigt. Als Hütten dienten den Eremiten bis in die Zeit des Vaters Gerasimos die „Gidokalybes", die Ziegenhütten. Sie waren sehr niedrig und bestanden aus einer Steinmauer mit dem natürlichen Fußboden aus Erde und Gestein und einem Blechdach.

In dieser wilden, majestätischen Landschaft lebte zwei Jahre der berühmte russische Asket Paisij Welitschkowskij, der die „Philokalia" der heiligen neptischen Väter ins Russische übersetzte. Wahrscheinlich fand er keinen ruhigeren Ort auf dem Athos als diese gesegnete Skiti.
Hier lebten große Kämpfer des geistigen Lebens, wie der neptische Lehrer des geistigen Gebets Barnábas und die Rumänen Martinianós, Ionas und Theophylaktos. Die meisten Eremiten übten als Handwerk die Holzschnitzerei aus. Sie stellten Kämme, Löffel und Brieföffner her.
Geron Martinianós lebte von den Almosen der anderen Brüder. Wenn man ihm einen „Segen" gab, das heißt ein wenig Essen, bedankte er sich immer auf die gleiche Art und Weise: „Gott erbarme sich deiner! Wie ist dein Name? Wie ist der Name deines Vater und deiner Mutter?" Er fragte nach den Namen, damit er sie in seinem Gebet erwähnen konnte.
Geron Ionas war ein Gelehrter, ein Absolvent der technischen Hochschule, der im hesychastischen und neptischen Klima der Wüste von Agios Basilios Bücher des hl. Nikodemos und von den anderen Vätern ins Rumänische übersetzte.

Geron Theophylaktos war eine heilige Gestalt im Reigen der Himmelsbürger der Skiti. Man erzählt über ihn, daß sich einmal ein verletztes Reh in der Nähe seiner Hütte niederlegte. Er näherte sich ihm und sprach voller Mitleid zu ihm wie zu einem Menschen: „Laß mich dein gebrochenes Bein schienen und verbinden, damit es heilen kann."
Das Reh gehorchte und blieb ganz ruhig liegen. In seiner Liebe zur gesamten Schöpfung und seiner Barmherzigkeit nahm der Geron zwei Schilfrohre und einen Streifen Stoff, womit er das gebrochene Bein des armen Geschöpfes

schiente. Dann streichelte er es liebevoll und sagte zu ihm: „Geh jetzt mit dem Segen der Panagia. In dreißig bis vierzig Tagen sollst du wiederkommen, damit ich dir den Verband abnehmen kann."
Tatsächlich wurde diese Frist nicht überschritten, und das Reh kam wieder zur Hütte des Geron. Er nahm ihm den Verband ab, und das Bein war geheilt.
Als der Geron starb, glänzte sein Angesicht wie das eines Engels. Es war das Ende eines Heiligen.
In dieser gesegneten Skiti lebte auch viele Jahre Geron Iosif Spiliotis, der Hesychast. Die kleine Gefolgschaft unter seiner geistlichen Führung lebte in strenger Askese. Alle Liturgien und Akolouthien wurden mit der Gebetsschnur und dem unablässigen Jesusgebet verrichtet.
Eine unerläßliche Voraussetzung für das Gebetsleben ist das Fasten. Aus diesem Grund ernähren sich die Eremiten mit einfacher natürlicher Nahrung, wie Zwieback, Gemüse, Kräutern und etwas Hülsenfrüchten.

Vater Gerasimos lebte fünfzehn Jahre in der Wüste von Agios Basilios. Da sein Körper durch zahlreiche Krankheiten geschwächt war, verordnete ihm Geron Iosif, täglich Bohnen zu essen. Daraufhin beschwerte sich Gerasimos: „Geron, ich werde sterben, ich kann nicht immer Bohnen essen." Geron Iosif entgegnete ihm: „Wir sind hierher gekommen, um zu sterben, verzage nicht." Verwundert berichtete Vater Gerasimos, daß ihm nichts passierte. Es ist ihm sogar gesundheitlich besser gegangen.
„Es ist eine andere Kraft, die in solchen Fällen wirksamer ist. Das ist die Kraft des Gehorsams. Sie ist der Kraft der Vernunft überlegen", sagte er, als er über die wunderbaren Ergebnisse erzählte, die das Gebet der Gerontes bewirkte.

Mönch Gerasimos Menagias, der Chemiker

Vater Gerasimos war in seinem weltlichen Leben diplomierter Chemiker. Als erfolgreicher Unternehmer erkannte er auf dem Höhepunkt seiner Karriere die Nichtigkeit von Geld und Besitz. Er wandte sich ab vom Ruhm und der Herrlichkeit dieser Welt und tauschte die prunkvollen Häuser von Athen gegen die Höhlen und Ziegenhütten der Wüste.
Viele Jahre seines Lebens wandelte er auf den Spuren des verlorenen Sohnes gemäß dem Gleichnis aus dem Evangelium. Er verschwendete den ganzen Reichtum seiner Seele in einem zügellosen Leben, bis eine große Hungersnot über das Land kam. Jenes Land war Europa, wo er seine langjährigen Studien betrieb.

Europa, wo eine besondere geistige Hungersnot herrschte und herrscht, mit einer Fülle materieller Güter der Technologie, gesättigt von Habgier und Korruption. Aber die Wahrheit kam ans Licht, und die Gnade leuchtete auch für diese gequälte Existenz. Er kam zur Besinnung, und sein tiefer Sturz wurde ihm bewußt. Das ehemals ungehorsame Herz, das in der Ausschweifung hin und her getrieben wurde wie in einem bacchantischen Tanz, unterwarf sich den Zügeln des erleuchteten Sinns. Er stand auf und kehrte um. Er fiel zu Füßen seines Vaters und sagte:

„Ich begehre nicht mehr die Reichtümer der Erde,
Du bist mein Schatz und Du wirst es immer sein,
sowohl in diesem Leben als auch in der Ewigkeit.
Mein Christus, ich übergebe Dir mein Herz und meinen Willen.
Laß mich erkennen, was Du von mir verlangst.
Ich bin bereit, es mit der Hilfe Deiner Gnade zu vollbringen.
Übernimm meine Führung! Ich stimme allem zu,
was Deine Gnade mir senden mag.
O mein Gott, Du hast mich so geliebt, daß Du für mich gestorben bist.
Ich liebe Dich aus der Tiefe meines Herzens.
Ich liebe Dich mehr als mich selbst.
Ich lege meine Seele in Deine Hände.
Von heute an verzichte ich auf die Bestrebungen und die Liebe dieser Welt.
Ich verlasse mein Werk und übergebe mich Dir,
meinem Schöpfer, wegen Deines heiligen Leidens.
Nimm mich auf und bewahre mich treu bis in den Tod.
Von jetzt an, mein Jesus, begehre ich nichts anderes, als für Dich zu leben.
Ich möchte um nichts anderes bitten als um Deinen Willen.
Hilf mir durch Deine Gnade!
Und du, Panagia, Gottesmutter, meine Hoffnung,
versage mir nicht, so flehe ich, Deinen Schutz."

Es ist das Gebet des nach dem wahren Leben dürstenden Jünglings. Es ist ein Aufschrei zu seinem Vater, der das Ende des alten Lebens markiert und gleichzeitig den Beginn der neuen Schöpfung in ihm.

Das war das Gebet des Spiridon Menagias, des späteren Mönchs Gerasimos, eines Vorbilds der echten, durch Taten bezeugten Reue.

An der Front der Liebe

Während der deutschen Besatzung diente Vater Gerasimos als Dolmetscher in Karyais und am Beobachtungsposten in der Nähe der rumänischen Skiti Prodromou. Seine ausgezeichneten Deutschkenntnisse und seine tugendhafte Persönlichkeit waren dem Heiligen Berg von großem Nutzen.

Mit dem Segen der Heiligen Gemeinde übersetzte er einen Brief an Hitler, worin die Väter ihn baten, den Heiligen Berg unter seinen Schutz zu stellen, und in dem sie zuerst die Einzigartigkeit des jahrhundertelangen Mönchbürgertums auf dem Athos hervorhoben sowie die Vorliebe der Asketen für ein ruhiges Leben in Gebet und Fasten.

Vater Gerasimos wurde durch die göttliche Vorsehung zum Dolmetscher bestellt, und er war sich seines Auftrages voll bewußt. Sein Hauptanliegen war, die Privilegien des Heiligen Berges in dieser prüfungsreichen Zeit sicherzustellen. Er rettete mehrere Väter, die angezeigt worden waren, indem er bei den Deutschen intervenierte und zu ihnen sagte: „Wie können Sie diese Menschen Gottes als Saboteure verdächtigen?"

Eine der schmerzlichsten Folgen der deutschen Besatzung war die Lebensmittelknappheit danach. Es betraf vor allem die armen, mittellosen Asketen, die kein Mehl gespeichert hatten und absichtlich in Entbehrung lebten, sorglos wie die fliegenden Geschöpfe des Himmels. Für diese demütigen Geschöpfe Gottes, für diese Wüstenvögel des Geistes, schrieb Vater Gerasimos an Vater Theodosios, der damals als Verwalter des Versorgungsministeriums in Karyais eingesetzt war, das Mittellosen und Kranken Hilfe zur Verfügung stellte. Da er besorgt war, daß er wegen des Mangels an Nahrungsmitteln abgewiesen werden könnte, schrieb er am 5.11.1946 an Vater Theodosios einen wunderbaren Brief:
„Ich habe Deinen freundlichen Brief vom 1.d.M. erhalten, und ich habe mich sehr gefreut, da ich Deine Sehnsucht feststellte, soweit es von Dir abhängig ist, die armen Brüder und Väter des Agions Orous zu versorgen. Die Väter haben bereits begonnen, die Lebensmittelknappheit zu verspüren ... Den Wink, den Du in Deinem Herzen verspürt hast, glaub mir, Bruder, der ist von unserer Beschützerin, von der Herrin Gottesmutter, die bis zum heutigen Tag unsere Ernährerin gewesen ist. Du schreibst mir, daß es Dir lieber wäre, in Abgeschiedenheit über Deine Sünden zu weinen, als die Sorgen und die Verantwortung für die Hilfe der ande-

ren auf Dich zu nehmen. Erinnere Dich daran, und ich bin sicher, daß Du das selbst besser weißt, es gibt kein besseres Heilmittel, um unsere Sünden zu sühnen, als die Wohltätigkeit. Der hl. Johannes Chrysostomos lehrt uns mit den Worten: ‚Auch, wenn du viele Sünden hast, ist die Wohltätigkeit dein Verteidiger.' Und wiederum: ‚Gib den Armen, auch wenn du schweigst, werden zehntausende Münder für dich sprechen.' Und wiederum: ‚Die Wohltätigkeit erlöst die Seele.'
Viel Liebe, Barmherzigkeit und gute Früchte wünscht Vater Gerasimos allen Armen und Mittellosen, den rumänischen Vätern der Skiti Prodromou, den Asketen von Bigla und von Kavsokalybia."
Sehr oft unterzeichnete er mit der charakteristischen Unterschrift „Gerasimos der Mönch, der nicht allein ist."

Vater Gerasimos war als Dolmetscher zwischen der Skiti Agios Basilios und dem Kloster Megisti Lawra viel unterwegs. Nach einigen Jahren erbat er sich vom Kloster die Zelle in der Höhle des hl. Athanasios. Dort lebte er als Hesychast und harrte ohne Murren in seinen Schmerzen, die sich nach vielen Krankheiten dauernd verschlimmerten, mit großer Geduld aus. Die Anwesenheit im Geiste des hl. Athanasios, des Beschützers und liebevollen Vaters aller Agioriten, stärkte den neuen Bewohner in seinen harten und übermenschlichen Kämpfen.

In dieser Höhle besuchte ihn eines Tages Vater Theóklitos aus Dionysiou. Es war Winter, aber ein sonniger Tag. Er fand Vater Gerasimos vor der Höhle, wie er sich gerade aufwärmte. Unter anderem erzählte er ihm das folgende Ereignis:
„Es hatte sehr viel geschneit, mein Bruder, und ich saß in der Höhle drinnen. Plötzlich hörte ich einen kleinen Vogel andauernd zwitschern. Er war derart unerklärlich beharrlich, daß ich mich gezwungen sah, aus der Höhle herauszugehen. Genau in dem Moment, als ich aus der Höhle heraustrat, um festzustellen, warum dieses fliegende Geschöpf des Himmels so viel Lärm machte, fiel ein großes Felsstück von der Decke der Höhle herab. Wenn ich drinnen geblieben wäre, hätte es mich erdrückt. Ich verherrlichte Gott und unsere Panagia für ihren Schutz und ihre Obhut."

Mit der Panzerung des Ausharrens und der Geduld

Nur derjenige, der den Heiligen Berg besucht, wird die Bedeutung der Tugend des Ausharrens und der Geduld verstehen können. Dem frisch geweihten Mönch geben die agioritischen Väter den lakonischen Glück- und Segenswunsch mit auf den Weg:
„Kali ypomoni!" - „Gutes Ausharren!"
Wenn sie sich unterhalten, schmücken sie immer ihr einfaches Gespräch mit dem Sinnspruch: „Ypomoní, káne ypomoní!" - „Sei geduldig!"
Wenn sie Wasser trinken, bekreuzigen sie sich und äußern wieder diesen beliebten Wunsch. Sogar die Maultiere, diese unerläßlichen Transportmittel, werden aufgefordert, geduldig zu sein, wenn sie von den Agioriten beladen werden.

Der hl. Isaak der Syrer schreibt in seiner 46. Rede:
„Alle Unglücksfälle und Drangsale, bei denen kein Ausharren bekundet wird, bedeuten eine doppelte Qual, denn das Ausharren und die Geduld des Menschen entfernen die Bitterkeit der Drangsale, während das Verzagen die Mutter des Strafgerichts ist. Das Ausharren ist die Mutter des Trostes und der Stärke, die ihr charakteristisches Merkmal darin haben, von der Großherzigkeit erzeugt zu werden. Es ist äußerst schwierig, daß der Mensch diese Stärke in seinen Drangsalen findet, außer durch jene göttliche Gabe, die durch die beharrliche Pflege des Gebets: ‚Herr Jesus Christus, erbarme Dich meiner' ... erreicht wird."

Alles auf dem Heiligen Berg erinnert an das Ausharren. Die langen Akolouthien, die Nachtwachen, der Dienst, das Handwerk, der Kampf mit den Dämonen, die Prüfungen durch die Menschen, das Kreuz des Gehorsams und der Krankheit. Alles dient zur Übung in dieser wertvollen Tugend.

Das geduldige Ausharren im Kreuz der Krankheit war für Vater Gerasimos das tägliche Brot. Er bekundete eine hiobsähnliche Geduld. Das bewunderungswürdigste an ihm war, daß er das Ausharren mit der Lobpreisung des Schöpfers und Wohltäters verband. Er dankte Gott für die Krankheit. Er schrieb: „Aber nachdem Gott es wegen meiner Sünden zugelassen hat, möge Sein heiliger Name gepriesen sein."

In einem Brief an einen jungen Theologen schrieb er über den Sinn der Versuchungen in unserem Leben:

„Gott läßt in seiner Allgüte die Versuchungen zum Nutzen unserer Seele zu und sorgt dafür, daß sie nicht über unsere Kräfte hinausgehen. Wir sollen also den Herrn darum bitten, uns Geduld und Ausharren in den Drangsalen zu schenken und uns zu stärken, damit wir schwache Wesen Seinen heiligen Willen erfüllen. Das bewirkt immer eine Läuterung der Seele.
Da wir also wissen, daß uns diese Versuchungen mit der Erlaubnis Gottes heimsuchen und daß sie sogar zu unserem seelischen Nutzen zugelassen werden, sollen wir uns freuen, indem wir erkennen, daß diese Dinge der Liebe des himmlischen Vaters entstammen. Sie dienen zur Behandlung und vollständigen Heilung unserer kranken Seele.
Auch der Apostel Jakobus spornt uns an, uns über die Versuchungen zu freuen, indem er sagt: ‚Seid voll Freude, meine Brüder, wenn ihr in mancherlei Versuchungen geratet.' (Jak 1,2)
Ein Heiliger sagt: ‚Wenn du krank bist, dann sollst du sagen, selig ist derjenige, der für würdig erachtet wurde, von Gott geprüft zu werden zur Gesundheit seiner Seele.'
Auch der hl. Petros aus Damaskus sagt: ‚Wir sind verpflichtet, Gott zu danken, denn er gab uns die Krankheit als eine Krone der Geduld."
Das Vertrauen in die göttliche Vorsehung wurde zu einem festen Bestandteil im Leben des Vaters Gerasimos. In einem Brief vom 1.10.1953 aus dem Kloster Agiou Pavlou gibt er die folgende Erklärung bezüglich der wohltätigen Vorsehung des allmächtigen Pantokrators: „Möge der allgütige, himmlische Vater verherrlicht werden, der viele Mittel und verschiedenartige Situationen zuläßt, um uns Undankbare zu retten und uns zu helfen, in sein himmlisches Reich zu gelangen. Auch meine Herzkrankheit darf zu diesen Dingen gezählt werden. Aber da seine Güte und seine Barmherzigkeit unendlich groß sind, gibt er uns zusammen mit der Versuchung auch die Kraft, sie zu bestehen."
Athanasios der Große fragte den hl. Nifon: „Vater, ist die Krankheit dem Menschen von Nutzen?" Und der hl. Nifon entgegnete ihm: „Genauso wie das Gold sich der Schlacke entledigt und rein hervorgeht, wenn es im Feuer geschmolzen wird, so entledigt sich der Mensch seiner Sünden, wenn er in seiner Krankheit Gott dankt."

Der Leib Gottes vergöttlicht und ernährt mich

Der gesamte göttliche Eros des Vaters Gerasimos zum geliebten Jesus fand seinen Höhepunkt durch das unablässige Gebet im Sakrament der heiligen Eucharistie, durch welches wir Teilhaber der göttlichen Natur werden.
In einer Rede, die er über die Eucharistie schrieb, nennt er sie das Sakrament der Liebe Christi und die Schatzkammer aller göttlichen Schätze:

„Unser Retter Jesus Christus wußte, daß die Stunde Seines Opfers gekommen war und wollte uns unmittelbar vor Seiner Passion den größten Beweis Seiner Liebe hinterlassen. Aus diesem Grund schenkte Er uns das große Sakrament der heiligen Eucharistie.
Der Ausdruck dieser Liebe, wie sie sich in den letzten Augenblicken vor Seinem Tod offenbarte, bewirkt immer einen tiefen Eindruck in den Herzen der Menschen und ist ganz besonders wertvoll. Die Menschen vererben durch ihre Testamente gewisse Gaben und Gegenstände an Personen, die sie besonders lieben, als ein Andenken der Liebe, die sie ihnen gegenüber hegten. Aber was hast Du, o mein Jesus, als Du von dieser Welt weggegangen bist, als Andenken an Deine Liebe uns hinterlassen? Du hast uns Dich selbst hingegeben. Du hast uns Deinen Leib, Dein Blut, Deine Seele und Deine Göttlichkeit hinterlassen. Mit einem Wort, Dein ganzes Wesen ohne irgendeinen Vorbehalt. Deshalb hat ein Heiliger mit gutem Grund dieses Mysterium als „Sakrament der Liebe“ bezeichnet. Denn Liebe allein war die Eigenschaft, die Jesus dazu führte, Sein ganzes Wesen uns zu schenken.

Im Falle, daß wir irgendeinen Zweifel bezüglich Seiner Liebe hegten, finden wir in diesem Sakrament den größten Beweis Seiner Liebe, als ob der Erlöser sagen würde: ‚Seelen, achtet auf dieses Sakrament! Denn in diesem gebe Ich mich euch ganz.‘

Ein Heiliger nannte dieses Sakrament: ‚Liebe über jeder anderen Liebe.‘ Denn diese Gabe beinhaltet alle anderen Gaben des Herrn. Das heißt die Gaben der Schöpfung, der Erlösung und der ewigen Herrlichkeit. Denn die heilige Kommunion ist nicht nur ein Beweis der Liebe Christi, sondern sie ist auch eine Garantie, daß wir das Himmelreich empfangen werden.
Als Jesus das erste Mal zu seinen Jüngern über dieses Sakrament sprach, konnten einige von ihnen es nicht glauben und distanzierten sich von Ihm mit den Worten: ‚Wie kann dieser uns sein Fleisch zu essen geben?‘

Trotzdem verwirklichte die außerordentliche Liebe Christi das, woran die Menschen nicht einmal denken, geschweige denn glauben können. Er sagte zu Seinen Jüngern: ‚Nehmt und eßt!' Und durch Seine Jünger sagte Er das uns allen. Er spornt uns an, indem Er auch den Eintritt in Sein Reich verspricht: ‚Wer mein Fleisch ißt und mein Blut trinkt, hat ewiges Leben!'

Aber warum ist es der Wunsch Jesu, daß wir Ihn durch die heilige Kommunion empfangen? Weil die Liebe unsere Vereinigung mit Seiner Gottheit wünscht. Durch die heilige Kommunion vereinigt sich Jesus Christus mit der Seele, und auch die Seele vereinigt sich mit Ihm. Diese Vereinigung ist durchaus wirklich. Jesus Christus bietet sich in diesem Sakrament als Nahrung an, um sich mit den Herzen der Gläubigen zu vereinigen. Jesus wollte in seiner grenzenlosen Liebe, daß wir mit Ihm zusammen ein einziges Wesen bilden. O Du göttlicher Bräutigam unserer Seelen, Du wolltest durch das Sakrament der Liebe, daß Dein Herz und unser Herz zu einem einzigen Herzen unzertrennlich vereint werden.
So wie Jesus Christus die Vereinigung mit uns sucht, so sollen auch wir, durch die Liebe angetrieben, an der heiligen Kommunion teilnehmen, nachdem wir vorher bei unserem geistigen Vater die Beichte abgelegt haben.

Nichts in dieser Welt ist so nutzbringend wie die heilige Kommunion. Der ewige Vater setzt in dieser Hinsicht Jesus Christus als denjenigen ein, der alle göttlichen Schätze zu seiner Verfügung hat und verwaltet. Wenn also Jesus in der heiligen Kommunion zur Seele kommt, bringt er unendliche Schätze der Gnade mit sich, sodaß nach der heiligen Kommunion jeder einzelne sagen kann: ‚Alles Liebe und Gute ist durch dieses Sakrament zu mir gekommen.'

Der hl. Dionysios lehrt, daß das Sakrament der heiligen Eucharistie das wirksamste Mittel zur Heilung der Seelen ist. Durch die heilige Kommunion werden wir von den kleineren Übertretungen und Sünden befreit und vor der Todsünde beschützt.

Dieses Sakrament entfacht in unserer Seele die göttliche Liebe. Gott ist die Liebe. Er ist das Feuer, das in unserem Herzen jede lieblose Neigung verzehrt. Jenes Feuer der göttlichen Liebe, das Jesus Christus auf die Erde brachte, bezweckt nichts anderes, als daß es unsere Herzen entflammt, durch die göttliche Liebe wirken kann. Die heilige Kommunion zieht uns soweit in die Liebe, sodaß wir nach Empfang des Sakramentes auf die Dämonen furchteinflößend wirken.

Einige sagen, ich empfange selten die heilige Kommunion, denn ich verspüre nur eine geringe Liebe zu Gott in mir. Wieso kannst du dich von diesem göttlichen Feuer entfernen, wenn du kalt bist? In diesem Fall solltest du sehr oft dieses Sakrament empfangen, wenn es wirklich dein Wunsch ist, Jesus Christus zu lieben. Gerade wenn jemand krank ist, braucht er den Arzt. So sollten wir auch hier uns sehr oft zu unserem Seelenarzt begeben, der unsere Seele heilen kann.

Es wird irgendwo erwähnt, daß es zwei Arten von Menschen gibt, die oft die Kommunion empfangen. Die Vollkommenen, um die Vollkommenheit zu bewahren, und die Unvollkommenen, um die Vollkommenheit zu erreichen."

Mönch Gerasimos Menagias (55)

Eremit in Kerasiá (Abb. rechts).

Eremitenparadies Kerasiá

Für Erhart Kästner war die Einsiedler-Alm das „Herzstück des Heiligen Berges", sein liebster Platz geworden. Schon im Jahre 1840 schrieb der Tiroler Jakob Philipp Fallmerayer von diesem „Eremitenparadies", von seiner großartigen Lage, der zauberhaften Szene. Die hier blühenden Kirschbäume gaben dieser Mönchssiedlung ihren Namen. Kerasiá liegt in 620m Höhe an der Südflanke des Athosgebirges, im Westen durch den Berg Karmel geschützt.

Das Eremitenparadies erfordert harte Arbeit. Mannshoch aufgetürmte Steinterrassen schützen die Gärten gegen die Wut der Regenwässer im Frühjahr und Herbst. Oftmals mußte der Humus im Sack auf dem Rücken ins Gärtchen hinaufgeschleppt werden.

Franz Spunda erzählt von seiner Begegnung mit einem der letzten russischen Starzen in Kerasiá im dritten Jahrzehnt des 20. Jahrhunderts, wie er im glühenden Sonnenbrand schwere Steine zur Festigung und zum Schutz der Erde in seinem Garten auftürmte. „Ich half ihm dabei, gab aber nach kurzer Zeit die Arbeit auf, dem Sonnenstich nahe, an allen Gliedern vom Schweiß überströmt. Der siebzigjährige Starez in seiner schwarzen Kutte lächelte nur, als er mich zusammenbrechen sah; ich berührte seinen Körper, er war trocken und hart, kein einziges Tröpfchen war an ihm. Das erschien mir ganz wunderbar, er aber sagte: ‚Das kommt von der leichten Kost. Wir genießen nur Gemüse und Brot, das macht das Blut rein und den Sinn hell. Fleisch aber vergiftet ihn und schafft üble Dünste. Dazu noch der kurze Schlaf und das regelmäßige Gebet, das erhält Leib und Seele gesund. Die Leute in der Stadt vergiften sich durch üppige Kost und zu langen Schlaf. Ich bin jetzt vierzig Jahre auf dem Heiligen Berg und war noch niemals krank. Dieses Jahr geht es uns sieben verhältnismäßig gut, denn die letzte Haselnußernte war so ergiebig, daß wir uns dafür fünf Sack Mehl kaufen konnten. Damit können sieben fastende Männer schon ein Jahr auskommen." (56)

Auch am Ende des 20. Jahrhunderts ist der Materialtransport vom Hafen herauf durch die Schlucht, auf steilen und schmalen Saumpfaden, mit den Tragtieren mühsam und gefährlich. Doch die geschützte Lage der Alm belohnt die Mühe. Betritt man Kerasiá im September, atmet man den süßen Wohlgeruch der reifen Früchte.

Auch dieser gesegnete Ort lebt durch die Begegnungen mit seinen Mönchen. Ein wahrhaft gastfreundliches Haus ist die Bruderschaft mit Ieromonachos Maximos im Kellion „Isodia tis Theotokou".
Hier wurde so mancher erschöpfte Pilger an Leib und Seele gestärkt. Trotz der vielen Arbeit ist hier immer Zeit für ein Gespräch. Als ich nach meinem ersten Besuch den Weg zu den Danieliden nach Katounakia weiterging, erkundigte sich abends Mönch Parthenios telefonisch, ob ich gut angekommen sei. In der Folge erinnerten sie sich an den einmal von mir gewünschten Krafttrunk und bereiteten ihn jedesmal mit freudigen Augen, den „Tsai tou bounou me meli", den würzigen Tee vom Berge mit Honig. Noch oftmals durfte ich ihm begegnen, dem jungen, strahlenden Mönch und Freund Parthenios.

Im Jahre 1994 überraschte mich eine rege Bautätigkeit an diesem beschaulichen Ort. Eine Veränderung war erkennbar. Auch fragte ich vergeblich nach dem Freund. Im Kellion „Isodia" empfing mich der junge Mönch Sabbas, vom weltlichen Beruf Dentist. Seine Gastfreundlichkeit erinnerte mich an Parthenios. In der einen Hand die Gebetsschnur, strahlte er wohltuende Ruhe, Geduld und Güte aus. Seine innere Sammlung und Ausrichtung wurde deutlich spürbar, und für Augenblicke erglänzte etwas von dem paradiesischen Licht Gottes im Heute. In Dankbarkeit erinnerten wir uns an den gemeinsamen Freund Parthenios. Er war am 20. Juni 1993 mit dem Tragtier in die Schlucht gestürzt und tödlich verunglückt.

In der Nacht vom 19./20. Juli (Jul. Kal.) feiern die Mönche in der Kapelle des Propheten Elias am Gipfel des Berges Karmel eine Agrypnia.
Im Jahre 1991 lebten 32 Mönche in Kerasiá, nach Mitteilung von IM. Maximos waren 10 Kelliá bewohnt.
Vor mehr als hundert Jahren lebte in Kerasiá, im Kellion „Agios Dimitrios", der Asket Chatzigiorgis.
Gabriel, so hieß er mit seinem weltlichen Namen, war schon in jungen Jahren reich begnadet. Er folgte seiner inneren Stimme und begab sich auf den Athos nach Kavsokalybia. Dort lebte er gemeinsam mit seinem Geron, Vater Neophytos, in der Hütte des „Heiligen Georg". Aus seiner Novizenzeit ist die folgende wundersame Begebenheit überliefert.
Es war an einem Wintertag, das Wetter war schlecht und es schneite. Vater Neophytos befand sich auf dem Heimweg von Agia Anna nach Kavsokalybia. Der Aufstieg war steil und mühsam. An der Stelle, wo sich das Kreuz befindet, brach

er erschöpft zusammen. Sein Novize Gabriel war zu dieser Zeit in seiner Hütte in Kavsokalybia und verrichtete seinen Gebetskanon. Da hörte er plötzlich die Hilferufe seines Geron: „Brüder, Mönche, rettet mich!"
Gabriel ging sogleich zu seinem Mitbruder und sagte ihm, was er gehört hatte. Dieser ermahnte ihn, sein Gebet nicht zu unterbrechen. Draußen vor der Hütte lag der Schnee schon einen halben Meter hoch. Bald darauf vernahm Gabriel abermals die Stimme seines Geron, aber diesmal noch eindringlicher: „Meine Kinder, ich befinde mich nahe dem Kreuz auf dem Weg nach Kerasiá. Ich kann nicht mehr weiter, helft mir!"
Gabriel ging sofort wieder zu seinem Bruder und berichtete ihm das Gehörte. Dieser aber meinte, er solle sich nicht einbilden, die Stimme seines Geron aus so großer Entfernung zu hören. Doch Gabriel fand keine Ruhe, seine innere Stimme drängte ihn zum Aufbruch. Wie von höherer Kraft angetrieben, lief er hinauf nach Kerasiá, wo sich ihm noch einige Mönche anschlossen. Gemeinsam eilten sie an die Stelle, die ihm sein Geron angegeben hatte.

Sie erreichten das Kreuz und fanden dort tief im Schnee den völlig erschöpften Vater Neophytos. Sie brachten ihn zu den Brüdern nach Kerasiá.
So wurde durch das Gebet des jungen Gabriel, der noch Novize war, sein Geron vor dem sicheren Tod gerettet.
Danach wurde Gabriel zum Mönch Giorgios geweiht. Als er nach Jahren Jerusalem besucht hatte, bekam er den Zunamen Chatzis (Hadschi), den alle Jerusalempilger erhalten.
Chatzigiorgis kaufte später vom Kloster Megisti Lawra die beiden Kellia „Agios Dimitrios" und „Agios Minas" in Kerasiá. Dort lebte er gemeinsam mit über zwanzig Mönchen in strenger Askese, mit Selbstaufgabe und Gehorsam in der Liebe des Herrn.
Diese Mönche entbehrten auch zu Ostern das Öl. Sie lebten von Brot und Oliven. Zu Ostern färbten sie Kartoffeln statt Eier.
Wenn einer der Brüder krank wurde, kam er in den warmen Backofen, wo vorher Brot gebacken wurde. Bei schwerer Krankheit wurde er in die Kirche vor die Ikone der Panagia und des hl. Minas gesetzt, wo die ganze Bruderschaft für ihn vierundzwanzig Stunden durchgehend betete. Entweder er wurde gesund, oder er verschied zum Herrn. Alle Brüder hatten absolutes Vertrauen zu ihrem Geron, zur Gottesvorsehung und zur Panagia.

Es wird erzählt, daß einmal ein kranker Mönch, der durch den Ölmangel in der Nahrung immer schwächer wurde, heimlich in die Kirche ging und mit dem Strohhalm das Öl aus den Ikonenlampen zu sich nahm. So verlöschten die Flammen vor der Zeit. Als es der Kirchenmönch bemerkte, ging er zum Geron und verlangte mehr Öl für die Lampen.

Chatzigiorgis fragte ihn, wie es denn möglich sei, daß das Öl so schnell verbrenne? Er bekam die Antwort: „Vielleicht trinken es die Mäuse.“ Da sah der Geron selbst nach und fand den Täter. Da dieser aber Mithelfer hatte, protestierten alle, sodaß der Geron die Ölbeigabe zur Nahrung zweimal in der Woche erlaubte. Da die Bruderschaft dem Geron ihre Bitte schriftlich zuleitete, stellte sich dabei die Frage, wer als erster den Antrag unterschreiben sollte? Da hatte einer der Brüder die Idee, daß sie alle in einem Kreis unterschreiben würden, dann gab es keinen ersten. Der Geron bekam den Brief und konnte keinen als Anführer erkennen. Er erlaubte daraufhin die Ölnahrung am Samstag und Sonntag. (57)

Skiti Kavsokalybia

Kavsokalybia ist der Heiligen Dreifaltigkeit, „Agia Triada", geweiht.
Ihr Fest feiert die Orthodoxe Kirche am Pfingstsonntag. Es ist wahrhaftig ein Dorf, in dem immer Sonntag ist. In Kavsokalybia ist man heimgekehrt.
Das paradiesische Dorf liegt am reich bewaldeten Südhang unter dem lichten Athosfelsen und ist das alte Maler- und Bildschnitzerdorf des Heiligen Berges.
Sauber gepflegte Steinhäuser, terrassenförmig angelegte Gärten mit hell leuchtenden, silbernen Olivenbäumen. Alles ist dem Licht zugewandt und strahlt eine tiefe Ruhe und Geborgenheit aus. Der Himmel scheint der Erde näher gerückt und das ganze Dorf von seinem Frieden erfüllt. Alte, steingefestigte Wege führen den Pilger entlang den Stützmauern zum Kyriakon und zum Dorfbrunnen mit dem erfrischenden Quellwasser.

Abends, zur Zeit der Hesychia, ist der Blick hinaus aufs Meer gerichtet. Die unbeschreibliche Ruhe und Stille lädt zur zeitlosen Betrachtung ein.
In Kavsokalybia nicht verweilt zu haben bedeutet, an der offenen Himmelstür vorbeigelaufen zu sein.

Der liebevolle, ruhige Ort prägt seine Menschen. Selbst im prachtvollen „Ioasaphaion“ (Abb. Tafel XX-XXI, S. 180/181) lebten in den vergangenen vierzig Jahren die bescheidensten und demütigsten Diener Gottes, die Malermönche Johannes und Antonios.
Gott wirkt durch seine Menschen!
Der herzensgute Antonios war für seine Güte und Gastfreundschaft weithin bekannt. Zehn Jahre durfte ich ihn besuchen. In dieser Zeit versorgte er bereits den fast blinden Vater Johannes. Das Haus war stets peinlichst sauber, auch der Garten verriet seine liebevolle Hand. Antonios malte Ikonen, um die vielen Besucher bewirten zu können. Nachts, während seine Gäste schliefen, betete er auch für sie in der Kapelle. Er lebte aus der Kraft des immerwährenden Gebets.

Die letzten Jahre seines Lebens ertrug er im unbeugsamen Vertrauen auf Gott eine fortschreitende Schüttellähmung, bis der Herr ihn selbst nach dem Abgang des Vaters Johannes in die ewige Seligkeit heimholte.
Wo die göttliche Liebe in einem Menschenleben wirksam wird, befähigt sie dazu, alles Schwere und Leidvolle, das dem Menschen auf seinem Weg zur Erlösung begegnet, anzunehmen und in rechter Weise zu ertragen.
Sein leuchtendes Beispiel wahrer tätiger Liebe, Güte und Demut ist in seiner Vergegenwärtigung noch kraftvoll wirksam.
Wunderbar wirkt Gott durch seine Heiligen!

Die älteren Mönche denken mit Wehmut an ihn. Geron Antonios war für sie ein Vorbild der agioritischen Ordnung und Genauigkeit. Er war ein gottergebener Mönch, einfach und demütig, der immer mit dem „eulógison“ („sei gesegnet“) und dem „nánai eulogimeno“ („es möge gesegnet sein“) im Mund innerhalb der Skiti ging.

Vom Gästehaus talwärts führt ein Tragtierweg am gegenüberliegenden Hang weiter bis zur Hütte des Malermönchs Maximos.
Was für ein lichterfüllter Ort!
Eine kleine Weinlaube mit Tisch und Bank vor dem allmählichen Felsabbruch zum Meer. Hier eröffnet sich dem Besucher ein herrlicher Ausblick der Küste entlang zu den vorgelagerten Inseln bis hinaus aufs offene Meer.
Maximos erzählte bei meinem Besuch von einer im 14. Jahrhundert im Meer versunkenen Stadt. Die beiden noch herausragenden Inseln, Agios Christophoros und Daskalos, erinnern an die Kirche und die einstige Schule.

Der Name „Kavsokalybia" geht auf den hl. Maximos zurück, der hier im 13. und 14. Jahrhundert lebte. Er stammte aus Lampsakos in Kleinasien. Auf höhere Weisung begab sich Maximos auf den Heiligen Berg, um dort als Asket zu leben. Hier wollte er die geistige Ruhe genießen und in seiner Meditation nicht gestört werden. Doch die Tugend kann nicht verborgen bleiben, weil Gott selbst sie offenbart, damit sie auch anderen Menschen zugute komme.

So erging es auch dem hl. Maximos. Weil die anderen Mönche ihn dauernd störten, befand er sich stets auf der Flucht. Wohin immer er ging, baute er eine Hütte aus Zweigen, und sobald ihn die Menschen entdeckten, steckte er sie in Brand, zog weiter und baute woanders eine neue Hütte, bis er wieder gefunden wurde. Das wiederholte sich einige Male. Später benannte man den Ort nach seinen verbrannten Hütten Kavsokalybia (gr. „kaio" = verbrennen, „kalybi" = Hütte).

Der hl. Maximos hatte kein Vermögen, kein Haus, keine Bibliothek, keine Bücher noch irgendwelche Gegenstände, die den Menschen an Irdisches fesseln. Dafür schenkte ihm Gott die Fähigkeit, in einem Augenblick große Entfernungen zu überwinden. Von einer solchen Begebenheit berichtet Bischof Ioanikios:
„Ich hatte vom geistigen Gebet und anderen großen Tugenden des hl. Maximos gehört und wollte ihm in der Wildnis des Athos begegnen. Als ich von Kerasiá in östliche Richtung ging und mit viel Mühe die große Schlucht erreichte, die steil zum Meer abfällt, sah ich auf einmal etwas wie eine Wolke von der Seite des Athosgipfels herunter schweben, und im nächsten Augenblick stand der gesegnete hl. Maximos vor mir. Er erklärte mir seine Meditation und belehrte mich in vielen Dingen. Zuletzt bat er mich, niemandem von unserer Begegnung zu erzählen, solange er an diesem Ort lebe. Wir umarmten uns, und plötzlich, wie er gekommen war, war er wieder verschwunden, damit ich nicht den Ort seiner Hütte erahnen würde." (58)
Dieses Wunder geschah kurz vor seinem Tod.

Er starb, 95 Jahre alt, am
13. Januar 1320. (59) Die Reliquie des hl. Maximos ist nicht gefunden worden, weil er befohlen hatte, daß man sie nicht ausgraben und aufbewahren sollte.

Hl. Maximos († 13. Januar 1320), Troparion:

Hl. Maximos, wie ein auserwähltes Gefäß, das dem Gott geweiht ist,
bist du vom Mutterschoß an der göttlichen Verborgenheit
für würdig befunden worden, wie Moses,*
um ferne Dinge vorauszusehen, dem großen Samuel gleich,
das göttliche Wunder vom Athos,
derjenige, der in die Gottesmutter einweiht,
und du vermittelst beim Vater zu unseren Gunsten.

* Auch Moses' Körper wurde nicht gefunden.

Kavsokalybia wurde als Skiti am Beginn des 18. Jahrhunderts vom hl. Akakios d. Jüngeren gegründet. Neben ihm lebten viele Mönche als Asketen, die er durch sein geistiges Leben wie ein Magnet anzog. Weil es aber an diesem Ort nur Felsgestein und keine Quellen gab, war er für eine größere Mönchssiedlung nicht geeignet. Der hl. Akakios aber vertraute auf Gott und auf sein inständiges Gebet. Wie einst Moses begab er sich an die höchste Stelle der Skiti und schlug mit seinem Stock dreimal auf den Felsen, worauf aus drei Quellen reichlich Wasser floß. Es war so viel Wasser, daß nicht nur alle Hütten und Gärten versorgt werden konnten, sondern auch die Mühle betrieben wurde, wo die Väter ihren Weizen mahlten. Da das Wasser aus drei Quellen entsprang, weihten die Mönche ihre gemeinsame Kirche, in dankbarer Verherrlichung, der Heiligen Dreifaltigkeit, der „Agia Triada“.

In einer göttlichen Vision sah der hl. Akakios den hl. Maximos während des Gottesdienstes im Priestergewand mit dem Weihrauchfaß. Ihm folgten viele Väter, darunter vierzig Mönche und Heilige ebenfalls im Priestergewand. Als Akakios sie sah, fragte er den hl. Maximos: „Wer sind diejenigen, die dir folgen?“ Da kam die Antwort: „Das sind die durch den hl. Maximos geretteten Heiligen aus dem Gebiet von Kavsokalybia.“ (60)

Im Narthex der Kirche findet man die Darstellung, die den hl. Akakios kniend vor dem Thron der Heiligen Dreifaltigkeit zeigt. Er bittet für alle Väter und Brüder, die ihr Leben gottgefällig an diesem heiligen, gesegneten Ort im Garten der Panagia beenden.

Hl. Akakios († 12. April 1730), Troparion:

Du, Vater Akakios, der du dich in Frömmigkeit
ausgezeichnet hast, wie ein Stern geglänzt hast
durch den Glanz deines Lebens,
der du der älteren Heiligen Nachahmer geworden bist,
der du für würdig befunden worden bist
göttliche Gaben in Fülle zu empfangen,
hör nicht auf, zur Heiligen Dreieinigkeit zu flehen,
allen die göttliche Barmherzigkeit zu geben.

Kontakion:

Du bist erschienen, du Heiliger der Kirche,
wie ein Stern mit neuem Licht,
und du sendest dein Licht von Ferne,
du, die Fülle der Orthodoxen,
durch deine Kämpfe, seliger Akakios.

In diesem Gebiet lebten und kämpften als Asketen:
der hl. Maximos († 13. Januar 1320), sein Zeitgenosse
der hl. Niphon († 14. Juni 1330),
der hl. Nilos († 12. November, 17. Jh.)
der hl. Akakios († 12. April 1730) und seine Jünger,
die heiligen Märtyrer Romanos, Pachomios, Nikodemos, Konstantin.

Auf dem Heiligen Berg gibt es mehr unbekannte Heilige als bekannte. Im Gebiet der Nea Skiti bis zur Megisti Lawra haben viele Asketen gelebt.

Pilger berichteten über ein besonderes Erlebnis.
Auf dem Weg von Kavsokalybia nach Kerasiá, an einer Stelle, die „Chairi" genannt wird, nahmen sie plötzlich einen himmlischen Wohlgeruch wahr. Sie hielten inne und blieben zehn Minuten wie gebannt an diesem Ort stehen. Die Duftwoge kam mit einer leichten Brise vom Athos herab und erinnerte an den eigenen Wohlgeruch der Reliquien.
Wir wollen glauben, daß in diesem gesegneten Teil des Heiligen Berges noch viele Reliquien heiliger Väter, die nach hartem Kampf der Askese in ihren Hütten und Höhlen entschlafen sind, an vielen Stellen noch vorhanden sind.

In dieser Gegend gab es auch Skiten, die heute nicht mehr existieren, wie die alte Skiti des hl. Basilios zwischen Kavsokalybia und „Kria nera".
Wegen der großen Kälte in dem Gebiet übersiedelten die Mönche in den südwestlichen Teil des Berges Karmel.

Es gibt kein geistiges Leben ohne Wachsamkeit

Als man den hl. Akakios fragte, was er über den Schlaf und die Wachsamkeit zu sagen hätte, entgegnete er: „Eine halbe Stunde Schlaf genügt einem echten Mönch." Er betrachtete den Schlaf als einen gefährlichen und heimtückischen Feind der Seele. Er pflegte zu sagen, daß weder die bequemen Matratzen und die Gewänder noch der Reichtum und die Nahrung die Leidenschaften so fördern wie der Schlaf. Umgekehrt vermag nichts die Leidenschaften derart zu zähmen wie die Wachsamkeit!

Geron Symeon, ein blinder Mönch aus Kavsokalybia, wurde gefragt: „Geron, wie reinigt man die Seele von den unreinen Gedanken, Wünschen und Leidenschaften?"
Er gab die Antwort: „Indem man nicht weiß, was Schlaf heißt!"

Ein junger Mönch fragte einen 86 Jahre alten Agioriten: „Geron, wieviel Stunden muß der Mönch schlafen?"
Der Geron antwortete: „Hör, mein Bruder, der hl. Theodoros Studitis und der hl. Symeon sagen, daß vier bis fünf Stunden pro Tag genügen. Vater Arsenios sagt im „Gerontikon", daß eine Stunde Schlaf dem Mönch genügt, wenn er ein Kämpfer ist. Der hl. Akakios sagt, daß eine halbe Stunde genügt. Das erscheint mir aber etwas schwer, aber wenn der Heilige das sagt, müssen wir es ausprobieren."
Dann fragte er ihn persönlich: „Und Sie, Geron, wie lange nehmen Sie sich Zeit, um sich auszuruhen?"
„O mein Bruder", erwiderte der Geron, „warum ist es notwendig, mir diese Frage zu stellen?" Tief beeindruckt von der Demut des Geron, bat er ihn: „Sage es mir, um der Liebe Christi wegen, damit auch ich selbst Nutzen daraus ziehe."
Und der Geron beantwortete die ihm gestellten Fragen: „Ich werde es dir sagen, eine Stunde am Tag ist genug."
- „Genügt das Ihnen?"
- „Ja, es ist sogar viel."
- „Schlafen Sie einmal oder mit Unterbrechungen?"

- „Natürlich mit Unterbrechungen. Eine Viertelstunde jetzt, eine Viertelstunde etwas später."
- „Wie vergeht diese Zeit der Wachsamkeit?"
- „Leider habe ich jetzt einen Leistenbruch, und ich kann nicht mehr stehen. Deshalb setze ich mich, um aus dem Psalter oder aus dem Evangelium zu lesen und dann wieder das Gebet an Jesus Christus zu wiederholen."
- „Den ganzen Psalter und das ganze Evangelium?"
- „Natürlich, immer ganz."
- „All die Tage?"
- „All die Tage. Nur kann ich nicht mehr stehend lesen, aber was soll ich machen, das bringt das Alter mit sich." (61)

Skiti Prodromou

Die rumänische Klosteranlage befindet sich an der rauhen und oft sturmumtobten Südostspitze der Athoshalbinsel auf einer breitflächigen Terrasse in etwa 250 Meter Seehöhe über dem Kap Akrathos (Abb. unten).
Die Skiti ist Johannes dem Täufer, dem Vorläufer (griech. „Prodromos") des Herrn, geweiht, dessen Fest die Kirche am Tag nach der Theophanie, am 7. Januar, feiert.
Wie bei der Muttergottes gedenkt die Orthodoxe Kirche seiner Empfängnis am 23. September, seiner Geburt am 24. Juni und seines Todes am 29. August.

Die Gründung der Mönchssiedlung reicht in das frühe 19. Jahrhundert zurück. Um 1820 errichteten rumänische Mönche ein Kellion, 1851 erwarben wohlhabende Moldawier aus Jassy das weite Gelände von der Megisti Lawra und erweiterten die Siedlung zur heutigen Skiti, deren eigene Rechte und Verfassung 1856 durch den Patriarchen von Konstantinopel bestätigt wurden. Die Skiti gehört zur Megisti Lawra. Eigenartigerweise haben die Rumänen, die über Jahrhunderte den Ausbau so vieler Athosklöster durch fürstliche Gaben ermöglichten, kein eigenes Großkloster auf dem Athos.
Wer aber ihre überaus fürsorgliche und herzliche Gastfreundschaft in ihrer großen materiellen Armut erleben durfte, der konnte erfahren, wo sie ihre Schätze sammeln. (Vergl. Lk. 12,33-34)
Sie erinnern an den Spruch: „Wer Liebe gibt und die Wahrheit sagt, wird Gott finden."

Die Begegnungen mit **Abt Petronios** (Abb. Tafel XXII, S. 182) gehören zu den unvergeßlichen, wegweisenden Athoserinnerungen. Welch unerschütterlicher innerer Reichtum in dieser äußerlichen Armut! Sie sind arm, aber für die Pilgergäste wurde der Wohntrakt neu ausgebaut. Man findet saubere Betten und eine Dusche!
Im Jahre 1992 bewohnten 15 Mönche die Skiti Prodromou.

Der Pilger erreicht Prodromou von der Megisti Lawra auf einem breit herausgeschlagenen Fahrweg in etwa eineinhalb Stunden.

Eindrucksvoll ist die Bootsfahrt von Agia Anna entlang der Südküste, vorbei an Karoulia, um das Kap der Nymphen, Kavsokalybia, Agios Nilos, um das **Kap Akrathos** (Abb. Tafel XXIII, S. 183) in den Hafen von Prodromou. Hinter dem Kap weht der kalte Nordwind, und der oft stürmische Ostwind läßt die Wellen höher schlagen. Sehenswert ist die einmalige Hafenanlage mit dem gemauerten Bootshaus aus dem 19. Jahrhundert. Eine gepflasterte Straße führt zur Skiti hinauf.

Johannes der Täufer, der Vorläufer des Herrn, „Prodromos".
„Die Stimme des Rufenden in der Wüste: Bereitet den Weg des Herrn." (Joh 1,20)
Kloster Dionysiou, Exonarthex, Wandmalerei.

ΙΩ

Im Katholikon wird eine wundertätige Muttergottes-Ikone, „Die nicht von Menschenhand Gemalte", hochverehrt; ihr Festtag wird am 12. Juli gefeiert.
Nach der Legende war der Abt des Klosters nach Moldawien gereist, um eine Ikone für das Katholikon malen zu lassen. In Jassy nannte man ihm einen älteren, ehrwürdigen und frommen Maler, Georg Nikolajev, der bei Gebet und Fasten Ikonen malte. Diesen beauftragte der Abt mit dem Malen des Bildes. Georg Nikolajev kam mit der Arbeit rasch voran, doch als er zuletzt die Gesichter der Muttergottes und des Jesuskindes zu malen hatte, begann seine Hand zu zittern, und er konnte das Bild nicht vollenden.
Die ganze Nacht betete er zur Panagia und erflehte ihre Hilfe. Als er dann am nächsten Morgen die Werkstatt betrat, war das Bild vollendet. In großer Freude und Dankbarkeit verkündete er das Wunder. Die Muttergottes-Ikone heilte fortan viele Kranke, die mit reinem Herzen ihre Hilfe erbaten.

Die Wüste von Bigla

Vom Rumänenkloster Prodromou erstreckt sich in südöstlicher Richtung eine weite Hochfläche bis zum jähen Felsabbruch der Südküste, die Eremia von Bigla. Einsame Wege, von niedrigen Steineichen, Lorbeer und Ginsterstauden umwachsen, durchqueren das stellenweise mannshohe Stachelgebüsch.
Völlig überraschend tauchen da und dort windgeschützte Mulden auf, in denen sich einzelne Hütten mit kleinen Kapellen verbergen. An der äußersten Südostspitze, etwa 230 Meter über dem stürmischen Kap Akrathos, wacht der hl. Minas in seinem Heiligtum. Unter seinem Schutz baut dort der junge Einsiedlermönch Iosif seit 1989 an seinem Hesychasterion und restauriert die Kapelle. Ab Oktober heulen ohrenbetäubend die stürmischen Winde im Steinbau am Kap.
Bergwärts entdeckt man zwei „Adlernester" in der Felswand, die Höhlen der heiligen Asketen Theodoros (18. Jh.) und Niphon (19. Jh.), der aufgehenden Sonne zugewandt (Abb. Tafel XXIV-XXV, S. 184/185).
Verlassen wir Agios Minas in Richtung Athanasios-Höhle, so führt unser Weg am **Kellion Agios Skepi** (Festtag 1. Oktober) vorbei. Hier lebt seit 1983 der überaus gütige und gastfreundliche Mönch Patapios. Er zeigt dem Pilger den Weg zur Kapelle des hl. Phanourios, die Vater Abbakoum mit eigenen Händen gebaut hat (Abb. unten).

Vater Abbakoum wurde im Jahre 1894 auf der Insel Symi (Dodekanes) geboren. Antonios Gaitános, wie er mit weltlichem Namen hieß, war Hagiograph. Im Jahre 1920 kam er auf den Athos ins Kloster Megisti Lawra, wo er zum Mönch geweiht wurde. Dort diente er siebeneinhalb Jahre als Krankenpfleger. In der Zeit von 1935 bis 1975 lebte er in der Wüste in Bigla und erbaute dort die Kapelle Agios Phanourios und ein Asketerion. 1975 brachten ihn die Brüder ins Kloster. Kurz vor seinem Tod kehrte er im Juli 1978 nach Bigla zurück, wo er am 19. Oktober 1978 entschlief.

Geron Abbakoum soll auf seine Mitmenschen eine Anziehungskraft ausgeübt haben wie eine Heilquelle. Alle erlebten ihn als ein lebendiges Beispiel dienender Liebe und des Trostes. Sie gaben ihm den Namen Abbakoum, nach dem Propheten Habakuk, dessen hebräischer Name „innige Umarmung" bedeutet. Seine Liebe umarmte alle Menschen, weil er vorher Gott umarmt hatte, den Quell aller Kraft und des Trostes.

Vater Abbakoum sprach unermüdlich über Gott und seine Liebe zu den Menschen. Im Gespräch mit den Geistlichen sagte er: „Das Priesteramt ist ein Zeichen der Liebe Gottes gegenüber den Menschen. - Der Rat ist eine heilige Sache, er ist die Vereinigung der Meinungen, die Frucht der Liebe im Geiste der Demut."
Er betonte besonders, daß die Geistlichen voller Liebe und Zuvorkommenheit sein sollen, daß sie tolerant und einen Geist des Friedens bekunden sollen: „Ihr müßt junge Menschen mit viel Liebe behandeln, damit sie zufrieden weggehen und Christus verherrlicht wird." (62)

Sehr oft sprach er von der Freude, die ein Christ in seinem Leben verspüren sollte. Der begnadete Geron sagte: „Die Freude ist die Verbindung mit Gott, die Einheit mit ihm. Der Mensch ist zur Freude, nicht zur Trauer geboren. Warum holt er sich seine Freude von den Abgöttern? Glaubt es, Kinder, die lassen sich ihre Freuden bezahlen! Gottes Freude kostet nichts. Ich zum Beispiel könnte sie sonst nicht bezahlen, denn ich besitze nichts auf der Welt. So spreche nicht allein ich, genau wie ich sprechen alle meine Brüder, die nichts besitzen als Gott. Sie alle sind voller Freude. - Ich habe mich leer für Christus gemacht, in mir ist nichts als der Herr. Nichts als der Herr und die Freude! - Die Armut ist schön, denn sie macht leicht, sie macht leer; leer muß man sein, wenn Christus einziehen soll. Wenn Christus in mir ist, ist die Freude in mir; in jeder Höhle wird alsdann Freude sein müssen." (63)

Unser Bruder ist unser Leben. Wir leiden, weil wir nicht lieben. Wer nicht liebt, hat keinen Frieden, auch wenn man ihn ins Paradies bringt.

Geron Abbakoum hatte diese spontane agioritische Liebe der Evangelien. Jahrelang wusch er für die kranken Brüder des Klosters die Wäsche in seinem Waschtrog, ohne zu murren, und mit viel Freude. Aber nicht nur für sie, sondern auch für viele Laien, die in Not waren. Dazwischen lief er in die Küche, bereitete ihnen ihre Speisen zu, fütterte die Kranken und wechselte ihnen nachher die Kleider, damit sie immer sauber waren. Tag und Nacht diente er den Kranken und versäumte nicht, ihnen auch das Wort Gottes zu vermitteln.
In einem seiner seltenen Briefe schrieb er an seinen Bruder Basilios: „Mein Bruder Basilios, Du sollst auch dieses wissen. In unserem Kloster gibt es auch eine große Krankenstation, in der ich als Pfleger siebeneinhalb Jahre diente und viele Wunder sah. Die Patienten, die die Hoffnung auf Christus und die Panagia haben, erholen sich alle gut; aber diejenigen, die ihre Hoffnung auf Medikamente und Spritzen setzen, sehen nichts Gutes. Ihr sollt immer den Segen der Soldaten Christi erflehen." (64)

Vater Abbakoum hatte ein erstaunliches biblisches Wissen. Er konnte das Alte und Neue Testament aus dem Gedächtnis schnell und genau zitieren und auch mit Erleuchtung interpretieren. Auf die Frage, wie er diese Fähigkeit erworben habe, antwortete er: „Diese Fähigkeit war das Ergebnis des täglichen Studiums und der Keuschheit, vor allem eine Gabe des Heiligen Geistes." (65)

Unter seinen Besuchern waren Professoren, Bischöfe, Generäle aber auch Studenten, die ihm alle möglichen Fragen stellten.
Um das Jahr 1955 traf er sich mit dem bekannten Universitätsprofessor Loúbaris zusammen mit Erhart Kästner. Am Ende ihrer Begegnung umarmte Loúbaris voller Freude Vater Abbakoum, weil er die Gnade des Heiligen Geistes in seinem barfüßigen Gesprächspartner verspürte. - „Er kann jeden Gelehrten beschämen", sagte der Professor. „Der arme Mensch ist viel reicher als alle Weisen und viel klüger als alle Gelehrten der Welt. Er ist wirklich erleuchtet." (66)

Nach Vater Abbakoums Ansicht muß einer, der Mönch werden will, die Berufung von Gott haben: „Er kann nicht Mönch werden, wenn er es nicht von Natur aus in der Seele hat. Das Wesen dieser Berufung zum Mönch ist die Liebe Christi, die sich in Demut und Gehorsam äußert." (67)

Nach seiner Meinung ist es auch heute noch für einen in der modernen Welt lebenden Menschen möglich, die Heiligkeit zu erlangen, wenn auch unter großen Schwierigkeiten. Der heilige Chrysostomos sagt: „Es ist nicht der Ort (griech. topos), sondern die Art und Weise (griech. tropos), die heilig macht." (68)

Auf die Frage nach seiner Einstellung zur Philosophie antwortete er: „ Die wahre Philosophie, mein Kind, findet sich in den Evangelien, in den Briefen des Apostels Paulus und in anderen Bibelstellen, auch in den Werken der Väter und in den Biographien der Heiligen. Was man im allgemeinen Philosophie nennt, ist, verglichen mit dem oben Erwähnten, etwas Wertloses. Hör, was Paulus in seinem ersten Brief an Timotheus sagt:
‚O Timotheus, bewahre das anvertraute Gut; laß dich nicht ein auf das unfromme Geschwätz und die Einwände der fälschlich so genannten ‚Erkenntnis', zu der sich gewisse Leute bekannt haben und dadurch vom Glauben abgeirrt sind. Die Gnade sei mit euch." (1. Tim 6,20-21) (69)

Vater Abbakoum vertraute sich vollkommen Gott an, überließ sich völlig der göttlichen Vorsehung und sagte: „Was immer du unternimmst oder vorhast, ruf immer zuerst Gott an und sage, es soll geschehen, wenn es gut ist." (70)

Im Winter des Jahres 1975 holten die Brüder den schwerkranken Vater Abbakoum ins Kloster. Seine Sehkraft schwand, und das Leben in Bigla war zu beschwerlich geworden.

Aber auch in seiner kleinen Klosterzelle hörte er nie auf, die Pilger zu empfangen. Mit seiner Gegenwart und seiner liebevollen Stimme verbreitete er Frieden und Zuversicht. Schweigend und tief betroffen, von der Ewigkeit berührt, erlebte ich seine Gegenwart im Hl. Kloster Megisti Lawra 1977.

Als im Frühjahr 1978 die Sonnenstrahlen die kargen Ostabhänge des Athos wieder erwärmten, erwachte in Abbakoum noch einmal die Sehnsucht nach seiner hesychastischen Zelle in Bigla. Die Erinnerung an die schönen Tage, die er in äußerster Armut und strengster Askese in dieser Wüste des Heiligen Berges verbracht hatte, wo am gleichen Ort der hl. Athanasios und der große Maximos Kavsokalybis in ihren asketischen Kämpfen geheiligt worden waren, steigerte in ihm die Sehnsucht, seine Zelle wieder zu besuchen, die er mit soviel Schweiß und Entbehrungen von Grund auf erbaut hatte. Und das Wunder geschah. Ende Juli brach er auf, um die Vorbereitungen für das Fest des hl. Phanourios in Bigla zu treffen. Auf seinem vierstündigen Fußmarsch zu seinem Asketerion erlebte er noch einmal die ihm so vertraute, beseelte Natur. Sein Blick umarmte alles mit unsagbarer Liebe und Zuneigung. Es war ihm alles wohlbekannt, der ansteigende Weg durch den Hof bis zum letzten Feigenbaum, den er selbst in den harten Boden von Bigla gepflanzt hatte. Vierzig Jahre hatte er seine Weinreben mühsam gegossen und gepflegt, in den letzten drei Jahren waren sie alle verdorrt.

Am 26. August feierten sie zusammen mit allen Vätern von den abgelegensten Orten des Heiligen Berges die Nachtwache zu Ehren des Neumärtyrers Agios Phanourios. Vater Chrysostomos aus Kerasia diente als Priester. Die Mönche verbrachten einen Großteil der Nachtwache unter dem Sternenhimmel von Bigla, eingehüllt vom Wohlgeruch des Athos, in absoluter Ruhe der Nacht. Noch einmal erhob sich der byzantinische Psalmengesang zu Ehren des hl. Phanourios in Bigla. Das war die letzte Nachtwache von Vater Abbakoum.

Vater Pavlos von der Zelle „Isodia" blieb bei Geron Abbakoum Tag und Nacht, er diente ihm in allem, was er benötigte. Die letzten drei Wochen nahm Abbakoum nur mehr das Antidoron, das geweihte Wasser, und die Hl. Kommunion zu sich. Das Gebet war unablässig auf seinen Lippen. Mit den Worten: „Mein Christus, deine große Barmherzigkeit" entschlief er in Frieden.
Es war am 19. Oktober 1978 um die Mittagszeit.
Die Freude des Geron Abbakoum bleibt sowohl für den Heiligen Berg als auch für die ganze Welt das wertvollste Erbe. (71)

Der Weg zur Höhle des hl. Athanasios Athonitis

Verlassen wir die Gärten von Prodromou in südöstlicher Richtung, so führt uns ein einsamer Weg durch die Eremia von Bigla zum Felsabbruch der Südküste. Ein Wegkreuz weist uns den Abstieg zur Athanasios-Höhle.
Dorthin zog sich der Heilige zurück, um Ruhe zu finden, um den Honig des hesychastischen Lebens zu sammeln und sich dem geistigen Gebet zu widmen. Er wurde hier mehrmals vom Herrn erleuchtet. Auch in der Folgezeit war diese Höhle das hesychastische Zentrum des Einsiedlerlebens.

In dieser Höhle schrieb der berühmte Geistliche Chariton „Die Reise in den Himmel“, Gedichte, die geistliche Gebote enthalten, die sowohl für die Mönche als auch für jeden Christen gleich wichtig sind.

1) Liebe die Wachsamkeit, das Fasten, die Tränen, das Gebet, die Psalmen und das Studium der Heiligen Schrift, werde demütig und still, verwirf den Hochmut, damit nicht der seelenvernichtende Neid und der Mangel an Selbstbeherrschung den Sieg über dich erringen.

2) Übe vollen Gehorsam und erweise echte Liebe deinem Vorgesetzten und im gleichen Maße auch allen deinen Brüdern gegenüber. O Mönch, widersprich nicht den Geboten, damit du von Gott die Krone des Martyriums bekommst.

3) Vernachlässige nicht das Psalmensingen, die Horen, die Zwischenhoren, die erste, dritte, sechste und die neunte Stunde, die Typika, die Vesper, das Apodeipnon und den Orthros. Tag und Nacht hab die Gedanken bei Gott in deinem Herzen.

4) Wenn du die Glocke hörst, lauf wie ein Hirsch in den Tempel des Herrn, bete und singe Psalmen. Gib acht, daß du nicht vor dem Ende der Liturgie aus dem Tempel gehst. Tag und Nacht denke an den furchterregenden Richterspruch Gottes.

5) Bruder, tue dir selbst Gewalt an, damit du gerettet wirst. Freitag, Mittwoch und Montag ebenfalls, iß einmal trockenes Brot und trink dein Wasser mäßig, indem du mit ganzer Seele Gott dankst, und du wirst die göttliche Wonne erlangen.

6) Beichte die schlechten Gedanken, halte dich fern von allem Bösen, sehne dich nach Reue, verdränge schnell alles Lieblose, die Erinnerung an Unzucht, und wenn du all dies bewahrst, o Mönch, wirst du im Paradies wohnen.

7) Mach dir überhaupt keine Sorgen, weder über Geld noch über Speisen und Kleidung. Die einzige Sorge, die du in deiner Seele haben solltest, ist die Sorge um des Paradieses Wonne.

8) Der Schöpfer aller Dinge, Christus der Herr, ist zur Rettung der Menschen aus der himmlischen Höhe auf die Erde herabgestiegen. Nachdem Er Mensch geworden ist, zeigte Er den Sterblichen den besten Weg, die Rettung zu erlangen. (72)

Geron Chariton schrieb Akolouthien für alle Heiligen neben einer Sammlung von Manuskripten, die in der Bibliothek in Kavsokalybia, im Exonarthex des Kyriakon, aufbewahrt werden.

Worte aus der Wüste von „Giannakópoula“

Dort, wo der Höhenweg von „Chairi“ und der Weg von Kavsokalybia zusammentreffen, gehen wir weiter ostwärts in Richtung Prodromou. Hier treffen wir auf den Weg nach Giannakópoula, der rechts über den Hügel hinunter zum Hesychasterion führt.

In dieser wasserlosen Wüste lebte mehr als 85 Jahre der hervorragende Geistliche, **Vater Gabriel.** Er starb im Alter von hundert und mehr Jahren. Vater Gabriel hat mit Fasten und im immerwährenden Gebet den harten Kampf gegen den Feind der Menschheit, den Satan, geführt und sich bis ins höchste Alter aufgeopfert. Wenn er die Liturgie feierte, legte er sich in jener Nacht nicht nieder und schlief nie. Auf die besorgten Ratschläge seiner Schüler und Novizen antwortete er: „Wir dürfen nie nach der heiligen Liturgie und der Kommunion schlafen, weil wir den Christus in uns haben, die heiligen Sakramente, den Leib und das Blut unseres Retters und Heilands. Der Teufel darf uns nicht schlafend finden, er darf uns nicht in Versuchung führen, den Leib und die Seele verunreinigen, uns unreine Gedanken und schädliche Begierden einflößen, von denen die Gnade Gottes weicht, die mit der heiligen Kommunion in uns eingetreten ist.“

Damit er den anderen ein Vorbild sein konnte, schlief er weder vor noch nach der heiligen Liturgie. Er ruhte nur sitzend in einem Stuhl.
Im Essen war er sehr zurückhaltend. Er aß einmal am Tag etwas Zwieback, Oliven, Zwiebeln und Salat. Nur zum Wochenende gab er ein wenig Öl dazu. In allen Fastenzeiten und zu Pfingsten hatte er nie Öl zu sich genommen. Er sagte, daß die Grundlage und das Fundament aller Tugenden das Fasten und die Demut sind. Wenn eines von beiden fehlt, kann der Mensch keine richtige und wahre Tugend erlangen. (73)
Im Jahre 1992 war Giannakópoula unbewohnt, der Weg dorthin war bereits zugewachsen.

Zur Einsiedelei des hl. Petros Athonitis

Unweit des Wegkreuzes oberhalb Prodromou führt ein Weg in gleicher Höhe, knapp unterhalb des ansteigenden Höhenweges, zur Einsiedelei des hl. Petros Athonitis. Nach der Überlieferung lebte er hier fünf Jahrzehnte in einer Höhle und starb im Jahre 734. (74)
Das Malerhandbuch beschreibt seine Darstellung: „Der heilige Petros vom Berge Athos, ein Greis, ganz nackt, hat den Bart bis zu den Knien, hält ein Kreuz und sagt: Der ist ein wahrer Mönch, der in dem gegenwärtigen Leben nichts hat, als Christus allein!“ (75)
Der Hagiograph berichtet: „Der hl. Petros Agioritis (d.h. Mönch vom Heiligen Berg) hatte einen Glaubenseifer wie der heilige Petrus, der Apostel. Er besaß wahre Liebe, unerschütterliche Geduld und Hoffnung, vollkommenen Gehorsam, Rührung und beständiges Weinen. Sanftmut, Überwindung des Fleisches, Leidenschaftslosigkeit, Reinheit des Leibes und der Seele und das Schauen Gottes waren ihm eigen.“ (76)

Eine der ältesten Legenden berichtet von Petros dem Athoniten

Petros hatte ein Gelübde abgelegt, Mönch zu werden. Stattdessen aber fuhr er als Soldat nach Syrien. Dort geriet er in Gefangenschaft und wurde in Samarra eingekerkert. Er erkannte darin seine Strafe für das nicht erfüllte Gelübde. Im Gefängnis betete er zum hl. Nikolaus um seine Freilassung. Da fand sich ein Fürsprecher, und Petros wurde auf freien Fuß gesetzt. Sogleich reiste er nach Rom, wo er zum Mönch geweiht wurde. Auf der Rückfahrt ins Morgenland hatte Petros einen Traum. Er sah den hl. Nikolaus, wie er demütig und ehrfurchtsvoll zur Gottesmutter sprach: „Allheilige Herrin, da es euer Wille war, diesen euren Diener aus der Gefangenschaft zu befreien, zeigt ihm gnädig den Ort, wo er bis ans Lebensende weilen möge, um das zu üben, was Gott gefällig ist.“

Da erwiderte ihm die Gottesmutter: „Seine Rast sei auf dem Heiligen Berg, den einst Gott mir geschenkt hat, damit jene, die sich aus den Schlingen der Welt herausziehen, sich mit aller Kraft den geistigen Dingen zuwenden können, um dieses Leben ohne Sorgen zu vollenden und durch gottgefällige Werke das zukünftige Leben dereinst erben mögen. Denn der Heilige Berg ist mein Paradiesgarten, und ich weiß, daß die Zeit kommen wird, da er von einem Ende zum anderen mit Scharen von heiligen Gottesmännern bewohnt sein wird.“

Der Mönch erwachte und dankte sogleich der Gottesmutter und dem hl. Nikolaus. Der Wind blies günstig, und sie segelten freudig voran. Doch als sie sich dem Athos näherten, stand das Schiff plötzlich still. Die Matrosen waren ratlos und wandten sich an den Mönch, ob er das Zeichen zu deuten wüßte? Petros fragte sie nach dem Ort und erfuhr, daß sie beim Heiligen Berg waren, der von altersher den Namen Athos trug. Petros erkannte, dies war der Ort seiner Bestimmung, und bat die Seeleute, ihn dort auszusetzen. Sie holten die Segel ein und brachten ihn ans Land. Sofort danach trieb der Wind das Schiff wieder hinaus aufs offene Meer.

Mühsam kletterte Petros vom Ufer empor, bis er die kühlere bewaldete Anhöhe erreichte. Mehrere Tage suchte er nach dem Ort, wo seine Zuflucht sein sollte. Dabei durchquerte er Schluchten und Berge, bis er eine Höhle fand, die von dichtem Gestrüpp umwachsen und in der es mehr kriechendes Getier gab als Sterne am Himmel.

Auch nisteten in ihr ein Heer von Teufeln, die gegen den heiligen Mann sogleich eine Unmenge von Versuchungen und Prüfungen losließen. Hier lebte Petros an die fünfzig Jahre im Kampf gegen die dämonischen Mächte und überwand sie mit Gebet und Fasten.

Im letzten Jahr seines Lebens begegnete ihm ein Jäger, der einen Hirsch bis in die Einöde verfolgte. Petros erzählte ihm aus seinem Leben am Heiligen Berg, sodaß sich auch der Jäger entschloß, seinem Beispiel zu folgen, nachdem er von seiner Familie Abschied genommen.

Als er im nächsten Jahr mit seinem Bruder und einigen Mönchen wiederkam, fanden sie in der Höhle den toten Petros. Sorgsam nahmen sie den Leichnam des Heiligen mit sich. Immer schwerer wurde ihnen die Last und schweigend ruderten und segelten sie die Athosküste nordwärts. Als sie die Höhe des Klosters Klementos, des heutigen Iwiron, erreichten, wo einst die Gottesmutter gelandet war, stand das Boot wieder still.

Die Mönche sahen das Wunder, kamen mit ihren Booten und nötigten die Entführer zur Landung. Nachdem sie die Reliquie dem Kloster übergeben hatten, fuhren der Jäger und sein Bruder weiter heimwärts. Die sie begleitenden Mönche blieben zurück, denn sie hatten die Absicht, die Reliquie in ihr Land zu entführen.

Bald darauf bot sich die Gelegenheit, und sie brachten den Leichnam nach Photokami in Thrazien, wo sie der Bischof zwang, ihre Beute abzugeben. So fand der Leib des Heiligen endlich seine Ruhestätte.

In einer Biographie über den heiligen Petros Anthonitis, geschrieben vom Abt Nikolaos der Megisti Lawra, später übernommen vom hl. Gregorios Palamas, heißt es: Der Jäger verständigte den Abt des Klosters Klementos-Iwiron, dessen Mönche die Reliquie holten und in ihrem Kloster begruben.
Die Orthodoxe Kirche gedenkt des hl. Petros vom Athos am 12. (25.) Juni.

Troparion am Festtag des hl. Petros:

„Du hast dich erwiesen als ein Bewohner der Wüste,
als ein Engel in körperlicher Gestalt
und als wunderwirkender, Gott tragender Petros,
unser Vater, durch Fasten, durch Wachsamkeit, durch Gebet,
nachdem du die himmlischen Gaben empfangen hast, heilst
du die Kranken und die Seelen derjenigen, die im Glauben
bei dir Zuflucht nehmen.
Ruhm Demjenigen, Der dir Macht verliehen hat.
Herrlichkeit Demjenigen, Der dich gekrönt hat.
Herrlichkeit Demjenigen, Der durch dich Heilungen bewirkt."

Kontakion (2. Ton):

„Nachdem du dich vom Leben der menschlichen Gemeinschaft
entfernt, hast du in Felshöhlen und Schluchten gelebt,
aus göttlicher Sehnsucht und Liebe zu deinem Herrn,
von welchem du die Krone empfangen hast, o Petros;
flehe unaufhörlich, auf daß wir gerettet werden!" (77)

In dieser Waldeinsamkeit leben heute **die beiden Kellioten Isidoros und Petros.** Als ich sie das erste Mal aufsuchte, empfingen Sie mich mit einer Freundlichkeit, als ob sie mich schon erwartet hätten. Der Pilger erbittet den Segen: „Evlogite!" (Segnen Sie!), und der Mönch antwortet: „O Kyrios" (der Herr segne Sie). Der Gast wird empfangen, als wäre er Christus. Sie unterbrachen ihre Arbeit, bereiteten den Willkommenstrunk: einen Ouzo, ein Glas frisches Quellwasser, den Kafetaki und die Glyko genannte Süßspeise. Der Ouzo rann durch den Hals, aber nicht in den Magen, sondern in das Herz, ins Gemüt.
Beim Abschied sprach Isidoros noch einige kraftspendende Segenswünsche, der Panagia sei Dank. Von seinem Kellion führt ein Pfad durch dicht bewachsenen Buschwald steil abwärts zu dem markierten Weg, der weiter unterhalb den gewaltigen Geröllhang quert.

Am Rande eines gewaltigen Felsabsturzes leben die beiden Kellioten Isidoros und Petros.

Aus der Antike ist uns die Erzählung vom Ende des Giganten Athos überliefert. Er unterlag im Kampf gegen die olympischen Götter. Poseidon schleuderte den Berg auf den Giganten und begrub ihn unter dem gewaltigen Felsbrocken. Aber der Riese Athos lebt noch. Dann und wann grollt er im tiefen Gestein, und wenn er sich bewegt, bebt die Erde, fallen Bilder von den Wänden, gibt es Sprünge in den Klostermauern.

Im Jahre 1905 war ein gewaltiger Erdrutsch zwischen Prodromou und Agios Nilos die Folge. Große Gesteinsmassen brachen vom Südhang ab und stürzten hinunter ins Meer.
Der Weg quert heute den breiten Geröllhang und führt nach einem letzten Anstieg in den Paradiesgarten von Agios Nilos (Abb. rechts).

Agios Nilos

Agios Nilos gleicht einer Hochalm am Rande einer tief zum Meer abfallenden Schlucht. Bergwärts liegt die Hütte der **Kellioten Joachim und Evthymios** (Abb. Tafeln XXVI, XXVII, Seiten 186/187). Vor Jahren bepflanzte noch Vater Nektarios den kargen Boden, der durch mühsam angelegte Steinterrassen am Berghang gehalten wird.
Die Kellioten teilen das Letzte von dem wenigen Gemüse und den wenigen Früchten mit dem Pilger.

Mehr Platz findet das meerseitig dem Süden zugewandte Haus der Eremiten Ephraim und Dosideos. Neben schweren Bau- und Gartenarbeiten malt Ephraim Ikonen, und sein Mitbruder schnitzt Kreuze.
Diese geistvollen Väter müssen sich ihre seelische Rettung hart erkämpfen. Sie beten Tag und Nacht zum Herrn für den Frieden und die Rettung des orthodoxen Christentums und für die Erleuchtung aller in der Welt.

Ein breit angelegter Weg führt zur **Klause des hl. Nilos**, der hier im 17. Jahrhundert als Einsiedler lebte. Die mächtigen Felsabhänge des Athos und die unendliche Weite von Himmel und Meer erfüllen den Beschauer mit wohltuender Ruhe, laden ein zum Verweilen. Steinstiegen führen abwärts zur Felsenkapelle, der untergehenden Sonne zugewandt.

Die Orthodoxe Kirche feiert am 12. November den Gedenktag des hl. Nilos. Im Apolytikion heißt es:

„Überglücklicher, du hast dein Leben
als Mönch auf dem Athos verbracht, so wie es Gott gefällt,
in Gebet und mit Fasten hast du Gott gründlich gesucht
und gefunden.

Du bist zu einem reinen Gefäß geworden
durch die Strahlen der Tugenden, womit du, Nilos,
die Gläubigen erleuchtest, die dich anrufen.

Ruhm sei Christus, Der dich erhoben hat,
Ruhm Dem, Der dich geheiligt hat,
Ruhm Dem, Der durch dich alle Heilungen bewirkt."

Heilige sind durch ihr Leben Freunde Gottes geworden. Sie sind uns im Leben Vorbilder christlicher Vollkommenheit, Wegbegleiter, Quellen des Mutes und der Hoffnung. Sie sind Boten des wahren Friedens. Ihre Botschaft für unsere Welt lautet: Mut, Liebe, Hoffnung und Zuversicht.
Sie sind Vorbilder einer höheren Lebensweise, die allein dem Menschen würdig ist: Demut und Liebe zu Gott und dem Nächsten. Die Heiligen sind Nachfolger des Herrn Jesus Christus. Sie bekannten sich zu Christus, dem ewigen Leben. Seine triumphierende Botschaft lautet: Anastasis - Auferstehung!

Das neue Leben in Christus ist eine Lebensform, die täglich am Ewigen teilnimmt. Eine solche Lebensform kennt keine existentielle Angst, kein Vakuum, keine Verzweiflung. Durch das Mysterium der Einwohnung Christi im Herzen erfährt der Mensch die Liebe Gottes, eine innige Freude und tiefe Zufriedenheit, Ruhe und Gelassenheit. Diese Freude ist für ihn das Prooimion, Vorbote und Einleitung der himmlischen Glückseligkeit.

In westlicher Richtung führt der „gebogene Weg" steil abwärts durch die steinige Schlucht und weiter nach Kavsokalybia. Die kleine Bucht „Karabostasi" bekam ihren Namen durch die Legende, da an diesem Ort das Schiff anhielt und der hl. Petros hier an Land gesetzt wurde.

Ein Athos Gipfelerlebnis

Der Mönch Daniel, von der Bruderschaft der Danieliden in Katounakia, erzählte, wie er einmal vor vielen Jahren auf den Athosgipfel gegangen war, um die nicht welkenden Amarante zu sammeln. Man findet viele dort oben, aber sie wachsen auf gefährlichen Felsen.

Als er im Begriffe war, den Felsen zu besteigen, sah er plötzlich einen merkwürdigen Asketen aus einer Höhle hervortreten. Er segnete den Vater Daniel, bekreuzigte die vier Himmelsrichtungen und sprach: „Bruder Daniel, was du tust, ist gefährlich, denn die Felsen, wo die Amarante wachsen, haben Spalten und können leicht herausbrechen. Es hat schon viele Unfälle gegeben. Eine weitere Gefahr, mein Bruder, sind giftige Schlangen. Sie kriechen aus den Felsspalten, sobald sie die Sonne erwärmt hat. Der Satan sucht solche Gelegenheiten, damit der Mönch einen Unfall erleide. Aus diesem Grund verbieten die heiligen Väter, Amarante zu sammeln. Weicht nicht im Gehorsam von den heiligen Vätern ab, das wird euch Demut schenken!
Durch Demut gewinnt ihr die Rettung und das ewige Leben."
Bruder Daniel fragte den Geron nach seinem Namen und wie lange er schon hier als Asket lebe.
Jedoch verschwand dieser sogleich in östlicher Richtung hinter einen Felsen, ohne eine Antwort zu geben. Das einzige, was er ihn sagen hörte, war: „Vergib mir, Bruder Daniel, und bitte den Herrn, mir Barmherzigkeit zu erweisen."

Nachdem er das gesagt hatte, war er spurlos verschwunden. Bruder Daniel wunderte sich, daß der Geron seinen Namen wußte, ohne daß er ihn jemals zuvor gesehen hatte. Dieser Gott tragende, mit der Gabe der Unterscheidung und der Prophetie begnadete Geron vermied den Ruhm unter den Menschen. Er gab durch sein Schuldbekenntnis und durch seine Demütigung uns allen ein Vorbild und eine Lehre zugleich, damit auch wir die Gnade Gottes empfangen können und die Rettung der Seele finden. (78)

Zehn unbekannte Heilige

Geron Kyrillos von der Bruderschaft „Ananiaion“, Ikonenmaler in der Kalyba „Timios Stavros“, war im Jahre 1977/78 Dikaios, Vorsteher in der Skiti Agia Anna. Er erzählte die folgende Begebenheit:

Im September 1977 kam ein orthodoxer Libanese ins Kyriakon, zur zentralen Kirche der Skiti. Er war wegen des Krieges aus seiner Heimat geflüchtet, und sein sehnlichster Wunsch war es, einmal den Athosgipfel zu besteigen. Der gottesfürchtige Libanese bat Vater Kyrillos, ihm den Weg zu zeigen. Der Geron tat dies bereitwillig, und weil man für den langen und mühsamen Aufstieg mehr als vier Stunden benötigt, mußte der Libanese schon früh weggehen.

Am Abend des gleichen Tages kehrte er ins Kyriakon zurück, wo er gastfreundlich aufgenommen wurde und vor Müdigkeit sogleich einschlief.

Am nächsten Morgen, nach der Liturgie, bereitete er sich vor wegzugehen und erinnerte sich, daß er eine Frage stellen wollte über etwas, das er gestern nicht verstanden hatte. In Anwesenheit mehrerer Väter der Skiti erzählte er sein Athos Erlebnis.
Als er vom Athosgipfel hinunterging und an den Platz kam, der „Babula“ heißt, - dort, wo der Weg beginnt, steil bergab zu gehen, - fühlte er sich außerordentlich müde und wollte sich niedersetzen, um auszuruhen. Als er sich nach einem geeigneten Platz umsah, bemerkte er auf einmal ein Haus vor sich, aus dem zwei Mönche kamen, die ihn sogleich gastfreundlich aufnahmen. Sie gaben ihm frische Feigen und kaltes Wasser. Er aß die Feigen und trank das kalte Wasser und erzählte, daß er so etwas Wohlschmeckendes noch nie bekommen hätte. Danach war auch die Müdigkeit völlig verschwunden.
In der Hütte sah er zehn ehrwürdige Mönche, jeder von ihnen stützte sich auf einen Holzstock und hielt in der Hand die Gebetsschnur, und alle beteten.
Er fragte sie, wie lange sie schon da wären. Sie antworteten ihm, daß sie schon seit vielen Jahren hier lebten und nichts anderes machten, als für die ganze Welt zu beten.

Darüber wunderte sich der Libanese, da sie gar nicht so alt aussahen. Aus diesem Grund fragte er den Dikaios: „Wieso sagten sie dann, daß sie dort schon lange ihr asketisches Leben führten?“

Der Dikaios, Vater Kyrillos und alle Väter der Skiti waren erstaunt und überrascht über diese Erscheinung, da alle wußten, daß es an diesem Ort weder ein Haus noch Mönche gab, die dort in der Nähe wohnten.

Sie sagten ihm: „Bruder, danke und bete zu deinem Gott, der dich auserwählt hat, seine Diener und seine Heiligen zu sehen. Denn diejenigen, die du gestern gesehen hast, waren keine Mönche, sondern heilige Väter vom Athos, die keiner von uns bis jetzt verdient hat zu sehen. Sie sind erschienen vor anderen frommen Mönchen, gutmütigen Christen und Anbetern, von denen du auch einer bist."

Der Libanese dankte Gott und verließ den heiligen Ort. (79)

Ein Liebhaber der Wüste

Der gesegnete russische Mönch Vater Serapion erwies sich als ein großer Liebhaber der Wüste. Er besuchte um das Jahr 1912 den großen Hesychasten Kallinikos und bat ihn um seinen Segen für ein erfolgreiches Leben in der Wüste. Der erfahrene Lehrer des geistigen Gebets und Hesychast Geron Kallinikos erklärte ihm ausführlich die Gefahren, die Fallgruben des furchtbaren Krieges und die Irrtümer, zu denen ein Leben führt, das abgesondert von den anderen Brüdern geführt wird, besonders wenn es keinen geistlichen Beistand gibt.
Aber als er die Flamme und die göttliche Sehnsucht des vom Pfeil getroffenen Herzens bei Vater Serapion erkannte, gab er seine Zustimmung unter der Voraussetzung, daß er ihn beobachten könne.

Vater Serapion feierte die Liturgie in der Kapelle des hl. Gerasimos und brach dann mit den Gebeten und dem Segen seines Lehrers Geron Kallinikos zum Gipfel des Athos auf.

Zwölf Jahre waren seit dieser Zeit vergangen. Eines Nachts kam Vater Serapion zur Hütte seines Lehrmeisters zurück und klopfte an die Türe.

Geron Kallinikos ersuchte Vater Serapion, das Glaubensbekenntnis aufzusagen, da er Angst hatte, von Satan getäuscht zu werden, erst dann wollte er die Türe öffnen. Vater Serapion gehorchte, und er fügte dem Glaubensbekenntnis noch weitere Gebete hinzu. Dann öffnete Geron Kallinikos die Türe, umarmte ihn und fragte ihn: „Wo warst du, Bruder, so viele Jahre? Glaube mir, ich habe dich für verloren gehalten. Aber nie habe ich aufgehört, für dich zu beten. Wo hast du dich aufgehalten? Was hast du gegessen?"

„Ehrwürdiger Vater", antwortete Vater Serapion mit schwacher Stimme, „nachdem du mir deinen Segen gegeben hattest, bin ich zum Gipfel des Athos gegangen. Dort verweilte ich drei Tage und drei Nächte, doch konnte ich die Kälte nicht länger aushalten und bin dann zur Panagia Kapelle hinuntergegangen. Ich versuchte dort zu bleiben, fand aber die von mir ersehnte Ruhe nicht. Viele Pilger sind dort vorbeigegangen. Etwas weiter entfernt von dort entdeckte ich eine Höhle. Dort sahen mich nicht einmal die Hirten, die die Ziegen hüteten. Als Nahrung sammelte ich aus den Wäldern Kastanien, kleine Pflanzen, Eicheln, Wurzeln und Knollen. Wasser trank ich aus der Zisterne, die sich im kleinen Haus der Panagia befindet (Abb. unten).

Tag und Nacht erfüllte sich meine Seele mit unsagbarer Freude durch das geistige Gebet und die Betrachtung. Ich dachte dauernd an die wunderbaren Geheimnisse unseres Gottes. Verzeih mir, mein Geron, wenn ich dir das erzähle, du kennst es besser. Wann immer dieses Licht in meinem Inneren erstrahlte, dieses Licht, das den ganzen inneren Menschen wärmt und erleuchtet, gab es keinen anderen Wunsch in mir. Das Paradies war gegenwärtig.

Nur eines habe ich vermißt und mich danach gesehnt, nach der heiligen Kommunion. Deshalb bin ich gekommen, um deinen Segen zu bekommen, weil mein Ende naht und ich nicht ohne den heiligen Sakramenten aus dem Leben scheiden will.
Noch am gleichen Tag feierten sie die heilige Liturgie, nahmen die heilige Kommunion zu sich und aßen zusammen etwas Zwieback und Kraut. Dann ist Vater Serapion glücklich und selig in seine geliebte Wüste heimgekehrt. (80)

Nachtwache auf dem Berg der Verklärung

Die Verklärung Christi, „Metamorphosis", ist ein Hauptfest auf dem Heiligen Berg, denn die Schau des unerschaffenen Taborlichtes bildet ein Kernstück der Athosmystik.

Am Festtag, am 6. (19.) August, ersteigen die Mönche den 2033m hohen Athosgipfel, dessen Bergkapelle der „Metamorphosis" geweiht ist.
Diese Besteigung ist für den Athosmönch keine Bergtour, um die Aussicht zu genießen, sondern ist im Jahreszyklus auf seinem Heilsweg mit einbezogen.
Seine Aufmerksamkeit ist auf die innere Landschaft gerichtet mit dem immerwährenden Gebet in mystischer Versunkenheit, Seelenstille, Hesychia.
Sein Gipfelerlebnis ist die innere Schau Gottes, die Sicht des unerschaffenen Lichts, das dem Hesychasten immer wieder geoffenbart wurde.
Der steinige Aufstieg zum Gipfel durch kahle Gebirgseinöde symbolisiert den kompromißlosen Lebensweg der Athosmönche.

„Du wurdest verklärt auf dem Berge, Christus, Gott,
und zeigtest deinen Jüngern deine Herrlichkeit,
soweit sie dieselbe zu ertragen vermochten.
Laß strahlen auch uns Sündern dein ewiges Licht
durch die Fürbitte der Gottesgebärerin,
Lichtspender, Ehre sei Dir!" (Fest-Tropar)

Seit Urzeiten sind in der Dunkelheit der Nacht die lichtscheuen Geister und Dämonen unter den Menschen am Werk. Gleich den niemals schlummernden Engeln sind zu dieser Stunde auch die Mönche in den Klöstern, Skiten und Zellen gemeinsam gegen die Mächte der Finsternis angetreten und beten in den langen Gottesdiensten für den Frieden in der Welt.

Die Verklärung Christi ist ein Hauptfest auf dem Heiligen Berg.
Am Festtag, am 6. (19.) August, ersteigen die Mönche den 2033 m hohen Athosgipfel, den Berg der Verklärung, dessen Gipfelkapelle der „Metamorphosis“ geweiht ist.

IC XC
ΜΟΡΦΩCΙ·
Σ

In dieser Stunde des aufsteigenden Tages, in Erwartung der Morgensonne, lasen wir mit ihnen die Morgenpsalmen.

„Herr, öffne meine Lippen, daß mein Mund dein Lob verkünde!“

Psalm 3

„Herr, wie viele sind es, die mich bedrängen,
viele stehn auf wider mich.
Viele sind es, die von mir sagen:
Für den ist keine Rettung bei Gott.
Doch du, Herr, bist mein Schild,
du bist mein Ruhm, du erhebest mein Haupt.
Mit lauter Stimme rief ich zum Herrn,
und er hat mich erhört von seinem Heiligen Berge.
Ich legte mich zur Ruhe und schlief;
ich erhob mich wieder, weil der Herr mich hält.
Nicht fürchte ich die Tausendscharen des Volkes,
die rings mich feindlich umlagern.
Erhebe dich, Herr!
Schaffe mir Heil, du mein Gott!
Du hast zerschmettert die Backen all meiner Feinde,
die Zähne der Frevler zerbrochen.
Beim Herrn ist Hilfe,
über deinem Volk sei dein Segen.“

Je glühender unsere Liebe zu Gott und den Menschen ist, um so stärker sind die göttlichen Kräfte des Friedens, welche durch uns hindurch auf der Erde und in der Welt wirksam werden wollen.

Wir schauten nach Osten und erwarteten den Aufgang der Sonne. Da plötzlich wurde ein glutroter Streifen am Horizont sichtbar. Langsam, majestätisch stieg die Sonne herauf und sandte ihre ersten Strahlen zum Gipfel des Heiligen Berges. Bald war der Berg vom strahlenden Morgenlicht erhellt, als leuchtete das Taborlicht wieder auf, um von ihm herab das Land der Mönche in himmlisches Licht zu tauchen.

Auf dem
Weg
zu Gott

Die Ausgangssituation, Verlust des Paradieses, Trennung von Gott als Folge des Sündenfalls

Das Ziel der Athosmönche ist, die Vereinigung mit Gott wiederherzustellen, jene ursprüngliche, paradiesische Art der Beziehung zwischen Gott und dem Menschen, die durch den Sündenfall unterbrochen wurde.

Der Sündenfall hat den Menschen von Gott getrennt, hat ihn tief in die materielle Welt verstrickt.

Der Mensch, ein seelisch-geistiges Wesen, ist seither körperlich beschwert, in seinen Bedürfnissen abhängig geworden, und die materielle Welt hat vielfach die Herrschaft über ihn gewonnen. In seinem jetzigen Zustand ist der Mensch zur Vereinigung mit Gott nicht fähig. Er muß mit Gottes Hilfe seinen gefallenen Zustand bezwingen, sich vom Bösen befreien. Zum Untermenschen geworden, muß er erst wieder zum ursprünglichen, wahren Menschen aufsteigen, um ein Leben in Gott führen zu können.

Jene bewußte Anstrengung und Übung zur Wiederaufrichtung und Wiederherstellung des ursprünglichen, wahren Menschen wird Askese genannt.
Ein Hauptziel der Askese ist es, den Menschen von der Stofflichkeit zu lösen, von den Bedürfnissen, die ihn beherrschen. Dies geschieht durch körperliche Übungen, Fasten, Wachen, Regeln für die Ernährung, geschlechtliche Enthaltsamkeit sowie weiters durch Übungen zur geistigen Nüchternheit, Aufmerksamkeit und Wachsamkeit, um die Seele zu reinigen.

Der Aufstieg zu Gott

Der geistige Weg zur Wiedervereinigung und zur mystischen Gotteserfahrung

Die Väter beschreiben drei Stufen auf dem Weg zu Gott.
Nach Dionysius Areopagita sind dies Reinigung, Erleuchtung und Vereinigung.

Origenes, Evagrius und Maximus Confessor beschreiben als erste Stufe die Übung der Tugenden im aktiven Leben, wobei man Gott durch die Stimme des Gewissens erfährt.
Am Ausgangspunkt des Weges stehen Umkehr und Reue. Der Christ hört auf sein Gewissen und gebraucht seinen freien Willen. Er übt geistige Nüchternheit, Aufmerksamkeit, Wachsamkeit und Sammlung. Er lernt die Fähigkeit der Unterscheidung der Gedanken und Phantasiebilder, um sein Herz rein zu bewahren. Er kämpft um die Befreiung von den Leidenschaften.

Die Reinheit des Herzens ist das höchste Ziel der ersten Stufe.

Auf der zweiten Stufe erfährt man den Schöpfer-Gott in der Betrachtung der Natur, im Seinsgrund der geschaffenen Dinge und in allen Geschöpfen.

Die dritte Stufe führt zur unmittelbaren Schau Gottes, zur Vereinigung mit Ihm.

Die erste Stufe auf dem Weg zu Gott

Am Beginn des Weges steht die Umkehr, die „**Metánoia**“, das heißt Reue, Bereuen im Sinne von Aufwachen, Sinneswandel.

Metánoia heißt nicht mit Bedauern rückwärts schauen, sondern mit Hoffnung vorwärts - nicht abwärts auf unser Versagen, sondern aufwärts zu Gottes Liebe. Umkehren heißt auch die Augen dem Licht öffnen, also eine Haltung des Herzens und des Willens, die unaufhörlich erneuert werden muß bis ans Ende unseres Lebens. (81)

„Wo keine Reue ist, ist auch keine Erlösung“, sagt der hl. Seraphim von Sarow.

Die rettende Reue

Das ergreifendste Beispiel einer Umkehr berichtet Lukas (15,17-24). Dem verlorenen Sohn genügte für die göttliche Vergebung ein einziger Akt der Reue: „Da ging er in sich und sprach : ... Ich will mich aufmachen und zu meinem Vater gehen und zu ihm sagen: Vater, ich habe gesündigt gegen den Himmel und vor dir ... Und er machte sich auf und ging zu seinem Vater. Als er aber noch weit entfernt war, sah ihn der Vater und wurde von Erbarmen bewegt, lief herbei, fiel ihm um den Hals und küßte ihn. Der Sohn aber sprach zu ihm: Vater, ich habe gesündigt gegen den Himmel und vor dir; ich bin nicht wert, dein Sohn zu heißen.
Der Vater aber sprach: ... Wir wollen essen und fröhlich sein, denn dieser mein Sohn war tot und ist wieder lebendig geworden.“

Die Väter des geistlichen Lebens sprechen von der geistigen Nüchternheit, das heißt aufmerksam, wachsam sein, gesammelt auf das Hier und Jetzt.

Die Heilige Schrift spricht von der Erfüllung der Zeit, daß wir unsere Stunden und unsere Zeit erfüllen sollen.
Die Zeit erfüllen wir, wenn wir die Gegenwart erfüllen, wenn wir voll und ganz in der Gegenwart sind. Das sagt uns Jesus Christus selbst.
Auf der Christusikone lesen wir den Moses offenbarten göttlichen Namen: „ΟΩΝ“, „der Seiende“, der „Der ist“. Ich bin, der „Ich bin“. Das ist immer eine Gegenwart und besagt, Christus ist ganz gegenwärtig, er wartet uns entgegen!

Hier und jetzt gilt es den „kairos“ zu ergreifen, den entscheidenden gegenwärtigen Augenblick. Gottes Welt wartet uns entgegen. Welche Chance, den freien Willen zu gebrauchen, Gott in jeder Kreatur zu sehen, in seiner Gemeinschaft zu leben, die Gegenwart Gottes im Nächsten zu sehen!
„Jeder Mensch ist eine lebendige Ikone Gottes“ (82), aus seinen Augen schaut uns Christus an! „Noch heute kannst du im Himmelreich sein“, sagt der Herr!

Der Mönch befindet sich gleichzeitig in der Zeit und jenseits der Zeit. Die Gewißheit, in der Endzeit zu leben, verleiht jedem Augenblick einen einmaligen Wert. Die Väter sprechen vom „Sakrament des gegenwärtigen Augenblicks“, von dem „Heute Gottes“.
Er ist Entscheidung und Bewährung zur Sinnerfüllung und Heilsfindung im Leben.

„Der wichtigste Ort ist immer der, an dem du dich gerade befindest, die wichtigste Tat die, die du im Augenblick zu tun vorhast, und der wichtigste Mensch der, der dir gerade gegenüber steht und dich braucht.“ (83)

Ein weiterer Weg zur Heilsfindung ist die „**Apátheia**“, der Zustand der Leidenschaftslosigkeit, der Gelassenheit.

Isaak der Syrer, ein großer geistlicher Lehrer im 7. Jahrhundert, erklärt:
„Die Seele ist in sich selbst leidenschaftslos. Erst wenn sie sich der Außenwelt unterwirft, erliegt sie den Leidenschaften.“

„Apátheia“ ist kein dumpfes Dahindämmern, sondern ein ständiges Üben der Wachsamkeit, um die Seele rein zu halten, um das Herz zu bewahren. Der Geist wacht über das Herz.

Evagrius Ponticus, in den letzten zwanzig Jahren seines Lebens Einsiedler in der sketischen Wüste Unterägyptens, Schüler des großen Makarius im 4. Jahrhundert, der fruchtbarste geistliche Schriftsteller der ägyptischen Wüste, schreibt: „Was bezwecken wohl die Teufel, wenn sie uns zur Eßlust, zur Unkeuschheit, zur Begierlichkeit, zum Zorn, zur Rachsucht und zu anderen Leidenschaften verführen? Unser Geist soll durch sie beunruhigt, unfähig zum Gebete werden.“ (84)

„Es ist dir unmöglich, in Fesseln zu laufen. Der Geist, der Leidenschaften unterworfen ist, wird nie die Höhe des Gebetes erreichen. Er wird durch leidenschaftliche Regungen hin und her gezogen und erlangt nicht die unerschütterliche Ruhe." (85)

Befreiung von den Leidenschaften bedeutet frei sein von den Fesseln der Leidenschaften, von der Knechtschaft zwanghafter Abläufe. Das heißt nicht, sie zu unterdrücken, sondern sie in die Zucht zu nehmen, sie zu reinigen, sie umzuwandeln und ihnen eine neue Richtung zu geben sowie die starken Antriebskräfte zum Guten zu gebrauchen. Das führt zur inneren Harmonie, zur Übereinstimmung mit dem tiefen Selbst, zur Einheit mit ihm, zur Herzensreinheit.

Evagrius sagt: „Leidenschaftslosigkeit und Liebe gehören zusammen wie zwei Seiten einer Münze. Wenn du Begierde verspürst, kannst du nicht lieben. Leidenschaftslosigkeit bedeutet, nicht mehr von Selbstsucht und hemmungslosem Verlangen beherrscht zu sein, sodaß wir wahrer Liebe fähig werden." (86)

Das höchste Ziel auf der ersten Stufe im aktiven Leben ist die **Reinheit des Herzens**, wobei unter Herz die geistig seelische Mitte der menschlichen Person, das tiefste und wahrste Selbst im Menschen verstanden wird. Es ist nicht nur das körperliche Organ in der Brust mit Gefühlen und Neigungen, sondern es ist auch verbunden mit dem geistigen Erkenntnisvermögen und dem Willen. Es verbindet Körper, Seele und Geist. „Hüte nichts so sorgsam wie dein Herz." (Das Buch der Sprüche 4,23).
Herzensreinheit heißt Übereinstimmung mit Gottes Geist in uns, innere Harmonie, wiedergewonnene Ganzheit statt Gespaltenheit, Zweiheit und Verzweiflung.

Sie wird im tätigen Leben erreicht. Man hört auf die Stimme des Gewissens und gebraucht seinen freien Willen. Das verlangt eine bewußte Anstrengung, denn „eng ist die Pforte und schmal der Weg, der ins Leben führt, und wenige sind es, die ihn finden." (Mt 7,14).

Im christlichen Bereich sehen wir die Erlösung als Gnade an, die Christus vermittelt. Seine Erlösungstat verlangt jedoch unser Mitwirken.
Augustinus schreibt: „Er, Der dich geschaffen hat ohne dich, will dich nicht retten ohne dich."
Die Vereinigung ist ein Geschenk Gottes und zugleich ein Tun des Menschen, der Gott in Freiheit und aus eigenem Willen empfängt.

Die zweite Stufe

Auf der zweiten Stufe erfährt man Gott in seiner Schöpfung.
Gott ist als Schöpfer in allen Dingen. Die gesamte Natur vermittelt seine Allgegenwart. Der Betrachter ist wachsam gesammelt auf das Hier und Jetzt, ganz gegenwärtig, um innezuhalten, zu schauen und zu hören.

„Der Betrachtende zieht - wie Moses vor dem brennenden Dornbusch (Ex 3,5) - seine Schuhe von den Füßen, das heißt, er entfernt das stumpfe Vertrautsein und den Überdruß von sich, um zu erkennen, daß der Ort, auf dem er steht, heiliger Boden ist.
Dieser konkrete Gegenstand, dieser Mensch, mit dem ich rede, dieser Zeitpunkt, sind heilig, jeder auf seine Weise unwiederholbar und darum unendlich wertvoll; jeder kann zum Fenster in die Ewigkeit werden. Und mit wachsender Empfindsamkeit für Gottes Welt um uns werden wir auch mehr und mehr der Gotteswelt in uns gewahr.“ (87)

Durchwandern wir die Natur in dem Bewußtsein, daß Gott in seiner Schöpfung allgegenwärtig ist, erleben wir im Äußeren die Transparenz des Inneren, Seine Gegenwart, Gottes Geist, der alles belebt, der auch den andächtigen Betrachter mit Lebenskraft erfüllt. Die Schöpfung „in Gott erschaut“ wirkt auf den Betrachter in beseligender Lebendigkeit.

„Lehr mich, mein Gott und König,
in allen Dingen Dich zu sehen,
was ich auch tu, es so zu tun,
als wäre es für Dich.
Ein Mensch, der in den Spiegel schaut,
mag darauf sein Aug‘ erblicken,
wenn's ihm gelingt, auch durchzublicken,
wird er in den Himmel schauen.“ (88)

George Herberts

Die dritte Stufe

Die dritte Stufe des geistlichen Weges ist die Vereinigung, die unmittelbare Schau Gottes, der nicht nur in, sondern auch über allem ist.

Du erfährst Gott nicht nur durch die Vermittlung deines Gewissens oder durch die geschaffenen Dinge, sondern du begegnest dem Schöpfer von Angesicht zu Angesicht, in unmittelbarer Vereinigung.

Gottes Wesen bleibt unzugänglich, unerforschlich, sagen die Kirchenväter. Es ist und bleibt ein Mysterium, das unser Verstehen und Begreifen übersteigt.
„Wir kennen das Wesen durch die Energien. Niemand hat je Gottes Wesenheit erblickt, doch wir glauben an die Wesenheit, weil wir die Energien erfahren", sagt der hl. Basilios. (89)

Der völlig transzendente Gott ist uns nahe durch seine Energien. Diese sind keine Emanationen, keine Teile Gottes, sondern Gott wirkt als unteilbare Ganzheit. Die Energien sind Gott selbst, der sich in überströmender Liebe mitteilt. Wenn sie ein Mensch erfährt und erkennt, dann erfährt und erkennt er Gott, „... in einer unmittelbaren, personenhaften Einung durch Liebe." (90)
Diese unmittelbare mystische Vereinigung der Seele mit Gott ist eine Einung mit Gottes Energien. Die Väter nennen sie „Vergöttlichung" des Menschen („theosis"). Diese Vereinigung ist keine Verschmelzung. Es bleibt eine Beziehung von Du und Ich, von Person zu Person.
„Im künftigen Äon wird Gott alles in allen sein, dennoch bleibt Petrus Petrus, Paulus Paulus und Philippus Philippus. Jeder behält seine persönliche Identität, nur sind alle vom Geist erfüllt." (Makarios) (91)
Im ersten Johannesbrief lesen wir: „Gott ist Licht, und Finsternis gibt es keine in ihm." (1,5)
Die Erfahrung der göttlichen, unerschaffenen Energie wird von den Vätern als das „unerschaffene Licht" beschrieben. Es ist das Taborlicht, jene geheimnisvolle Lichterscheinung Christi, welche die drei Jünger auf dem Berg der Verklärung schauten.
„Da wurde er vor ihren Augen verwandelt, und sein Angesicht strahlte wie die Sonne, seine Gewänder aber wurden leuchtend wie das Licht." (Mt 17,2).

Dieses Licht wurde von Gottsuchern immer wieder auf geheimnisvolle, mystische Weise erfahren. Wer das göttliche Licht erschaut, wird selber Licht. Nikolaj Al. Motowilow berichtet über den hl. Seraphim von Sarow: „Stellen Sie sich vor: Mitten in einer Sonne, wie im hellsten Glanz der Mittagsstrahlen, das Antlitz des mit ihnen sprechenden Menschen."

Diese Schau bleibt immer ein Gnadenakt. Die Begegnung mit Gott ist nicht machbar, sondern Geschenk.

Der hl. Johannes Klimakos (580-650), vom Sinaikloster, hat in seiner „Leiter zum Paradies" den Stufengang zur Vollkommenheit, zur Gottesliebe, beschrieben. Es sind 30 Stufen, wobei die Zahl 30 die Lebensjahre Christi bis zur Taufe am Jordan versinnbildlicht. Jede Sprosse entspricht einer höheren Stufe der Askese auf dem Weg der mystischen Vereinigung mit Gott.

Hermeneia, § 434: „Die seelenrettende und zum Himmel führende Leiter: ... Oben im Himmel (ist) Christus, und vor ihm auf der obersten Sprosse der Leiter (ist) ein alter, ehrwürdiger Mönch, der seine Hände ausstreckt und auf ihn schaut; der Herr nimmt ihn mit Freuden an der einen Hand ... Und unter ihnen ist der alles verschlingende Hades ..."

Aufschrift:

„Sieh da die Leiter, an den Himmel angelehnt;
Erfasse recht der Tugenden gerechten Grund;
Mit welcher Schnelle rinnt dahin des Lebens Fluß.
Geh´ hin zu ihr und steige mühsam da hinauf,
Da du der Engel Chöre dir zum Schutze hast,
so kommst du an der bösen Geister Schar vorbei;
Bist bei des Himmels Pforten du dann angelangt,
Empfängst du aus des Heilands Hand der Tugend Kron."

Die Himmelsleiter. Wandmalerei aus dem Jahre 1603, Kloster Dionysiou, Trapeza (Abb. rechts).

Ο ΒΥΘΙΟΣ
ΔΡΑΚΩΝ

Zur Frage der Gotteserkenntnis

In der Frage der Gotteserkenntnis gibt es zwei unterschiedliche Auffassungen.

Die Westkirche hat eine prinzipiell **kataphatische** Einstellung („kataphasis" heißt Bejahung). Die Menschwerdung Christi und die Offenbarung gestatten Rückschlüsse auf die Wesenheit Gottes.

Die **apophatische** Theologie der Ostkirche („apophasis" heißt Verneinung) verneint die Möglichkeit, daß der Mensch als geschaffenes Wesen fähig ist, das Wesen Gottes zu erkennen. Gott ist unerforschlich. Wir können nur Gottes Energien erkennen, sein Wirken, seine Liebe und Gnade, mit der er die ganze Welt erfüllt. Das Einswerden mit Gottes Energien, mit der Liebe, ist das allerhöchste Ziel des apophatischen Weges.

Der griechisch-orthodoxe Bischof und Theologe Kallistos Ware schreibt: „Das Ablegen von Gedanken und Bildern führt nicht zur Leere, sondern zu einer Fülle, die alles übersteigt, was menschlicher Geist sich vorstellen oder ausdrücken kann. Der Weg der Verneinung ist dem Ausmeißeln eines Steinblocks vergleichbar. Bonaventura bringt folgendes Beispiel dafür: ‚Wer eine Skulptur aus dem Stein herausmeißelt, der setzt nicht, er schlägt vielmehr weg, und im selben Stein läßt er die Gestalt zurück, kenntlich und schön. So läßt auch die Kenntnis der Gottheit durch Wegnahme in uns die kenntlichste Gestalt zurück." (92)
„Zum Zwecke der Bejahung wird verneint. Um auszudrücken, daß etwas ist, wird gesagt, so sei es nicht. Dadurch wird die Verneinung zur höchsten Bestätigung. Ziel der apophatischen Theologie ist die unmittelbare Begegnung mit dem personenhaften Gott, der unendlich weit über allem steht, was bejahend oder verneinend von ihm ausgesagt werden kann." (93)

Beide theologischen Einstellungen betrachtet man heute als verschiedene Auffassungen, die sich aber in brüderlicher Liebe vertragen.

Der Hesychasmus

(„Hesychia", das heißt Ruhe, Frieden, Gottversenkung)

Der Hesychasmus ist eine geistliche Schule der Orthodoxen Kirche, eine mystisch asketische Bewegung seit den Anfängen des christlichen Mönchtums im 3. und 4. Jahrhundert, die dann in den Klöstern und Einsiedeleien am Heiligen Berg Athos ihre größte Entfaltung gefunden hat.
Das erste und oberste Ziel der hesychastischen Gebetsübung ist die Gotteserfahrung. Hierbei ist das Jesus- oder Herzensgebet die spezifische Gebetsübung, womit der Zustand der vollkommenen seelischen Ruhe und Ausgeglichenheit erreicht wird.
„Hesychia" ist zugleich die höchste Verwirklichung des geistlichen Lebens, ein innerlich wahrnehmbarer Frieden von Leib und Seele, welcher der lichterfüllten Gottesschau den Weg bahnt. Sie ist der Zustand des künftigen Äons, in dem die Seele teil hat an den göttlichen Energien, die sie umfluten.
„Sprache ist das Organ dieser Welt, Schweigen das Geheimnis der künftigen" (Isaak der Syrer).

Die beste Zeit für die „Hesychia" ist der Abend vor dem Sonnenuntergang. Der Mönch sitzt ruhig da, schaut aufs Meer und tut nichts anderes als schweigen; er überläßt sich Gottes Allgegenwart, es ist ein Gebet ohne Worte. Fragt man ihn nach „Hesychia", ist die Antwort ein verlegenes Lächeln. Wie kann man das in Worte fassen, was jenseits aller Worte ist?

Die theologische Rechtfertigung findet der Hesychasmus durch den hl. Gregorios Palamas (1296-1359) vom Berge Athos: „Hesychia ist Stillesein des Geistes und der Welt, Vergessen des Niedrigen, geheimnisvolles Erkennen des Höheren, das Hingeben der Gedanken an etwas Besseres, als sie selber sind. So schauen die, die ihr Herz durch solch heiliges Schweigen gereinigt und sich auf unaussprechliche Weise mit dem alles Denken und Erkennen übersteigenden Lichte vereinigt haben, Gott in sich selbst wie einen Spiegel."

Symeon, der Neue Theologe: „Gott ist Licht, und jene, die er würdig macht, ihn zu sehen, schauen ihn als Licht. Wer dieses Licht empfangen hat, hat die Gnade empfangen."
Es ist das gleiche Licht wie jenes des brennenden Dornbuschs, das, welches den

Propheten Elias umloderte, das den Saulus niederwarf, das den Herrn auf dem Berge Tabor verklärte. Nach Dionysios Areopagita ist es gleich dem göttlichen Feuer, das am Pfingsttag als Heiliger Geist auf die Jünger herabkam. Es ist gleichzusetzen den göttlichen Energien, die als Licht der Gnade auf die Menschen herabströmen, ein inneres, geistiges Licht.

Das Evangelium verkündet: „Gott ist Licht". Licht wird als realer Aspekt im Erkennen Gottes erlebt. „Gnosis" ist auf der höchsten Stufe die Erfahrung des göttlichen unerschaffenen Lichts: „In deinem Lichte sehen wir das Licht." (Ps 36,10).

„Die Nahrung des Körpers ist das Brot,
die der Seele die Tugend,
die des schauenden Verstandes
das geistige Gebet."

(Evagrius Ponticus +399)

Das geistige Gebet: Jesusgebet

Der Apostel Paulus schreibt im ersten Brief an die Thessaloniker (1 Thess 5,17): „Betet ohne Unterlaß".

In den „Aufrichtigen Erzählungen eines russischen Pilgers" lesen wir dazu die folgende Erklärung:
„Das unablässige innerliche Jesusgebet ist das ununterbrochene, unaufhörliche Anrufen des göttlichen Namens Jesu Christi mit den Lippen, mit dem Geist und mit dem Herzen, wobei man sich seine ständige Anwesenheit vorstellt und ihn um sein Erbarmen bittet bei jeglichem Tun, allerorts, zu jeder Zeit, sogar im Schlaf. Es findet seinen Ausdruck in folgenden Worten:

Herr Jesus Christus, erbarme dich meiner!

Wenn sich nun einer an diese Anrufung gewöhnt, so wird er einen großen Trost erfahren und das Bedürfnis haben, immer dieses Gebet zu verrichten, derart, daß er ohne dieses Gebet gar nicht mehr leben kann, und es wird sich ganz von selber aus ihm lösen." (94)

Der Pilger bittet den weisen Starez*, ihn im Gebet zu unterweisen.

„Wie man dieses Gebet lernt, wollen wir hier in diesem Buch lesen. Dieses Buch heißt „Tugendliebe". Es enthält die vollständige und genaue Wissenschaft über das unablässige innere Gebet, dargelegt von 25 heiligen Vätern ... Der Starez schlug die „Tugendliebe" auf, suchte darin die Unterweisung des hl. Symeon, des Neuen Theologen (13. Jh.), und begann so: Setz dich still und einsam hin, neige den Kopf, schließe die Augen, atme recht leicht, blicke mit deiner Einbildung in dein Herz, führe den Geist, das heißt das Denken, aus dem Kopf ins Herz. Beim Atmen sprich leise die Lippen bewegend oder nur im Geiste: ‚Herr Jesus Christus, erbarme dich meiner.'
Gib dir Mühe, alle fremden Gedanken zu vertreiben. Sei nur still und habe Geduld und wiederhole diese Beschäftigung recht häufig." (95)

Die „Tugendliebe", unter dem griechischen Titel „Philokaleia" (wörtlich: Liebe zur geistlichen, inneren Schönheit) bekannt, ist ein Sammelwerk des hl. Nikódemos vom Berge Athos (1749-1809), das 1782 in Venedig erschien. Das Buch enthält Auszüge von 25 asketischen Schriftstellern des christlichen Ostens vom 3. bis zum 15. Jahrhundert. Der volle Titel lautet: „Philokalie derer, die die Nüchternheit üben." Die Schriften enthalten Belehrungen zur Überwindung von Gefahren und Versuchungen der sündigen Welt auf dem Wege zu Gott. Sie beziehen sich auf das Herzensgebet und die mystischen Erfahrungen mit ihm.

Im Jahre 1793 erschien die kirchenslawische Übersetzung der „Philokaleia" durch Starez Paisij Welitschkowskij (1722-1794, Athosmönch, russ. Klosterreformer) in Sankt Petersburg in 2 Bänden unter dem Titel: „Dobrotoljubije", die „Tugendliebe".

Im Jahre 1877 erschien eine Übersetzung und Erweiterung der „Philokaleia" in russischer Sprache von dem gelehrten Einsiedlermönch Theophan aus dem Kloster Panteleimonos.

1902 erschien die Neuauflage der kirchenslawischen Ausgabe in Moskau, 1956 und 1976 erschien eine deutsche Übersetzung, die „Kleine Philokalie", von Matthias Dietz.

*Starez (russ. „der Alte"), Mz. Starzy, Starzen, ist ein älterer Mönch, ein geistlicher Vater, der sich durch asketische Selbsterziehung Erfahrung im geistlichen Kampf erworben hat.

Einführung in die Theorie

Der hl. Nikódemos beschreibt in seinem „Ratgebenden Leitfaden“ das Herz als Zentrum aller Kräfte des Körpers und der Seele, in dem alle Sinne vereint sind. Es ist ein Zentrum in dreifacher Hinsicht, sowohl in natürlicher und übernatürlicher Sicht als auch das Zentrum der widernatürlichen Neigungen.

Das Herz ist ein übernatürliches Zentrum, denn die übernatürliche Gnade Gottes, die wir durch die Heilige Taufe empfangen haben, befindet sich inmitten des Herzens. Das bezeugt als erstes die Heilige Schrift.
Der Herr sagt: „Das Reich Gottes ist mitten unter euch.“ (Lk 17,21). Und gemäß Paulus: „Weil ihr aber Söhne seid, sandte Gott den Geist seines Sohnes in unser Herz, den Geist, der ruft: Abba, Vater!“ (Gal 4,6). Und wiederum: „Denn die Liebe Gottes ist ausgegossen in unsere Herzen durch den Heiligen Geist, der uns gegeben ist.“ (Röm 5,5) Auch die heiligen Väter bezeugen das. Der hl. Makarios sagt: „Das Herz beherrscht den ganzen Organismus. Und wenn die Gnade das Herz erfüllt, dann herrscht sie als König aller Gedanken und aller Glieder, denn im Herzen ist der Sinn und alle Gedanken der Seele.“ (15. Rede).
Der hl. Isaak sagt: „Hier ist der Himmel in deinem Inneren, vorausgesetzt, wenn du rein wirst. In diesem Inneren selbst wirst du die Engel in ihrem Licht sehen und auch ihren Herrn mit ihnen. (44. Rede). Der gleiche sagt an einer anderen Stelle: „Tue dein Äußerstes, um in deine innerste Kammer einzutreten, und du wirst die innerste Kammer, den Himmel, sehen, denn es handelt sich um das gleiche.“ (30. Rede).
Und der göttliche Diadochos sagt: „Ich habe aus den göttlichen Schriften und aus eigenem Empfinden verstanden, daß vor der Heiligen Taufe die Gnade von außen die Seele zum Guten auffordert und der Satan in der Tiefe der Seele nistet. Aber ab dem Zeitpunkte, in dem wir wiedergeboren werden (ab der Heiligen Taufe), wird der Dämon herausgetrieben, und die Gnade wohnt drinnen.“ (76. Kapitel).

Das Herz ist auch das Zentrum der Neigungen wider die Natur. Denn alle unnatürlichen Leidenschaften, alle lasterhaften, stolzen, schädlichen und bösen Gedanken, alle schlechten Begierden, Neigungen und Kompromisse, die wir in bezug auf die Dinge der Welt unternehmen, werden aus dem Herzen geboren und befinden sich im Herzen. Genauso wie die Asche den Funken des Feuers bedeckt, so bedecken sie die göttliche Gnade, die wir durch die Heilige Taufe empfangen haben. Dort sind auch die Wurzeln und Ursprünge aller Sünden wider die Natur, die wir durch die bösen Gedanken und Werke begangen haben. Das bezeugt die Heilige Schrift, denn der Schöpfer unserer Herzen sagt, gemäß Matthäus: „Denn aus dem Herzen kommen böse Gedanken, Mord, Ehebruch, Unzucht, Diebstahl, falsche Zeugenaussagen und Verleumdungen. Das ist es, was den Menschen unrein macht." (Mt 15,19).

Darum gebietet Salomon mit so großem Nachdruck: „Mehr als alles hüte dein Herz; denn von ihm geht das Leben aus." (Spr 4,23).
Und der hl. Nikódemos setzt fort: „Der Sinn steigt hernieder in das Herz, vereinigt sich mit ihm und muß das Gebet des Geistes im Herzen sprechen. Durch diese geistige Arbeit wirst du die Asche der Leidenschaften, der schlechten Gedanken und der Vorurteile aus deinem Herzen vertreiben, in welchem der Funke der übernatürlichen Gnade verborgen ist. Du wirst den Funken finden, den Jesus auf Erden in den Herzen angefacht hat. Eine unsagbare Freude wird dich erfüllen. Dann wirst du diesem Funken Brennholz beigeben durch das Ausführen der Leben spendenden Gebote des Herrn und der anderen erworbenen Tugenden. Dann wirst du blasen mit feuriger Bereitwilligkeit und tätiger Liebe, und ein übernatürliches Feuer wird in deinem Herzen brennen. Jesus selbst, den du anrufst, wird dieses Feuer entfachen, die Leidenschaften und die Dämonen niederbrennen und die Angriffe der Gedanken vertreiben. Es wird die gesamte innere Haltung deines Herzens zum Guten wenden, und es wird dir Freude, Frieden und Liebe zu Gott und dem Nächsten schenken. Denn gemäß der Schrift ist Gott ein verzehrendes Feuer (Dtn 9,3), das heißt, er verzehrt die böse Natur und die schlechten Gewohnheiten.
Dieses Feuer wird deinen Sinn erleuchten, es wird ihm das Licht der Erkenntnis und das Unterscheidungsvermögen schenken.

So wirst du durch diese geistige Arbeit deinen inneren Menschen zum Tempel und zur Wohnstätte des Heiligen Geistes machen. Dein Herz wird ein heiliger Altar sein, dein Sinn der Priester, und dein Wille und deine Wünsche werden das Opfer sein. Der Wohlgeruch wird das Gebet sein, das aus dem Herzen zu Gott emporsteigt. Du sollst dauernd den heiligen Tempel Gottes in dir besuchen und genauso wie David ausrufen: „Herr, ich liebe den Ort, wo dein Tempel steht, die Stätte, wo deine Herrlichkeit wohnt." (Ps 26,8) (96)

Über die drei Bewegungen der Seele und des Sinnes auf dem Weg zur Vervollkomnung, Erleuchtung und Gotteserfahrung

Das geistige Gebet oder das Herzensgebet besteht gemäß den heiligen Vätern darin, daß der Mensch seinen Sinn (Verstand) in seinem Herzen sammelt, und ohne mit dem Mund zu reden, spricht er allein mit dem inneren Wort das Gebet des Geistes im Herzen:
„Herr Jesus Christus, Sohn Gottes, erbarme dich meiner."

Der hl. Nikódemos schreibt über den Schutz des Sinnes und des Herzens vor dem teuflischen Irrtum: „Veranlasse deinen Sinn, in dein Herz zurückzukehren, welches der Sitz des eigentlichen Wesens und der Kraftquelle des Sinns ist." (97)

Diese Rückkehr wird von Dionysios Areopagites in seiner Beschreibung der drei Bewegungen der Seele als die zyklische, eine in sich kreisförmige und daher irrtumsfreie Bewegung des Sinnes bezeichnet. Er sagt: „Die Bewegung der Seele ist (in diesem Fall) kreisförmig. Sie tritt von außen in sich selbst ein, und ihre geistigen Kräfte drehen und vereinigen sich wie in einem Kreis, und dadurch ist sie keinem Irrtum unterworfen." („Über den göttlichen Namen." 4. Kapitel)

Auch der hl. Basilios sagt: „Der Sinn zerstreut sich nicht nach außen, er zerfließt nicht durch die Sinne in diese Welt, sondern er kehrt zu sich selbst zurück und steigt zur Idee Gottes empor." (1. Brief).
Diese Erkenntnis wird als besonders wichtig hervorgehoben, daß nämlich nur diese kreisförmige oder zyklische Bewegung des Sinnes irrtumsfrei bleibt, denn in diese Bewegung kann der teuflische Irrtum nicht eintreten.

In den anderen Bewegungsmöglichkeiten des Sinnes, das heißt in der geradlinigen und in der spiralförmigen, können der Irrtum und die Täuschung des Feindes sich einschleichen und an Boden gewinnen. Gemäß Dionysios Areopagites ist die Bewegung des Sinnes geradlinig, wenn der Sinn bei der einfachen Betrachtung von äußeren wahrnehmbaren Objekten, wie zum Beispiel von Bildern, emporsteigt. Die spiralförmige Bewegung des Sinnes ist es, wenn der Sinn mit den göttlichen Erkenntnissen nicht direkt, sondern durch Schlußfolgerungen erleuchtet wird. Infolgedessen sollen diejenigen, die nicht irregeführt werden möchten, eher in der zyklischen Bewegung des Sinnes aufgehen, welche sich durch die Rückkehr des Sinnes ins Herz und durch das im Herzen gesprochene geistige Gebet vollzieht. Denn obwohl diese Bewegung mit Mühe verbunden ist, ist sie umso fruchtbarer, denn sie ist irrtumsfrei und die erhabenste Wirkung des Sinnes. Sie vereint den Sinn mit Gott, der über allem steht. Um es zusammenzufassen: diese zyklische Bewegung läutert, erleuchtet und vervollkommnet den Sinn mehr als die Mathematik, die Naturwissenschaften und die äußere Philosophie insgesamt. Denn sie bildet den geistigen, Gott sehenden Menschen aus, während die anderen Wissenschaften nur den irdischen Menschen ausmachen. „Der irdisch gesinnte Mensch aber läßt sich nicht auf das ein, was vom Geist Gottes kommt. Torheit ist es für ihn, und er kann es nicht verstehen, weil es nur mit Hilfe des Geistes beurteilt werden kann." (1 Kor 2,24)

Der hl. Nikódemos vermerkt: „daß der Mensch nicht für würdig erachtet wird, diese Reinheit, diese Erleuchtung und diese Vollkommenheit zu empfangen, wenn er nur eine gewisse Zeit in dieser zyklischen Bewegung und Rückkehr des Sinnes aufgeht. Nur wer lange Zeit in dieser geistigen Arbeit ausharrt, in dieser Arbeit, welche die geheimnisvollen Dinge erzeugt, und wer sich demütigt und sich von allen Dingen absondert, die Unruhe in ihm verursachen, bereitet den Weg zur Erleuchtung und Gotteserfahrung. Aber auch dann muß man alles Gott überlassen. Nur wenn Gott es für vorteilhaft hält, den betreffenden Menschen solcher Gnaden für würdig zu erachten, dann ist es gut. Wenn nicht, dann muß er trotzdem sein Werk verrichten, das in der Rückkehr des Sinnes ins Herz, in der Wachsamkeit und dem Gebet besteht. Über die göttlichen Gaben soll er sich keine Sorgen machen, damit er nicht durch die Sehnsucht danach Irrtum statt Wahrheit erntet. (98)

Welche Arten des geistigen Gebets gibt es?

Die heiligen Väter beschreiben drei Stufen auf dem Weg zum „immerwährenden Gebet", dem meditativen und im weiteren Sinne mystischen Gebet.

Die erste Stufe ist das Wortgebet, das nur mit dem Munde vollzogen wird. Die zweite Stufe ist das aufmerksame Gebet, das mit dem Verstande erfaßt und von Anfang bis Ende bewußt verrichtet wird. Die dritte Stufe ist das Herzensgebet, bei dem das Gebet über den Verstand in das Herz geführt wird und hier wirkt. Die Väter sagen, das Gebet wird selbsttätig, es betet in mir. Das Herzensgebet ist das Sprechen des Heiligen Geistes in uns, dann beten nicht mehr wir, sondern der Heilige Geist in uns. So ist dieses Gebet, wie die Väter sagen, das vollkommenste Gebet, das wir kennen.

Nach dem Grade der geistigen Vertiefung und Versenkung lassen sich drei Stufen unterscheiden:
die Kontemplation (Besinnung oder Betrachtung),
die Meditation (Versunkenheit) und
die extreme Versenkung (ekstatische Vereinigung, Erleuchtung).

Bei der Betrachtung wird über eine Sache (Objekt) nachgedacht, um den tieferen Sinn zu erfassen, und man gewinnt dadurch tiefere Einsichten. Es ist der gewohnte christliche Weg, wobei Bibeltexte, Worte aus den Evangelien zum Gegenstand der Betrachtung gewählt werden können. Die Betrachtung ist daher gegenständlich, wird vom Ich richtunggebend, mit der Vernunft gewollt, aktiv, bewußt durchgeführt. Sie findet demnach an der Oberfläche des Geistes statt.

Die Meditation vollzieht sich im „Seelengrund". Das anfangs noch mit dem Willen aktiv wiederholte Jesusgebet führt zur inneren Sammlung und Beruhigung der Gedanken. In der zweiten Stufe ist das Ich passiv, es denkt nicht mehr nach und stellt auch keine Reflexionen an. Der Meditierende überläßt sich der Meditation. Es ist der Zustand der Versunkenheit des passiv erlebenden Ichs mit Versenkungsbewußtsein, Innenschau oder bildloser Schau.

„Der Geist weht, wie und wo und wann er will. Die große Kunst besteht darin, sich von ihm ganz leiten zu lassen. Gott ist das letzte Ziel aller christlichen Meditation und Mystik." (99)

„Die Richtung des seinerseits determinierten Meditationsverlaufes ist von selbst gegeben ... In seinem unmittelbar gefühlsmäßigen Innern bejaht das Ich diesen ablaufenden Vorgang der Meditation ... Das Fühlen durchdringt in zunehmendem Maße das Denken, und bildhaftes Erleben (symbolhaftes Erleben) ersetzt gedankliches Erleben.“ (100)
„In der Meditation öffnet sich eine Quelle, die von innen her fließt, unmittelbar von Gott, der im Grunde der Seele wohnt.“ (101)

Im Vergleich zur gegenständlichen Betrachtung ist die Meditation übergegenständlich, „die ihren Gegenstand nicht von außen heranbringt, wie Wasser, das man in einem Wasserbehälter führt, die vielmehr die Quelle zum Fließen bringt, die sich im Grunde eines jeden Menschenherzens befindet und stets frisches Wasser hervorbringt.“ (102)

Versunkenheit - Schweigen im Seelengrund - Hingabe an die Stille - Seelenruhe - Hesychia - für das Ankommende geöffnet

Die Innenschau oder bildlose Schau „ist eine Schau in die Dunkelheit, aber nicht eine Schau des Dunkels. Sie ist eine Schau, in der nichts gesehen wird, in die hineingeschaut wird, und im Vorgang eines Nichtsehens ist gleichzeitig und immer die mystische Präsenz enthalten.“ (103)

Johannes vom Kreuz spricht von der „dunklen Beschauung“, in der sich „schon das göttliche Licht befinde, das der Mensch aber nicht wahrnehmen könne, weil der Verstand noch nicht genügend gereinigt sei.“ (104)
Hierzu berichtet die „Wolke des Nichtwissens“: „Kümmere dich nicht darum, wenn deine Sinne dieses Nichts nicht begreifen ... es ist nämlich so erhaben, daß sie nichts davon begreifen können. Dieses Nichts kann besser gefühlt als gesehen werden.“ (105)

Dazu auch Gregor von Nyssa (4. Jh.): „Hierdurch belehrt uns nämlich das Wort, daß die religiöse Erkenntnis im Anfang ein Licht ist für den Menschen, dem sie aufgeht ... In der weiteren Entwicklung aber, da der Geist immer weiter und vollkommener fortschreitet in wahrer Erkenntnis, wird er inne, je näher er dem Schauen kommt, und immer deutlicher sieht er, daß das göttliche Wesen unschaubar ist. Denn da er alles zurückläßt, was da scheint, nicht nur, was der Sinn erfaßt, sondern auch, was der Verstand zu sehen meint, und immer tiefer dringt ins Innere, bis er mit seines Geistes Bemühen versinkt im Unschaubaren und Unfaßlichen - Dort ‚sieht er Gott'. Denn darin besteht das wahre Wissen um das Gesuchte, und das heißt: Sehen - Nicht sehen. Das Ziel des Suchens liegt jenseits allen Wissens, wie von einer Wolke allseits umhüllt von Unbegreiflichkeit ..." (106)

Gott läßt sich mit unserem begrifflichen und gegenständlichen Denken nicht erfassen. Die eigentliche mystische Erfahrung ist das Erleben einer letzten Wirklichkeit. Dieses allumfassende, absolute Sein kann apersonal und personal erlebt werden. Der Christ glaubt an einen persönlichen Gott.

Zum personalen Erleben des Umfassenden gehört die unanschauliche Bewußtheit Seiner Anwesenheit: Er wird nicht gesehen, aber an einem bestimmten Ort, z.B. im Inneren des Herzens, als gegenwärtig empfunden. Diese Erlebnisweise wird in der mystischen Theologie 'intellektuelle Vision' genannt ... Das unbezweifelbare Bewußtsein der Gegenwart Gottes im eigenen Herzen ist allen christlichen Mystikern gemeinsam und wird als das Wesen der mystischen Erfahrung angesehen. Die Erfahrung dieser Gegenwart ist immer mit einem tiefen Frieden und einer alles Natürliche überragenden Freude verbunden." (107)

So erfolgt auf höchster Stufe des Jesusgebetes die Einswerdung mit Christus und den in ihm gegenwärtigen göttlichen Geist.
„Nun ist es Christus selbst, der in euch das Wort findet, das Wort der Liebe und des Vertrauens, wenn ihr ruft: Lieber Vater!" (Gal 4,6)

Das Überwältigtwerden durch das ankommende Du und die Entflammung in einem sonst nie gekannten Gefühl der Liebe bleibt unverlierbar und immer wirksamer Bewußtseinsbesitz. „In der Begegnung mit dem personalen Du wird dem Ich ein Bereich des Fühlens verfügbar, der es befähigt, im wachbewußten Dasein liebend für den Mitmenschen geöffnet zu sein." (108)
Dieses liebende Geöffnetsein ist eine charakterische Eigenschaft christlicher Mystiker.
„Das Ankommen eines personalen Umfassenden ist eine Begegnung mit einem Du, das nicht nur eine sich auswirkende, sondern eine von sich aus handelnde Wesenheit ist, die als Person mit dem versunkenen Ich umgeht. Das Ich wird nicht nur betroffen, sondern es wird angeredet, aufgerufen, mit Verantwortung belastet, bewertet und geliebt." (109)

Die Gaben, die jenes heilige und geistige Gebet bereithält, sind zahlreich und groß. Die heiligen, Gott tragenden Väter, die sogenannten Neptiki, diejenigen, welche die Wachsamkeit und Nüchternheit (gr. Nepsis) üben, geben in der „Philokaleía“ darüber einen Überblick.

Über die allgemeinste und umfassendste Gabe, die alle anderen hervorbringt, schreibt der hl. Nikódemos: „Der Mensch ist und wird das Ebenbild Gottes genannt, denn er verfügt über einen Sinn (Nous), eine Vernunft (Logos) und einen Geist (Pneuma)*, die eigentliche Lebenskraft, die den Körper belebt. Er hat von Natur aus den freien Willen und die Liebe. Da aber Gott drei und gleichzeitig eins ist, muß auch der Mensch, sein Ebenbild, drei und eins werden, damit er seinem Prototyp gleicht und in der Folge mit ihm vereinigt werden kann. Diese Gleichheit und Vereinigung mit Gott wird auf keine andere Art und Weise vollzogen, außer durch das geistige Gebet. Wenn also der Sinn (oder der Verstand) in seiner Ganzheit auf sein inneres Wort (Logos oder die Vernunft), das im Herzen gesprochen wird, achtet und das innere Wort wiederum das Gebet spricht und der Geist und der natürliche freie Wille mit seiner ganzen Kraft und Liebe sich diesem Gebet zuwenden, dann werden diese drei Kräfte (Nous, Logos und Pneuma) eins, obwohl sie drei bleiben, und der eine Mensch wird drei, obwohl er ein Mensch bleibt. Das ist die Deutung dessen, was auf verschlüsselte Art und Weise jener große Lehrer des geistigen Gebets und der Nepsis, der göttliche Gregorios Palamas, in folgenden Worten zum Ausdruck gebracht hat: „Wenn das Einheitliche des Sinnes dreifach wird, obwohl es eins bleibt, dann wird es der göttlichen dreifachen Einheit angeschlossen und versperrt jedem Irrtum den Einlaß und befindet sich über der Materie, der Welt und dem Weltbeherrscher.“ (110)

* Das Pneuma (hier Geist genannt), ist das im Menschen gegenwärtige göttliche Element, die Gnadengabe Gottes an den Menschen, eine geschaffene Teilhabe am Heiligen Geist, das sittliche Gewissen, der Erzieher der Seele, oder genauer: des Verstandes, es lenkt ihn bei der Übung der Tugend.

Die Seele hat zwei Teile: einen höheren, Nous (Sinn, von uns als Intelligenz oder Verstand bezeichnet, der intellektuelle und spirituelle Teil des Menschen), Logos (Vernunft), und einen niederen Teil.

In der Seele wohnt die Willensfreiheit, also die Persönlichkeit, das Vermögen zu wählen. Wenn sie dem Geist folgt, wird sie ganz geistig. Wenn sie sich aber dem Fleisch zuwendet und für die Stimme des Pneuma taub wird, übernimmt der niedrigere Anteil die Herrschaft, dieser macht die Seele gänzlich fleischlich, er legt das Bild des Irdischen über das des Himmlischen und die tierischen und dämonischen Abbilder über die Teilhaberschaft am Gottesbild.

Der höhere Seelenteil: Verstand, Intelligenz, Vernunft, bildete nach der Hypothese des Origenes für sich allein die Seele in der Präexistenz. Sie ist das Wesentliche im Menschen; geschaffen nach dem Abbild Gottes, des Logos, ist sie dem Göttlichen verwandt.

Der Nous ist das Organ des sittlichen und tugendhaften Lebens, der Gotteserkenntnis, der kontemplativen und mystischen Aktivität. Er ist es, der unter dem Antrieb des Pneuma betet. (111)

Als geistiges Gebet im weiteren Sinne bezeichnet der hl. Nikódemos auch jede andere Bitte, die nicht mit dem Mund, sondern vielmehr mit dem Sinn und dem inneren Wort des Herzens gesprochen wird: „Wenn du also wünschst, von Gott leichter erhört zu werden, um das zu empfangen, worum du bittest, dann bemühe dich, dieses geistige Gebet innerlich zu sprechen, indem du Gott mit deinem ganzen Sinn und mit deinem ganzen Herzen bittest, dir Barmherzigkeit zu erweisen und dir all jenes zu geben, was für deine Rettung dienlich ist. Denn je mehr Mühe dir dieses geistige Gebet macht, verglichen mit dem mündlichen, umso mehr erreicht es die Ohren Gottes, der die innere Stimme des Herzens besser hört, als das laute Rufen des Mundes. (Ex 14,15)

Du sollst auch wissen, daß die Gnade Gottes umfassender ist und all die Gnaden miteinschließt, um die wir Gott ersuchen. Gott gibt sie uns alle, und aus diesem Grund kannst du bei jeder Angelegenheit, um die du Gott bittest, vorher dieses kurze und allgemeine Gebet benützen:

‚Herr Jesus Christus, Sohn Gottes, erbarme dich meiner.'

Denn auch der Sinn wird in diesem kurzen Gebet leichter gesammelt, während er in längeren Gebeten eher zerstreut wird. Aber wenn du lieber spezielle Gebete mit deinen besonderen Anliegen Gott vortragen möchtest, in denen du um einzelne Gnaden bittest, gebe ich dir einige Gebete als Muster mit auf den Weg, die du benützen kannst. Wenn du zum Beispiel um irgend eine Gnade oder Tugend bittest, dann kannst du in deinem Herzen folgendes sagen:

‚Herr, mein Gott, gib mir diese Gnade und diese Tugend zu deiner Ehre und zu deiner Herrlichkeit.'

Oder wie folgt: ‚Mein Herr, ich glaube, daß es dir wohlgefällig ist, daß es dir zur Herrlichkeit gereicht, wenn ich um diese Gnade bitte und sie empfange. Erfülle sie mir gemäß deinem Wohlgefallen.' Wenn du von deinen Feinden bekämpft wirst, sollst du auf diese Art und Weise beten:

„Mein Gott, beeile dich, mir zu helfen, damit ich nicht von meinen Feinden besiegt werde.'

Oder: „Mein Gott, meine Zuflucht, du Kraft meiner Seele, hilf mir schnell, damit ich nicht falle.'

Wenn nach dem Gebet die Schlacht erfolgt, dann sollst auch du, dem Gebet entsprechend, tapfer Widerstand leisten. Nachdem der harte Kampf beendet ist, wende dich an deinen Gott und schildere ihm, wie der Feind dich bekämpft hat und wie sich dabei deine Schwäche offenbart hat, indem du sagst:

‚Siehe, mein Herr, das ist das Geschöpf deiner gütigen Hände, das mit deinem Blut erkauft worden ist. Sieh her, mein Herr, das ist auch dein Feind, der bestrebt

ist, dein Geschöpf zu verschlingen und zu zerstören. Zu dir, mein Herr, nehme ich Zuflucht, auf dich allein hoffe ich, denn du bist gütig und allmächtig. Siehe meine Schwäche und beeile dich, weil ohne deine Hilfe werde ich mich unterordnen müssen. Deshalb hilf mir, du meine Hoffnung und Kraft meiner Seele.'
Manche sagen, daß das geistige Gebet auch dann gesprochen wird, wenn der Mensch alle seine Kräfte des Sinns in seinem Herzen sammelt, ohne daß er ein Wort, sei es mit dem Mund oder innerlich spricht, indem er mit dem Sinn sich vorstellt, daß Gott vor ihm anwesend ist und daß Gott ihm beisteht. Das war, was David meinte, als er sagte: ‚Ich sehe den Herrn allzeit vor meinen Augen; er steht mir zur Rechten, damit ich nicht wanke.' (Ps 15,8) Dieses geistige Gebet kann auch allein durch einen beständigen Blick des Sinns auf Gott dargebracht werden. Dieser Blick ist so etwas wie eine schweigsame Erinnerung an jene Gnade, um die wir vorher durch das Wort und das Gebet im Herzen gefleht haben. Da dieses geistige Gebet bei jedem Anlaß und unter allen Umständen leicht dargebracht werden kann, behalte es als eine kräftige und leicht zu bedienende Waffe in deinen Händen, und du wirst großen Nutzen und Hilfe daraus ziehen." (112)

Der hl. Johannes Chrysostomos (ca. 344-407) sagt: „Der Mönch muß, ob er nun esse oder trinke, ob er sitze oder aufwarte, ob er unterwegs sei oder irgend etwas tue, ohne Unterbrechung sagen:
‚Herr Jesus Christus, Sohn Gottes, erbarme dich meiner.'
Der Name des Herrn Jesus möge, wenn er in die Tiefen des Herzens hinuntersteigt, den Drachen bezwingen, der die Weiden verwüstete, die Seele aber retten und beleben. Trennet euer Herz nicht von Gott, sondern verharret in ihm und bewahret es überall mit dem Gedanken an unseren Herrn Jesus Christus, bis endlich der Name des Herrn im Innersten des Herzens Wurzeln geschlagen hat und es nichts mehr denkt, als daß Christus in euch verherrlicht werde." (113)

Die neue Kraft des Geistes, am göttlichen Urquell entzündet, erfüllt die Gestalt des „strahlenden Mönchs", der Liebe, Mitfreude, Mitleid und Unerschütterlichkeit ausstrahlt, ohne Unterschied nach allen Richtungen.
„Alle, die den glorreichen und liebenswerten Namen des Herrn Jesus im innersten Herzen ununterbrochen meditieren, können einmal das Licht des Geistes schauen." (Hl. Diadochos v. Photike)

Gregor von Nazianz, einer der drei großen Kappadokier (4. Jh.) sagt: „Wir müssen an Gott denken und Gott atmen."

Aspekte des Jesusgebetes

Das geistige Gebet ist ein Weg zur Gotteserfahrung, zur Rückverbindung mit dem göttlichen Urgrund, der wahren Kraftquelle des Lebens. Es ist heute die Antwort auf die Frage nach tieferer Sinnerfüllung und nach einem wesentlichen Leben.

Die Anrufung des heiligen Namens soll Jesus Christus in seiner allumfassenden Gegenwart in uns lebendig werden lassen.

Schon in seinem Namen ist Jesus als Erlöser gegenwärtig. (114)
Die hebräische Form seines Eigennamens ist Jeschua (von Josua, „Jahwe hilft").
Christos (gr. „der Gesalbte") ist die Übersetzung des hebräischen „Messias".
Bei Matthäus im 1. Kapitel, Vers 21, lesen wir: „... dem sollst du den Namen Jesus geben; denn er wird sein Volk erlösen von seinen Sünden."
In der Apostelgeschichte im 4. Kapitel, Vers 12, heißt es: „Und durch keinen anderen kommt die Rettung. Denn es ist den Menschen kein anderer Name unter dem Himmel gegeben, durch den wir gerettet werden sollen."

Jesus hilft uns in unseren Nöten, in seinem heiligen Namen erhalten wir, was wir brauchen. „Was ihr vom Vater erbitten werdet, das wird euch gegeben in meinem Namen." (Joh 16,23)

„In der Versuchung bringt uns der Name Jesus Sieg und Frieden. ...Wir sind schwach, und oft bricht unser Widerstand zusammen, und dann schwillt in uns die Versuchung an wie eine Flut. Beachte in diesem Fall die Versuchung nicht, gehe nicht gegen deine Begierden an, ... blicke nicht auf dich. Schau auf unseren Herrn, klammere dich an ihn und rufe seinen heiligen Namen an." (115)
„Das sicherste Gebet ist das Jesusgebet. Es verzehrt die Leidenschaften wie das Feuer die trockenen Dornen. Es bringt der Seele Freude und Wonne und läßt nicht nach links oder nach rechts abirren, sondern kennt nur einen geraden Weg. In seinem Gemüte rauscht eine Quelle, die erfüllt ist vom lebenspendenden Heiligen Geist." (116)

Der Name Jesus ist ein Weg der Reinigung, ein Prüfstein, ein Filter für unsere Gedanken, Worte und Handlungen, damit sie geläutert werden.

„Der Name Jesus schenkt uns Verzeihung und Versöhnung. Haben wir uns durch unser Denken und Handeln von Gott entfernt, verlieren wir keine Zeit, von neuem mit der Anrufung des Namens zu beginnen. Ein neuer Tag bricht an, und Jesus steht am Ufer. Durch die Anrufung des Namens werden wir unseren Herrn neu erfahren.“ (117)
Der Name Jesus ist ein Mittel zur Verwandlung der Welt. Die gesamte Schöpfung bewegt sich auf Christus zu. Er ist ihre Erfüllung und ihr Ziel. „Auch die Schöpfung soll von der Knechtschaft der Vergänglichkeit befreit werden zur Freiheit und Herrlichkeit der Kinder Gottes.“ (Röm 8,21)

„Indem der Gläubige den Namen Jesus über die Natur ausspricht, über einen Stein oder einen Baum, eine Frucht oder eine Blume, über das Meer oder eine Landschaft ... verkündet er mit lauter Stimme ihre Geheimnisse, ... gibt er eine Antwort auf ihr langes und scheinbar stummes Erwarten.“ (118)
„Denn die ganze Schöpfung wartet sehnsüchtig auf das Offenbarwerden der Söhne Gottes.“ (Röm 8,19)
„Ich sage euch: Wenn sie schweigen, werden die Steine schreien.“ (Lk 19,40)

Sprechen wir den Namen Jesus über Tiere aus, „dann können wir ihnen ihre ursprüngliche Würde zurückgeben, die wir so leicht vergessen - die Würde von Lebewesen, die Gott schuf und umsorgt in Jesus und für Jesus.“ (119)

„Der Name Jesus ist ein wirksames Mittel, die Menschen in ihre innerste und letzte Wirklichkeit zu verwandeln ... Über sie alle sollten wir den Namen Jesus aussprechen, denn das ist ihr wirklicher Name, ... verehre und diene Christus in ihnen ... Wenn wir ... in jedem Menschen Jesus sehen, wird jeder vor unseren Augen verwandelt und verklärt werden.“ (120)
„Wahrlich ich sage Euch: Was ihr einem der Geringsten von diesen meinen Brüdern getan habt, das habt ihr mir getan.“ (Mt 25,40)

Das macht uns den glücklichen Pilger verständlich: Mit dem Jesusgebet im Herzen - sich in die Melodie Gottes einstimmen - von der Gegenwart Gottes erfüllt sein -
„... in Christus alles zu vereinen, alles, was im Himmel und auf Erden ist.“ (Eph 1,10)

Schrittweise Verwirklichung der universellen Kommunikation!

Dann erinnern wir uns der Worte aus den „Aufrichtigen Erzählungen eines russischen Pilgers“: „Das Herzensgebet erfüllte mich mit solcher Wonne, daß ich nicht glaubte, es könne jemanden auf der Welt geben, der glücklicher wäre als ich, und ich konnte es nicht verstehen, daß es noch größere und herrlichere Wonnen im Himmelreich geben würde. Dieses fühlte ich aber nicht nur im Innern meiner Seele, sondern auch die ganze Außenwelt schien mit wunderbar schön, und alles verlockte mich zur Liebe und zum Dank gegen Gott; Menschen, Bäume, Pflanzen, Tiere, alles war mir unsäglich vertraut, und an allem sah ich das Abbild des Namens Jesu Christi.“ (121)

Mit dem göttlichen Wort, das Fahrzeug und Leitlinie zugleich ist, gelangen wir schließlich bis an den Ursprung dieses Wortes, in den Bereich des reinen göttlichen Geistes und somit zu Gott. Tiefe Erfahrungen der Einswerdung mit der göttlichen Gegenwart und Liebe sind hier möglich.

Jesus Christus zeigt uns den Weg zum wahren Menschentum und zur Enderfüllung. Er zeigt uns das Ziel der ursprünglichen Berufung des Menschen, der teilnimmt an der Harmonie, der Freude und der Liebe Gottes selbst.

Durch Christus haben wir die übergroße Freude zu wissen, daß wir in Christus ein neues Leben leben, ein Leben der Liebe! Die Entfaltung der selbstlosen Liebe und Güte ist das wesentliche Element auf dem Wege unserer Erlösung, ist Einüben in das vergöttlichte Sein.

Abt Dorotheus, ein christlicher Asket des 6. Jahrhunderts, sagt:

„Unser Leben ist nichts anderes als ein Weg
zur Vervollkommnung (d.h. zum Erlangen der Liebe),
die aus der Beziehung zu Gott und zum Nächsten Gestalt gewinnt.
Nimmt man Gott als den Mittelpunkt eines Kreises an,
so führt unser Weg zu Gott durch den Halbmesser,
und in dem Maße, wie alle Vorwärtsstrebenden
dem Mittelpunkt, also Gott, näher kommen,
nähern sie sich in gleicher Weise auch einander,
und in dem Maße, wie sie einander sich nähern,
kommen sie wiederum auch Gott näher, und eines
fördert das andere. Die Liebe zu Gott ist durch die Liebe zum
Nächsten bedingt und umgekehrt.“ (122)

Möge Jesus all diejenigen, die diese Anregungen lesen, für würdig erachten, diese Gaben zu empfangen, auch mich, den Schreibenden, als Letzten.

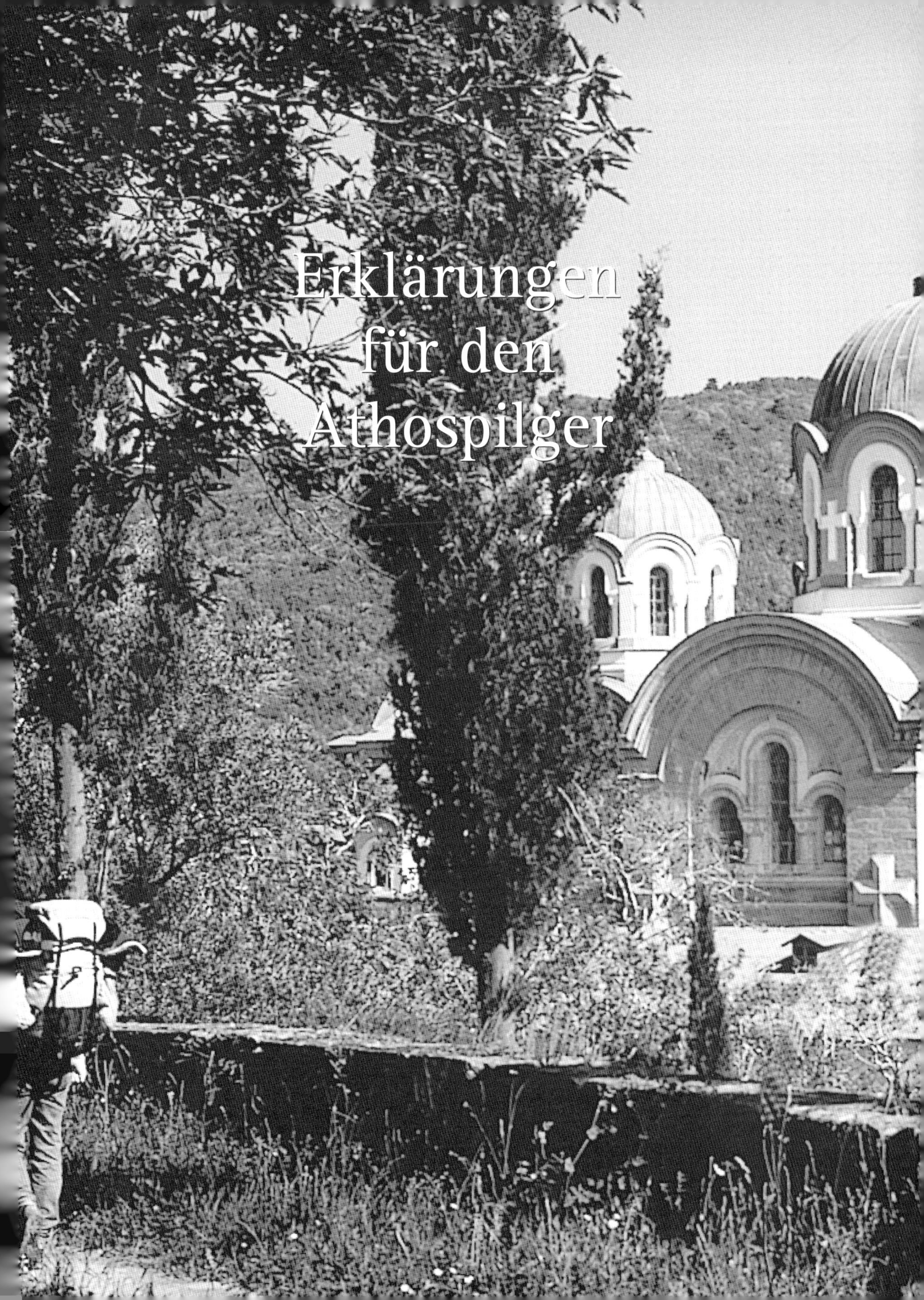
Erklärungen
für den
Athospilger

ΙΕΡΑ ΕΠΙΣΤΑΣΙΑ
ΑΓΙΟΥ ΟΡΟΥΣ
ΑΘΩ

Α/Α 9142

ΚΑΡΥΑΙ, ΤΗ 11. 5. 1977

ΤΟ ΑΓΙΟΝ ΟΡΟΣ ΑΘΩ.
ΕΝΣΗΜΟΝ ΑΡΧ. 50
ΙΕΡΑΣ ΚΟΙΝΟΤΗΤΟΣ ΑΓΙΟΥ ΟΡΟΥΣ
1930

ΔΙΑΜΟΝΗΤΗΡΙΟΝ

ΠΡΟΣ

ΤΑΣ ΕΙΚΟΣΙΝ ΙΕΡΑΣ ΚΑΙ ΣΕΒΑΣΜΙΑΣ ΜΟΝΑΣ

ΤΟΥ ΑΓΙΟΥ ΟΡΟΥΣ

Ὁ κομιστὴς τοῦ παρόντος Ἱεροκοινοσφραγίστου καὶ ἐνυπογράφου γράμματος ἡμῶν

κ. Vorbach Hans Dr.
Austria

συνιστώμενος ἡμῖν ὑπὸ τοῦ ……

…… μὲ ἄδειαν παραμονῆς ἡμερῶν επτά (7)

ἀφίκετο πρὸς ἐπίσκεψιν τῶν Ἱερῶν σκηνωμάτων καὶ προσκύνησιν τῶν ἐν Αὐτοῖς ἀποκειμένων Ἱερῶν καὶ Ὁσίων τῆς Πίστεως ἡμῶν.

Παρακαλεῖσθε ὅθεν, ὅπως παράσχητε αὐτῷ, πρὸς τῇ φιλόφρονι ὑποδοχῇ καὶ πᾶσαν ἅμα δυνατὴν φιλοξενίαν καὶ περιποίησιν πρὸς ἐκπλήρωσιν τοῦ δι' ὃν ἔρχεται αὐτόσε σκοποῦ.

Ἐφ' ᾧ διατελοῦμεν λίαν φιλαδέλφως ἐν Χριστῷ ἀδελφοί

ΟΙ ΕΠΙΣΤΑΤΑΙ ΤΗΣ ΙΕΡΑΣ ΚΟΙΝΟΤΗΤΟΣ ΤΟΥ ΑΓΙΟΥ ΟΡΟΥΣ ΑΘΩ

Ο ΚΑΤΟΠΑΙΔΙΟΥ ΠΡΩΤΕΠΙΣΤΑΤΗΣ ……

Ο ΚΟΥΤΛΟΥΜΟΥΣΙΟΥ ΕΠΙΣΤΑΤΗΣ ……

Ο ΚΑΡΑΚΑΛΟΥ ……

Ο ΣΤΑΥΡΟΝΙΚΗΤΑ » ……

ist geographisch die östlichste Halbinsel von Chalkidike, von Thessaloniki mit dem Autobus heute in ungefähr drei Stunden zu erreichen.
Die Halbinsel ist etwa 47 km lang und durchschnittlich 12 km breit. Von der nördlichen Landenge, die nur 2,4 km breit ist und 20 m Seehöhe hat, steigt das Gelände nach dem Süden zu an und erreicht mit dem Gipfel des „Agion Oros", des „Heiligen Berges", eine Höhe von 2033 m.
Der Athos ist griechisches Staatsgebiet, ist aber politisch autonom. Athen ist die Schutzmacht, anerkennt die Eigenständigkeit und eigene Verwaltung des Athos durch die Mönchsregierung. Diese setzt sich aus zwei Körperschaften zusammen: der Iéra Kinótis und der Iéra Epistasía.
Die Iéra Kinótis, die Heilige Gemeinde, ist das Parlament der Mönche, gebildet aus je einem Delegierten der zwanzig Klöster. Jedes Mitglied wird Anfang Januar von seinem Kloster auf ein Jahr gewählt und trägt den Titel „Antiprosopos", Abgeordneter seines Klosters in Karyais. Jedes Kloster, mit Ausnahme des nächstgelegenen Klosters Koutloumousiou, verfügt dort über ein eigenes Botschaftsgebäude, das „Antiprosopion", kurz „Konaki" genannt. Die Heilige Gemeinde ist das rechtsprechende Organ, wobei der legislative Rahmen in der Athosverfassung von 1926 festgelegt wurde. Ihre Entscheidungen sind für alle Klöster verbindlich. Sie unterhält einen Sekretär, den „Grammateýs", und die „Seimenides" (Sing. „Seimenis"), die kaiserlich-byzantinischen Amtsdiener, erkennbar an der Mütze mit Doppeladler und dem Stock.
Die Iéra Epistasía, der Heilige Vorsitz, wird von einer Viorergruppe aus der Heiligen Gemeinde gebildet, wobei der Protos oder Protoepistatis abwechselnd von der Megisti Lawra, Watopedi, Iwiron, Chilandari und Dionysiou gestellt wird. Jedes Jahr findet am 1. Juni (Julian. Kalender) die feierliche Übergabe des „Ravdon", des Stabes, als Zeichen des hohen Amtes, im Protaton statt. Die Iéra Epistasía hat Bürgermeisterpflichten. Sie ist das Exekutivorgan und führt die Entscheidungen der Heiligen Gemeinde aus.

Das Diamonitirion, die Aufenthaltserlaubnis. (Abb. links)
Sie enthält die folgenden begleitenden Worte, gerichtet an die zwanzig heiligen und ehrwürdigen Klöster des Heiligen Berg Athos: „Der Träger des vorliegenden, versiegelten und unterschriebenen Briefes ... ist angekommen, um die heiligen Zelte zu besuchen und den in ihnen ruhenden Heiligen unseres Glaubens zu huldigen. Aus diesem Grunde werden Sie ersucht, außer dem freundlichen Willkommen, ihm jede mögliche Gastfreundschaft zu erweisen, damit er den Zweck, für den er gekommen ist, erfüllen kann.
Wir verbleiben eure Brüder in Christo, die Epistaten der Heiligen Gemeinden des Agion Oros Athos."

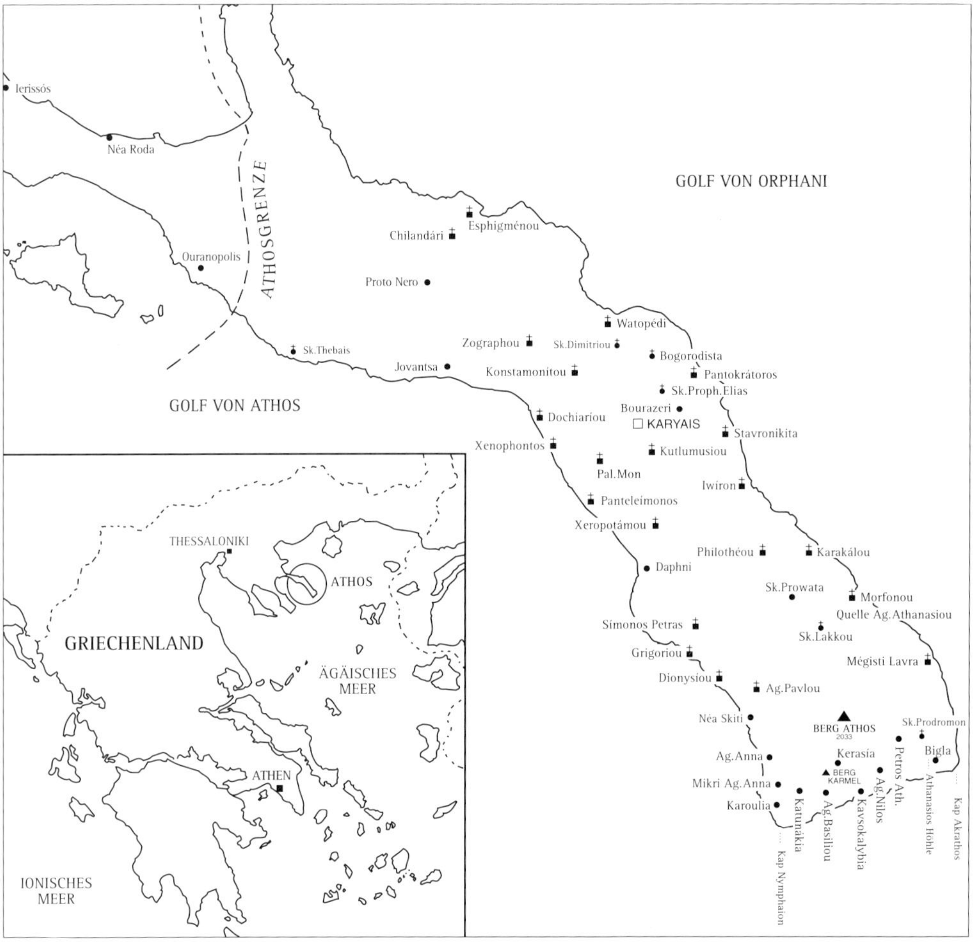

Die Rangfolge der 20 Athosklöster:

1. Megisti Lawra
2. Watopédi
3. Iwíron
4. Chilandari
5. Dionysíou
6. Koutloumousíou
7. Pantokrátoros
8. Xeropotámou
9. Zográphou
10. Dochiaríou
11. Karakállou
12. Philothéou
13. Simonos Pétras
14. Agiou Pávlou
15. Stavronikíta
16. Xenophóntos
17. Grigoríou
18. Esphigménou
19. Panteleímonos
20. Konstamonítou

Aufteilung der Klöster in fünf Vierergruppen (Tetraden):

1. Megisti Lawra
   Dochiaríou
   Xenophóntos
   Esphigménou

2. Watopédi
   Koutloumousíou
   Karakállou
   Stavronikíta

3. Iwíron
   Pantokrátoros
   Philothéou
   Simonos Pétras

4. Chilandari
   Xeropotámou
   Agiou Pávlou
   Grigoríou

5. Dionysíou
   Zográphou
   Panteleímonos
   Konstamonítou

Der Gouverneur ist der Vertreter der griechischen Regierung und wird vom Außenministerium ernannt. Sein Sekretär ist sein Stellvertreter während seiner Abwesenheit. Ihm obliegt die Aufsicht und Verwaltung über alle öffentlichen Dienststellen des Staates, die sich auf dem Agion Oros befinden.
Die Polizeibehörde umfaßt sechs bis sieben Polizeistationen und eine Fremdenpolizei in Karyais.
Für den gesamten Heiligen Berg gibt es in Karyais und Dafni je eine Telefondienststelle und ein Postamt.
Das zentrale Zollamt ist in Dafni. Vier weitere Zollstationen befinden sich an der Küste.

Tageszyklus der Mönche

Griechische Zeit	Byzantinische Athos-Zeit	
ca. 16-17	10-11	„Hesperinós", Vesper
17-17.30	11-11.30	Abendessen in der „Trapeza"
18	12/0	Sonnenuntergang, Tagesbeginn - Schließen der Tore
18-18.30	0-0.30	„Apódeipnon", Komplet
19-24	1-6	Nachtruhe
24/0	6	Wecken
0-1	6-7	Privatgebet, Bußübungen
1-4	7-10	„Orthros", Morgengottesdienst
4-5.30	10-11.30	Ruhezeit
6	12/0	Sonnenaufgang
6-7.30	0-1.30	„Litourgía", Hl. Messe
7.30-8	1.30-2	Essenszeit
8-12	2-6	Arbeitszeit
12-14	6-8	Ruhezeit
14-15.30	8-9.30	Arbeitszeit

Die byzantinische Zeit unterteilt den Tag zwischen Sonnenuntergang und Sonnenaufgang in zwölf Nacht- und zwölf Tagesstunden ungleicher Länge.
Die Uhren werden mit Sonnenuntergang auf 0 gestellt.

Auf dem Heiligen Berg gilt der alte Julianische Kalender.

Das ergibt gegenüber der neuen Gregorianischen Zeitrechnung in diesem Jahrhundert eine Verspätung von 13 Tagen, im nächsten Jahrhundert sind es 14 Tage. Diese Zeitverschiebung gilt auch für die an ein bestimmtes Kalenderdatum **gebundenen neun Hochfeste:**

8. September	Geburt der allheiligen Gottesgebärerin
14. September	Kreuzerhöhung
21. November	Einführung der Jungfrau Maria in den Tempel
25. Dezember	Geburt des Herrn
6. Januar	Fest der Theophanie

2. Februar	Begegnung unseres Herrn mit Symeon und Anna
25. März	Mariä Verkündigung
8. August	Verklärung des Herrn
15. August	Entschlafen der Gottesgebärerin

Der bewegliche Jahresfestkreis steht in Verbindung mit dem Osterfest, dem Sonntag nach dem ersten Frühlings-Vollmond.
So werden Palmsonntag, Christi Himmelfahrt (40 Tage nach Ostern) und Pfingsten (50 Tage nach Ostern) zu beweglichen Festen.

Lebensformen
Kellia, Skites, Kalybes, Hesychastéria

Auf dem Heiligen Berg kann jeder Mönch seine Lebensform frei wählen. Es gibt in der Ostkirche keine Orden.
Die seit frühester Zeit für den Athos charakteristische Lebensform ist die der Kellioten. Sie leben allein, häufig zu zweit oder auch in kleineren Mönchsfamilien zusammen in einem Kellion, welches vom zugehörigen Großkloster für eine einmalige Summe gepachtet wird. Diese Einsiedler ernten aus ihren Gemüsegärten und von den reichlich vorhandenen Obst-, Nuß- und Olivenbäumen. Sie backen Brot und betätigen sich auch handwerklich, knüpfen Gebetsschnüre, schnitzen Kreuze und malen Ikonen.

Skites (Sing. Skiti) sind Dorfgemeinschaften. Ihre Häuser werden „Kalybes" („Kalyba", gr. Hütte) genannt. Hier leben drei oder mehrere Mönche zusammen, verrichten unter geistlicher Leitung eines Altmönchs, „Gerontas", ihre Mönchspflichten. Die „Ältesten" bilden eine Art Gemeinderat, die „Sínaxis", mit einem für ein Jahr gewählten Vorsteher, dem „Dikaíos". Auch sie unterstehen dem eigentlichen Grundbesitzer, dem Großkloster, dem sie pacht- und steuerpflichtig sind. In den Skites leben die meisten Malermönche und Holzschnitzer. Fast jedes Haus hat seine Kapelle. An Sonn- und Festtagen treffen sich die Mönche zum gemeinsamen Gebet im Kyriakon, der zentralen Kirche.

Von den Einzelsiedlungen sind die Hesychastéria zu erwähnen, in denen sich einzelne oder auch mehrere Mönche zu Gebetsübungen zurückziehen.

Ein „Káthisma" (Pl. Kathísmata) wird eine hesychastische Hütte genannt, die sich gewöhnlich in der Nähe eines Klosters befindet. In dieser Hütte leben ein, zwei oder mehr Mönche als Asketen. Sie sind vom Kloster abhängig und erhalten von dort ihre lebensnotwendigen Dinge.

Eine eher seltene Form von Weltflucht zeigt sich im Wandermönch. Er besitzt hier keine bleibende Wohnstätte, ist ständig unterwegs zur ewigen Himmelsstatt. Er ist überall und nirgends daheim, er macht sich nützlich und dient, wo er gerade ist.

Während in den Einzelsiedlungen der „Alte" (Gerontas) und im geistlichen Leben Fortgeschrittene die Leitung übernimmt, wird das mönchische Gemeinschaftsleben in den Klöstern durch die Klosterregel und den „Igoumenos", den Abt, bestimmt.

Um das Jahr 330 bereits vollzog sich in Ägypten die Weiterentwicklung des Mönchtums vom Einsiedlerleben des Wüstenvaters Antonios zum Gemeinschaftsleben des Kopten Pachomios. Diese koinobitische Lebensform hat durch den hl. Basilios (330-379), Bischof von Kaisaraia, seine ideologische Begründung gefunden. Er vertrat die Anschauung, daß das christliche Mönchsideal nur innerhalb der Gemeinschaft verwirklicht werden könne. Im 9. Jahrhundert formte Abt Theodor im Studion-Kloster in Byzanz die basilianische Gemeinschaftsidee zur strengen studitischen Regel. Nach diesem Vorbild gründete der hl. Athanasios im Jahre 963 das erste Gemeinschaftskloster, die Megisti Lawra, auf dem Athos. Im 11. Jahrhundert brachte der hl. Antonij, ein russischer Athosmönch, die studitische Mönchsregel nach Rußland und gründete das Kiewer Höhlenkloster.

Nach der koinobitischen Regel steht der „Igoumenos", ein auf Lebenszeit gewählter Abt, an der Spitze des Klosters; unter dessen Vorsitz steht der Gottesdienst in der Kirche, das gemeinsame Mahl in der Trapeza und das geistliche Leben der Mönche. Es gilt gemeinsamer Besitz und gemeinsame Bewirtschaftung.
In diesem Geiste entstanden im Laufe des 10. bis 14. Jahrhunderts die meisten der heutigen Großklöster.

Während der lateinischen Besetzung in den Jahren 1204-1261 unternahmen Kreuzfahrer Raubzüge auf den Athos und zerstörten das Klosterleben. Die Mönche zogen sich in die Wälder und Felshöhlen zurück. Als sich das Leben wieder normalisierte, wollten viele nicht mehr in die Klöster zurückkehren, da die härtere, meistens an die Grenze gestellte Lebensweise zu einem rascheren geistigen Fortschritt führte. Diese Asketen lebten weiter als Einsiedler oder in kleineren Gruppen in der Athoswüste. Nach der Erneuerung von Byzanz unter der Regentschaft der Palaiologen wurden auch die Mönche aufgefordert, in die Klöster zurückzukehren, um sie zu erhalten. Sie durften ihre individuell bestimmte, eremitische Lebensform auch innerhalb des Klosters beibehalten. Diese als „Idiorrhythmie" bezeichnete Lebensform ist ein „Leben nach eigener Weise". Statt Gemeinschaftsleben - kleinere Einzelwirtschaften und statt einer konstitutionellen Monarchie- eine demokratische Verfassung. Jeder Mönch im Kloster ist sein eigener Herr in der Gestaltung des geistlichen Lebens, ja sogar in der Verwaltung seines eigenen Vermögens. Reichere Mönche konnten mehrere Räume mit eigener Küche und Diener unterhalten. Statt den Abt auf Lebenszeit zu wählen, wird vom Rat der Vorsteher-Mönche ein „Epítropos", ein Handlungsbevollmächtigter, auf ein Jahr gewählt. Das Gemeinschaftsleben ist auf den Gottesdienst beschränkt.

Im Laufe der Zeit setzte sich in den Klöstern die koinobitische Lebensform wieder durch.

Am Ende des 17. Jahrhunderts beschloß die Synode in Konstantinopel, daß ein idiorrhytmisches Kloster eine koinobitische Lebensform annehmen kann, aber nicht mehr umgekehrt.

Im Jahre 1977 lebten noch neun Klöster idiorrhythmisch. Seit Mai 1992 werden alle 20 Großklöster koinobitisch geführt. Die zahlreichen jungen griechischen Mönche, die in den letzten Jahren auf den Athos gekommen sind, haben die ursprüngliche Form des Gemeinschaftsklosters wieder neu belebt.

Das orthodoxe Kreuzzeichen

Bei der Ausführung des Kreuzzeichens werden die drei ersten Finger der rechten Hand zusammengelegt. Sie sind das Symbol der Dreieinheit Gottes.
Der vierte und fünfte Finger bleiben gebeugt. Sie sind das Symbol der zwei Naturen Christi.
Es werden nacheinander die Stirn, die Leibmitte, die rechte und danach die linke Schulter berührt. Es folgt eine leichte Verbeugung, wobei die rechte Hand auf die Brust gelegt wird, verbunden mit der Hingabeformel: „Dir, o Herr".

Das Kreuzzeichen, das beim Segnen von links nach rechts gegeben wird, wird spiegelbildlich auf sich selbst projiziert. Wir empfangen den Segen als Geschenk.

Das Kreuzzeichen besagt, „daß der Gläubige sich vom Kreuz Christi versiegelt, gezeichnet und erlöst weiß und einstimmt in den Lobpreis der erlösten Schöpfung." (123)

Das Symbol verbindet, ist eine Brücke, eint, führt zur Gemeinschaft mit dem Symbolisierten, das in seinem Symbol gegenwärtig ist.

Mit dem Kreuzzeichen bewirkt der Gläubige die „Epiklese in der Geste", die Anrufung Gottes mit der Bitte um Sendung des Heiligen Geistes, genauer um „die unbesiegbare Kraft des Kreuzes". (124)

Es ist ein Symbol der trinitarischen Liebe, es verbindet den Gläubigen mit ihr und führt zur Gemeinschaft mit der göttlichen Liebe, die im Gläubigen wirksam ist.

Das Kreuzzeichen wird angewendet bei Nennung des Dreieinigen Gottes, des Heiligen Kreuzes und überall, wo der Gläubige sein Einstimmen, sein Ja-Wort oder seine Schuld bekennen will.

Die Metanie

Die Metanie (gr. „metánoia", sl. „poklon") bedeutet „Umkehr", Sinnesänderung, Buße, Bitte um Verzeihung und bringt auch Verehrung und Demut zum Ausdruck.
Bei der „Kleinen Metanie" verneigt man sich so weit, daß die reche Hand bei gestreckten Knien den Boden berührt.
Die „Große Metanie" ist ein Sichniederwerfen auf beide Hände und Knie, wobei dann die Stirne den Boden berührt.
Metanien symbolisieren nicht nur Hingabe und Unterwerfung, sondern im besonderen auch Mitsterben und Mitauferstehen mit Christus.
Allgemein werden Metanien mit vorangehenden Kreuzzeichen bei der Verehrung des Leibes und Blutes Christi, des heiligen Evangeliums, des heiligen Kreuzes, der Reliquien und Ikonen gemacht. Ohne Kreuzzeichen, als Bitte um Vergebung gegenüber Mitmenschen (Kleine Metanien), vor Mönchen und Bischöfen mit der Bitte um ihren Segen (Große Metanien). An Sonn- und Feiertagen werden keine „Großen Metanien" gemacht, weil nach der Lehre der Väter an diesen Tagen nicht gekniet werden soll. (125)
An den Sonntagen der Osterzeit bis Himmelfahrt und nach der Kommunion werden auch keine „Kleinen Metanien" gemacht. Wo beide Metanien nicht zulässig sind, kann man beim ruhigen Aufrechtstehen den Kopf neigen und die Arme vor der Brust kreuzen.

Beim Betreten der Kirche
wird dreimal das Kreuzzeichen mit einer Metanie gemacht und dabei dem Altar zugewendet gesprochen: „Gott, sei mir Sünder gnädig."
Dann folgt die Verehrung der Christusikone, der Festtagsikone auf der linken Seite: Zwei Metanien mit Kreuzzeichen, dann wird die Ikone geküßt und eine dritte Metanie mit Kreuzzeichen angeschlossen.

Beim Verlassen der Kirche
werden die Ikonen nochmals verehrt, und beim Ausgang, dem Altar zugewendet, wird die Andacht im Gotteshaus mit drei Kreuzzeichen, ohne Metanien, beendet.

Athoskirchen sind spätbyzantinische Kreuzkuppelkirchen:

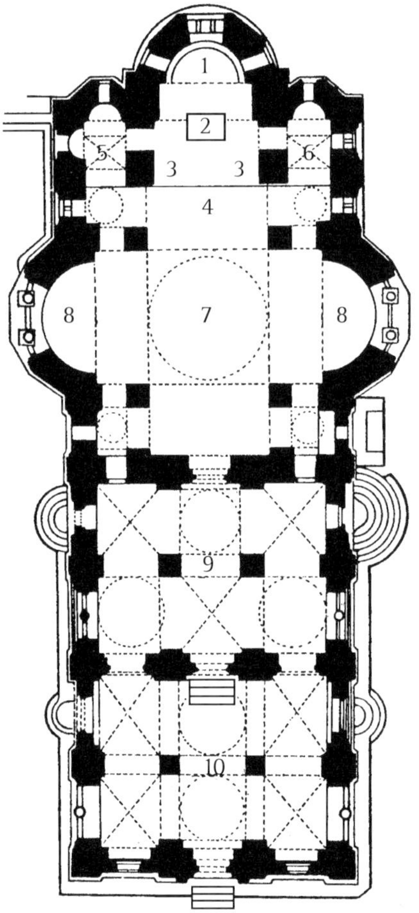

Grundriß eines Katholikóns:

1 *Apsis*
2 *Altarraum (Bima, spr. Wima)*
3 *Ikonostase (Bilderwand mit 3 Türen*
4 *Königstür*
5 *Vorbereitungsraum (Proskomodi oder Prothesis)*
6 *Diakonikon (Raum für Diakone und Bücher)*
7 *Naos mit Kuppel*
8 *Chor, Pulte und Chorgestühl*
9 *Esonarthex (innerer Vorraum)*
10 *Exonarthex (äußerer Vorraum)*

Im Katholikón

In der Hauptkirche, versammeln sich die Mönche zum gemeinsamen Gottesdienst. Das Gotteshaus ist in der orthodoxen Spiritualität nicht einfach der Ort des gemeinsamen Gebets und des sakramentalen Lebens, sondern eine Widerspiegelung des Himmels auf Erden, in seiner Gesamtheit ein Bild der zukünftigen erneuerten Welt, wo Gott „alles in allen erfüllt“ (Eph. 1,23). Daher liegt die Hauptaufgabe der byzantinischen Kunst in der Sichtbarmachung des Überirdischen und Heiligen. Sie steht ausschließlich im Dienst der Verehrung und Vereinigung mit Gott. Sie hat die Funktion eines „seelischen Mittlers zwischen der irdischen und göttlichen Sphäre“ (Talbot Rice).

Die Hauptkirche gliedert sich in zwei Vorräume, den äußeren und inneren Narthex, bevor man den inneren Kirchenraum betritt. Darüber wölbt sich die hohe Kuppel, der Mittelpunkt des kreuzförmigen Kirchenbaus. Die Kuppel versinnbildlicht den Himmel mit dem Pantokrator, dem Allherrscher, Christus als Abbild des Vaters. „Wer mich gesehen hat, hat den Vater gesehen“ (Jo 14,9). Es ist der theologische Hinweis auf die Wesenseinheit des Sohnes mit dem Vater.

Die vier Hauptsäulen des Kirchenbaus weisen auf die vier Evangelisten als Ausdruck dafür, daß das geoffenbarte Wort Gottes das unerschütterliche Fundament der Kirche ist.

In der breiten Altarapsis vereinigen sich die Kuppel und der Altarraum, gleichsam Himmel und Erde. Hier sehen wir das Bild der Menschwerdung Gottes, die Gottesmutter als „Platytéra“ dargestellt, benannt nach dem Hymnus: „Du wurdest erwiesen als umfassender als die Himmel, indem du deinen Schöpfer trugst.“ Es ist die Gottesmutter, die den Logos des Vaters, den kein Raum erfassen konnte, in ihrem Schoß empfangen hat. In ihr vereinigt sich Himmel und Erde, daher ihre Darstellung in der Apsis.

Zur Geschichte des Heiligen Berges

5. Jh. v. Chr.	Herodot (um 484-425) berichtet von 6 Städten, Kolonien griechischer Kleinstaaten; Sane (Ouranoupolis), Dion (bei Watopedi), Olophyxos (zwischen Chilandari und Esphigmenou), Akrothoon (Skiti Prodromou), Thyssos (Hafen Konstamonitou), Kleonai (Xeropotamou). Eine siebente Stadt wird im Raum Dafni oder Watopedi angenommen.
492 v. Chr.	Perserkönig Dareios I. (521-485) entsendet seine Kriegsflotte unter General Mardonios nach Griechenland. Am Kap Nymphaion des Athos zerschellen nach Herodot 300 Schiffe und 20.000 Mann ertrinken.
490 v. Chr.	Schlacht bei Marathon, Niederlage der Perser
480 v. Chr.	Bau des Xerxeskanals durch die zwei Kilometer lange nördliche Landenge. Nach Herodot läßt Xerxes 1207 Trieren (Dreiruderer) und 3000 andere Schiffe einschleusen. Mardonios führt das Landheer nach Makedonien. Am Paß der Thermopylen kämpft Spartanerkönig Leonidas mit seinen Kriegern gegen die persische Übermacht und kann nur durch Verrat bezwungen werden.
480 v. Chr.	In der Seeschlacht bei Salamis erleidet Xerxes schwere Verluste und muß den Rückzug antreten.
479 v. Chr.	Mardonios fällt bei Plataä, das persische Landheer wird vernichtet.
168 v. Chr.	Römische Besatzung in Chalkidiki und Athos
306-337 n. Chr.	Konstantin der Große
311	Toleranzedikt des römischen Mitkaisers Galerius (Regierungssitz Thessaloniki) beendet die Christenverfolgungen.
313	Toleranzedikt von Mailand, erhebt das Christentum zur Staatsreligion.

325 Konzil von Nicäa: Annahme des Nicäanischen Glaubensbekennsnisses. Die Lehre des alexandrischen Priesters Arius, der die Gottheit Christi leugnet, wird verworfen. Christus ist mit Gottvater wesensgleich. Gott ist keine abstrakte Wirklichkeit „im Himmel“, sondern Er ist so, wie Jesus ihn in seiner Person, offenbart hat.

330 Konstantin verlegt die Hauptstadt des Römischen Reiches nach Byzantion am Bosporus und gibt ihr den Namen Konstantinopel.

381 Konzil von Konstantinopel: Gemäß der Lehre der großen Theologen von Kappadozien, Basilios, Gregor von Nyssa und Gregor von Nazianz, ist Gott die absolute und untrennbare Einheit.

395 Teilung des Römischen Reiches nach dem Tode Theodosios d. Gr. in ein West- und Oströmisches Reich.

431 Konzil von Ephesos: Verurteilt die Lehre des Nestorios, betont die Einheit der Person Christi und erklärt demgemäß Maria als „Gottesgebärerin“, „Theotokos“. Nestorios, Patriarch von Konstantinopel (428-31), vertritt eine Zweinaturenlehre, allerdings mit einer Scheidung von göttlicher und menschlicher Natur in Jesus. Für Maria lehnt er den Ausdruck Gottesgebärerin ab und nennt sie Christusgebärerin. Er wird als Häretiker 431 abgesetzt und verbannt.

451 Konzil von Chalcedon: Legt die Reihenfolge der fünf Patriarchate fest: Rom, Konstantinopel, Alexandrien, Antiochien und Jerusalem. Der Bischof von Rom hat nur einen Ehrenvorrang, ein Ehrenprimat. Die Lehre der Monophysiten wird verworfen. Der Monophysitismus lehrt, daß in Christus nicht zwei Naturen, die göttliche und menschliche, verbunden seien, sondern nur die eine Natur des fleischgewordenen Wortes Gottes sei.

Das Konzil definiert: „Christus ist der wahre Gott und der wahre Mensch“, der sich in zwei Naturen, ohne Vermischung, ohne Veränderung, unaussprechlich, untrennbar, zu erkennen gibt.

553 und 680	Konzile in Konstantinopel vertiefen diese Erklärungen: In Christus dringt die „Energie“ Gottes in die menschliche Natur ein und verändert die Menschheit wie „das durch das Feuer zum Glühen gebrachte Eisen“.
787	Konzil in Nicäa, das letzte ökumenische Konzil: Die Anerkennung der Bildverehrung wird mit den Worten des hl. Basilios begründet: „Die Ehre des Bildes geht auf die Ehre des Urbildes zurück.“ Johannes von Damaskos erklärt, daß gerade die Inkarnation die Darstellung Christi möglich mache. Die Bildverehrung gelte nur dem Urbild. Unter dem Schutz der Kaiserin Irene wird die Bilderverehrung für zulässig erklärt. Die Gegenwart Gottes wird nicht nur durch das menschliche Wort übermittelt, sondern auch durch die Ikonen, jene im Geiste des Gebetes gemalten Glaubenszeugnisse.
726-843	Bilderstreit (Ikonoklasmos)
726	Kaiser Leon III. (717-714) verbietet die Bilderverehrung in Byzanz.
787	Konzil von Nicäa, Kaiserin Irene (797-802) hebt das Verbot auf.
813-843	Zweite Phase des blutigen Bildersturms unter Leon V. (812-820)
843	Synode von Konstantinopel: Die Kaiserwitwe Theodora, die für ihren Sohn Michael die Regentschaft ausübt, beendet endgültig den Ikonoklasmos.
	Die Kirchenspaltung
6. Jh.	Westliche Synode von Toledo: Dem Nicäanischen Glaubensbekenntnis wird das „Filioque“ - der Heilige Geist geht hervor aus dem Vater „und dem Sohne“ - hinzugefügt.
800	Karl der Große wird vom Papst Leo III. zum Kaiser gekrönt. Die Entwicklung des Reiches verstärkt die Tendenz, den westlichen Teil der Kirche als Modell und Führerin der Gesamtkirche zu betrachten.

867-879	Photianisches Schisma Photios, byzantinischer Theologe, Schriftsteller und Patriarch von Konstantinopel (858-867 und 877-886) Photios wird 863 von Papst Nikolaus I., wegen der Absetzung des Patriarchen Ignatios und seiner unkanonischen Beförderung zum Patriarchen, gebannt.
867	Photios beruft eine Synode in Konstantinopel ein, auf der der Papst wegen Einmischung bei der Besetzung des Patriarchats gebannt wird. Der Primat des Papstes wird abgelehnt. Auch wird die Hinzufügung der römischen Kirche zum Glaubensbekenntnis, das „Filioque“, verworfen, denn die auf einem ökumenischen Konzil im Namen der Gesamtkirche beschlossene Formulierung und Lehre seien unveränderlich.
867-886	Basilios I. begründet die makedonische Dynastie, muß sich aus politischen Gründen mit der römischen Kirche arrangieren und setzt Photios ab. Das zweite Mal amtiert er ohne Widerspruch des Papstes.
879	Aufhebung der Bannsprüche
1014	Anläßlich der Krönung Kaiser Heinrichs II. führt die römische Kirche offiziell den Gebrauch des „Filioque“ in die Liturgie ein.
16. 7. 1054	Legaten des Papstes Leo IX. begeben sich nach Konstantinopel, um über die Streitpunkte zu verhandeln. Angesichts der zögernden Haltung des Patriarchen Kerrularios, legt Kardinal Humbert von Silva Candida die Bannbulle auf den Altar der Sophienkirche. Darin werden die Griechen unter anderem beschuldigt, das „Filioque“ aus dem Glaubensbekenntnis entfernt zu haben und die Priesterehe zu dulden. Beide wissen, daß der Papst Leo IX. inzwischen verstorben und damit die Bannbulle kirchenrechtlich ungültig ist.
21. 7. 1054	Dennoch bannt Patriarch Kerrularios all jene, die der Bulle zustimmen.

8./9. Jh.	Die hll. Petros Athonitis und Euthymios leben auf dem Athos.
963	Athanasios aus Trapezunt gründet mit Unterstützung des byzantinischen Kaisers Nikephoros Phokas (963-69) das erste koinobitische Kloster, die Megisti Lawra, auf dem Athos.
971/972	1. Typikon (Klosterordnung, Verfassung) des Kaisers Johannes Tzimiskes, worin die Selbstverwaltung des Athos urkundlich festgelegt wird. Diese älteste Athosverfassung wird Tragos (=Bockshaut) genannt, da sie auf Ziegenhäuten geschrieben wird.
um 972	Gründung von Watopedi
980	Gründung des Klosters Iwiron
10. Jh.	Gregorios Helandarios (=Schiffer, Kahnfahrer) gründet das Kloster Helandarios, das 1005 und letztmalig 1169 erwähnt wird.
10./11. Jh.	Klostergründungen von Dochiariou, Xeropotamou, Esphigmenou, Zographou, Philotheou, Karakallou, Koutloumousiou, Konstamonitou, Amalfinon (lat. Kloster).
1045	In einer Goldsiegelbulle des Kaisers Konstantin IX. wird der Berg Athos erstmals in einer Urkunde „Heiliger Berg" genannt.
1046	2. Typikon des Kaisers Konstantinos IX. Monomachos bestätigt das erste: die Selbstverwaltung durch die zentrale Mönchsregierung, die Vorrechte der Großklöster, das Frauenverbot (Abaton) und die Bezeichnung „Agion Oros" (Heiliger Berg).
1051	Der hl. Antonij kehrt nach Rußland zurück und gründet das Kiewer Höhlenkloster, die Lawra. Er ist im Kloster Esphigmenou zum Mönch geweiht worden, hat in der Einsiedelei auf der nördlichen Anhöhe von Samareia gelebt, wo er in strenger Zurückgezogenheit die russischen Mönchsregeln verfaßt hat.

11. Jh.	Russischen Mönchen wird die Skiti Xylourgou (Bogoroditsa) zugeeignet.
1080-1120	Walachenhirten besiedeln den Athos. Ein kaiserlicher Erlaß verbietet den freien Zugang für Nichtmönche auf den Athos.
um 1169	Griechen übergeben den zahlreichen russischen Mönchen das alte Kloster des hl. Panteleimon, das im 11. Jahrhundert von einem reichen Thessaloniker gegründet worden ist und heute Stary Russik oder Palio Monastirion genannt wird.
1198	Serbische Neugründung des Klosters Chilandari durch den Großfürsten Stefan I. Nemanja (Mönchsname Simeon) und seinem Sohn Ratko (Sava). Kaiser Alexios III. übergibt in einer Goldsiegelbulle Chilandari mit allen heiligen Stätten in Milea als vollkommen autonomes Kloster „den Serben zum ewigen Geschenk".
1204	Eroberung Konstantinopels durch die venezianischen Abenteurer des sogenannten 4. Kreuzzuges unter der Führung des greisen Dogen Dandolo. „Christliche Ritter" richten im christlichen Konstantinopel ein schreckliches Blutbad an und rauben unermeßliche Kunstschätze. Ein Jahr darauf stirbt Enrico Dandolo in Konstantinopel und wird in der Hagia Sophia bestattet.
1204-61	Lateinische Besetzung großer Teile Griechenlands. Fränkische Barone untenehmen Raubzüge auch auf dem Athos. In ihrer Verzweiflung erbitten die Mönche Schutz vom Papst Innozenz III., der sofort das Einstellen der Gewalttätigkeiten befiehlt. In dem Schreiben an seine Legaten wird der Athos als „Heilige Stätte", als „Haus Gottes" und „Himmelspforte" bezeichnet.
1261	Rückeroberung Konstantinopels durch Michael VIII. Palaiologos. Mit seiner papstfreundlichen Politik will der Kaiser erneute Überfälle durch Kreuzritter verhindern.

1274	Einigung mit dem päpstlichen Legaten auf eine Unionsform. Danach akzeptiert der byzantinische Hofkanzler zu Lyon im Namen seines Kaisers nicht nur den päpstlichen Primat, sondern der Kaiser nimmt auch den römischen Glauben an. Diese Union wird von den Mönchen entschlossen abgelehnt. Um die Einheit des Reiches zu schützen, wendet der Kaiser Gewalt an. Mönche und Priester werden ermordet. Der Patriarch wird zum Rücktritt gezwungen, der Archivar Ioannis Bekkos übernimmt das Amt (1275-82). Seine Männer ermorden den Protos und mehrere standhafte Mönche auf dem Heiligen Berg.
1282	Michael VIII. stirbt, sein Sohn Andronikos II. kündigt die Union von Lyon auf.
1307-09	Katalanische Söldnertruppen des byzantinischen Kaisers meutern, unternehmen Raubzüge auf dem Athos, zerstören Klöster, ermorden Mönche auf grausamste Weise.
1312	Kaiser Andronikos II. unterstellt die Athosklöster der Jurisdiktion des ökumenischen Patriarchen von Konstantinopel.
14. Jh.	Der Athos erlebt einen geistigen Höhepunkt mit der Erneuerung des „geistigen Gebets", durch Gregorios Sinaitis (1255-1346) und seinen Schüler Gregorios Palamas (1296-1359). Gründung der Klöster Grigoriou, Simonos Petra, Pantokratoros, Dionysiou, Agiou Pavlou.
1335-51	Hesychastenstreit. Barlaam, griechisch-orthodoxer Mönch aus Kalabrien, vertritt die Meinung, daß Gottes Wesen der menschlichen Vernunft unzugänglich sei. Er wendet sich auch gegen die methodischen Anweisungen zur hesychastischen Gebetstechnik und bezeichnet die Hesychasten als Nabelbeschauer. Barlaam hält das Taborlicht für geschaffen, dazu bestimmt, den Glauben der Apostel zu stärken.
	Gregorios Palamas (1296-1359), Athosmönch und späterer Metropolit von Thessaloniki, verteidigt die Lichtmystik mit

Erfolg. Er unterscheidet zwischen Wesen und Energien Gottes. Gottes Wesen bleibt unzugänglich, wir können nur Gottes Wirken oder Energien erkennen. Es wird nicht Gottes Wesen geschaut, sondern das göttliche Licht, Seine Energien sind schaubar, aber unerschaffen, göttlich. Das Taborlicht, jene geheimnisvolle Lichterscheinung Christi, die die drei Jünger auf dem Berg der Verklärung schauten, wird von Hesychasten und Gottsuchern auf geheimnisvolle, mystische Weise immer wieder erfahren.

1351 Synode von Konstantinopel. Hier findet der Hesychasmus seine offizielle Anerkennung. Das „ungeschaffene Licht" sei nicht eine Wirkung psychotechnischer Methoden, sondern sei als eine wirkliche Kundgebung der jenseitigen Welt zu achten.

14. Jh. Nikephoros der Einsiedler lebt als Mönch auf dem Athos, ist Lehrer des Gregorios Palamas; er schreibt eine Abhandlung über die „Nüchternheit und Wachsamkeit des Herzens". Die Athosmönche Kallistos und Ignatios Xanthopouloi schreiben „Die Centurie", hundert Kapitel über den Hesychasmus. Kallistos ist 1397 Patriarch von Konstantinopel.

1430 Türken erobern Thessaloniki.

1453 Konstantinopel, über ein Jahrtausend christliches Bollwerk Europas, wird von Sultan Mehmed II. (1451-81) erobert. Über einen Monat verteidigen sich die Byzantiner gegen eine zwanzigfache Übermacht. Am 29. Mai 1453 fällt der letzte byzantinische Kaiser Konstantin XI. im Kampf auf den Mauern der Stadt.

1453-1912 Osmanische Besetzung, der Athos bleibt weiter autonom.

1533 Gründung des Klosters Stawronikita.

1743 Gründung einer höheren Schule bei Watopedi (Athoniás).

1821 Mißglückter Mönchsaufstand im Zuge der griechischen Freiheitsbewegungen.

1821-30	Griechischer Freiheitskampf, wird von den Türken niedergeschlagen. Türkische Armee-Einheiten besetzen den Athos.
1827	Seeschlacht bei Navarino (heute griech. Pylos). Am 20. Oktober wird die türkisch-ägyptische Seemacht von einer englischen, französischen und russischen Flotte unter Admiral E. Codrington vernichtet.
19. Jh.	Errichtung der russischen Klosterstadt des hl. Panteleimon an der Küste.
1842	Gründung der Athosschule in Karyais (1953 wieder eröffnet, zwischenzeitlich geschlossen).
1912	Im 1. Balkankrieg wird Makedonien, Thessaloniki mit dem Athos von den Osmanen befreit, und Griechenland erhält die heutigen Nordprovinzen des Landes.
1878	Am Berliner Kongress, unter Vorsitz von Bismarck werden die Bedingungen für den Russisch-Türkischen Frieden festgesetzt und im Artikel 62 die Autonomie des Heiligen Berges international anerkannt. Darin heißt es: „Die Mönche des Athos, gleich welcher nationalen Herkunft, sollen ihre bisherigen Besitzungen und Vorteile behalten und ausnahmslos völlige Gleichheit der Rechte und Vorrechte genießen."
1923	Vertrag von Lausanne, Anerkennung der Oberhoheit des griechischen Staates über den Athos. Dazu heißt es in Artikel 13: „Griechenland übernimmt die Verpflichtung, die traditionellen Rechte und Freiheiten der nichtgriechischen klösterlichen Gemeinschaften auf dem Heiligen Berg Athos anzuerkennen und aufrechtzuerhalten."
1926	Das Athener Nomothetikon Diatigma vom 10. September fügt einschränkende Veränderungen hinzu: „Die Halbinsel Athos stellt einen autonomen Teil des griechischen Staates dar, der die volle

Souveränität über ihn behält." „Alle Mönche auf dem Heiligen Berg, welchen ethnischen Ursprunges sie auch seien, werden als im Besitz der hellenischen Staatsbürgerschaft betrachtet." (Artikel 6) Nichtgriechische orthodoxe Mönche benötigen das Niederlassungsrecht vom griechischen Staat.

1941-44 Selbstverwaltung durch die Mönchsregierung unter Aufsicht der deutschen Wehrmacht.

1963 Tausendjahrfeier der Gründung der Megisti Lawra.

1964 Papst Paul VI. und der ökumenische Patriarch Athenagoras treffen sich in Jerusalem. Beide Kirchenfürsten nehmen gleichrangige Plätze ein. Der päpstliche Stuhl bleibt frei.

1965 Am 7. Dezember erfolgt die Aufhebung der Bannsprüche von 1054, das Schisma ist damit formell beendet.

1976 Der Artikel 105 der neuen griechischen Verfassung regelt den Status des Heiligen Berges:

„Nach seinen alten Privilegien besitzt der Athos eine Selbstregierung. Er ist dennoch ein Teil des griechischen Staates, dessen Souveränität über dieses Gebiet unangetastet bleibt. Von kirchlichem Standpunkt untersteht der Berg Athos der Oberhoheit des Ökumenischen Patriarchen in Konstantinopel.
Vom Zeitpunkt an ihrer Zulassung als Mönche, sind alle, die am Athos ein klösterliches Leben führen, naturalisierte Griechen, ohne daß es einer anderen Formalität dafür bedürfte.
Der Berg Athos wird durch seine Klöster verwaltet, deren Zahl zwanzig beträgt. Unter ihnen ist der gesamte Boden der Halbinsel aufgeteilt. Er ist unveräußerlich. Die Verwaltung wird durch die Vertreter der Hl. Klöster durchgeführt, die die Heilige Gemeinschaft, die Iera Kinotis, bilden. Die Niederlassung von nichtorthodoxen Personen ist verboten.
Die Organisation des Hl. Berges ist durch die konstitutionelle Charta des Berges Athos festgelegt. Sie ist durch die Vertreter der

zwanzig Klöster unter Mitwirkung des Regierungsvertreters von Athen beschlossen und durch das Ökumenische Patriarchat und das Parlament von Griechenland ratifiziert worden. In geistlicher Hinsicht ist der Berg Athos dem Ökumenischen Patriarchat, in Hinsicht der Güterverwaltung der Überwachung des griechischen Staates unterworfen. Dem Staat allein kommt es auch zu, für die öffentliche Ordnung und Sicherheit zu sorgen.

Die genannten Vorrechte des Staates werden von einem Gouverneur wahrgenommen, dessen Rechte und Pflichten durch Gesetz festgelegt sind. Ein eigenes Gesetz bestimmt die Gerichtsbarkeit, die durch die klösterlichen Behörden und die Heilige Gemeinschaft ausgeübt wird; ebenso die Zoll- und Steuerprivilegien des Berges Athos."

Erklärungen zur Aussprache der im griechischen Wort stellenweise beibehaltenen Buchstabenverbindungen:

Buchstabenverbindungen	Aussprache	Musterwort
ai	e	Karyais
ei	i	Agioreites
oi	i	Koimesis, Koinobion
ou	u	Koutloumousiou
e	i	Nikodemos
b	w	Bigla, Probata, Kalyba
ge	j	Geron
gi	j	Agios

Worterklärungen

Acheiropoietos-Ikone	„Nicht von Menschenhand gemachte", wundertätige Ikone, die durch Eingreifen einer außerirdischen Macht entstanden ist.
Agíasma	Weihwasser, heilbringendes Wasser
Agioreítes	Mönch vom Heiligen Berg
Agrypnía	Schlaflosigkeit, Wachsamkeit, Nachtwache, auch Pannychída
Anachoret	Einsiedler
Akáthistos Hymnos	24strophiges Loblied auf die Gottesmutter, das nicht im Sitzen, sondern stehend zu singen ist.
Akolouthía	Gottesdienst
Antiprósopos	Vertreter, Abgeordneter eines Klosters in der Heiligen Gemeinde
Apódeipnon	Nachtgebet nach dem Abendessen, Komplet
Apolytikion	siehe Troparion
Archontaríki	Gästehaus
Archontáris	Gästemönch
Arsanás	Kleiner befestigter Hafen (türkisches Wort)
Axion Estin	Wundertätige Gottesmutter-Ikone, benannt nach dem Hymnos: „Würdig ist es in Wahrheit dich selig zu preisen, Gottesgebärerin ...".
Bima	spr. wima = Altar
Deesis	Fürbitte, Gebet, Darstellung des thronenden Christus zwischen der Gottesmutter und Johannes dem Täufer. Sie bitten für die Menschheit beim Jüngsten Gericht.
Diamonitírion	Athospaß, ausgestellt von der Iera Epistasía, Aufenthaltsgenehmigung (siehe Abb. auf S. 298)
Dikaíos	Vorsteher einer Skiti
Dodekaórthon	Die zwölf Hochfeste im Kirchenjahr ergänzt durch das Osterfest, Bildzyklus an der Ikonostase
Doxologie	Verherrlichungsgesang, „Ehre sei Gott ..."
Ekklesiarchis	Der für die Kirche verantwortliche Mönch
Eremit	Einsiedler
Esonarthex	Innere Vorhalle, vor dem Naos
Exonarthex	Äußere Vorhalle der Kirche

Evlogíte - Kyrios	Begrüßungsformel: „Segnen Sie - Der Herr segne Sie".
Gerontas (Geron)	Alter, weiser, im geistlichen Leben fortgeschrittener Mönch
Hesychasmus	Geistliche Schule der orthodoxen Kirche, eine mystisch asketische Bewegung seit den Anfängen des christlichen Mönchtums im 3. und 4. Jahrhundert mit dem Jesusgebet als spezifischer Gebetsübung.
Hesychía	Ruhe, Frieden, Gottversenkung
Hesychasterion	Einsiedelei, wo sich Mönche zu Gebetsübungen zurückziehen.
Hesperinos	Vesper, Abendgottesdienst Am Vorabend beginnt der liturgische Tag.
Iberer	Georgier
Idiorrhythmie	„Leben nach eigener Weise", jeder Mönch ist sein eigener Herr, hat Eigenbesitz, jeder kocht und ißt allein.
Igoúmenos	Der auf Lebenszeit gewählte Abt im Gemeinschaftskloster (koinobitisches Kloster)
Iéra Epistasía	Heiliger Vorsitz der Mönchsregierung, gebildet von einer Vierergruppe der Heiligen Gemeinde, wobei der Protos abwechselnd von der Megisti Lawra, Watopédi, Iwiron, Chilandari, Dionysíou gestellt wird. Jährlich am 1. Juni ist Amtswechsel.
Iéra Kinótis	Heilige Gemeinde, das Parlament der Mönche, gebildet aus je einem Deligierten (Antiprosopos) der 20 Klöster.
Kalyba, Kalybes	spr. Kaliwa,-es = Hütten einer Skiti
Kanon	Vorschrift, Regel. Hier Gebetskanon des Mönchs. Gesänge beim Morgengottesdienst.
Kathísma	Eine hesychastische Hütte in der Nähe eines Klosters, in der Mönche als Asketen leben.
Katholikón	Hauptkirche eines Klosters
Kellion, Kellia	Einzelhaus, einem Kloster zugehörig
Koinobitisch	von Koinobion, (spr. Kinowion) Gemeinschaftskloster
Kyriakón	Hauptkirche einer Skiti
Komboskoini	Gebetsschnur
Konaki	„Antiprosopion", Botschaftsgebäude eines Klosters in Karyais
Kontákion	Ein Lied, in welchem die Bedeutung des Festes kurz dargelegt wird.

Λαθε βιϖσας	„Lebe im Verborgenen", Leitsatz der Epikureer, die dem politischen Leben den Rücken kehrten. Die ihnen gemäße Bindung ist die Freundschaft zwischen Gleichgesinnten.
Líti	Das feierliche Bittgebet beim großen Abendgottesdienst in der Vorhalle der Kirche.
Litourgía	Die Heilige Messe
Megalynarion	siehe Troparion
Metochion	Landgut eines Klosters außerhalb des Athos
Naós	Kirchenschiff, Hauptraum der Kirche unter der Kuppel
Narthex	Vorhalle, innere und äußere Vorhalle, Eso- und Exonarthex
Nekrotapheion	Beinhaus
Nosokomion	Krankenhaus
Orthros	Morgengottesdienst, umfaßt: nächtliches Psalmengebet, Oden und Laudes
Pannychis	Nachtgottesdienst, auch Bezeichnung für Totenfeier
Philokaleía	Wörtlich: Liebe zur geistlichen, inneren Schönheit. Ein Sammelwerk des hl. Nikódemos vom Heiligen Berg Athos, das 1782 in Venedig erschienen ist. Das Buch enthält Auszüge von 25 asketischen Schriftstellern des christlichen Ostens vom 3. bis zum 15. Jahrhundert.
Prodromos	Vorläufer, Johannes der Täufer
Protaton	Kirche des Protos in Karyais
Protos	„Protoepistatis", Ministerpräsident der Mönchsregierung, auf ein Jahr gewählt
Símantron	Klingendes Holz, wird rhythmisch angeschlagen, ruft die Mönche zum Gottesdienst
Skíti	Mönchsdorf mit mehreren Kalybes und einem Kyriakon
Synaxarion	Verzeichnis von Feiertagen der Märtyrer und Heiligen mit ihren Lebensbeschreibungen
Trágos	Wörtlich „Bockshaut", Gründungsurkunde des Heiligen Berges Athos von 971
Trapeza	Speisesaal
Troparion	Ein Lied zur Verherrlichung des betreffenden Festes
Typikon	Klosterstatut, auch liturgisches Buch mit Regeln für die Gottesdienstordnung.

Anmerkungen

1 J. Ph. Fallmerayer: Der Heilige Berg Athos. Hg. von Franz H.Riedl, Athesia - Bozen, 1978, S. 11.
2 A. Ch. Theophilopoulos: GERONTIKO TOU AGIOU OROUS.
ΓΕΡΟΝΤΙΚΟ ΤΟΥ ΑΓΙΟΥ ΟΡΟΥΣ
(Gerontikon des Heiligen Berges).
Thess., 1981, 2. Aufl., Bd.II., S.258.
3 Igor Smolitsch: Leben und Lehre der Starzen. Jakob Hegner, Köln und Olten, 1952, S.90.
4 Ibid., S.92.
5 Ibid., S.100.
6 Ibid., S.99.
7 G. Schäfer: Das Handbuch der Malerei vom Berge Athos. Trier, 1855, S.377-379.
8 Osios Nikodemos Agioreites:
O AÓRATOS PÓLEMOS.
Ο ΑΟΡΑΤΟΣ ΠΟΛΕΜΟΣ
(Der unsichtbare Krieg).
Phos - X.E.E.N., Athen.
9 A.Ch.Theophilopoulos: op.cit., Thess., 1989, 4. Aufl., Bd. I., S.186/187.
10 Starez Siluan - Mönch vom Berg Athos. Bd. II., Patmos Verlag, Düsseldorf, 2. Aufl., 1981, S.77.
11 Ibid., S.7.
12 Ibid., S.17/18.
13 Ibid., S.49.
14 Starez Siluan -
Mönch vom Heiligen Berg Athos -
Leben - Lehre - Schriften.
Hg. Arch. Sophronios.
Patmos Verlag, Düsseldorf,
1. Aufl., 1959, Bd.I., S.51.
15 Ibid., S.53.
16 Anselm Grün OSB: Starez Siluan -
Leben aus dem Geist.
Kaffke, München, 1980, S.12.
17 Starez Siluan - op.cit., Bd.II., S.95.
18 Iosif Monachos:
GERON IOSEF O HESYCHASTES.
ΓΕΡΩΝ ΙΩΣΗΦ Ο ΗΣΨΧΑΣΤΗΣ (Geron Iosif der Hesychast).
Agion Oros, 1984.
19 Gerontas Iosif: EKPHRASIS MONACHIKES EMPEIRÍAS.
ΕΚΦΡΑΣΙΣ ΜΟΝΑΧΙΚΗΣ ΕΜΠΕΙΡΙΑΣ
(Ausdruck Mönchischer Erfahrungen).
Ieras Monis Philotheou, Agion Oros,
4. Aufl., 1992.
20 A.Ch.Theophilopoulos: op.cit., Bd.I., S.235.
21 A.Ioannikios: ATHONIKON GERONTIKON.
ΑΘΩΝΙΚΟΝ ΓΕΡΟΝΤΙΚΟΝ
(Athos Gerontikon). 1991, 1. Aufl., S.119.
22 A.Ch.Theophilopoulos: op.cit., Bd.I., S.284.
23 A.Ioannikios: op.cit., S.120.
24 A.Ch.Theophilopoulos: op.cit., Bd.I., S.287.
25 A.v. Maltzew: Menologion. Berlin, 1901, II. Teil S. 473/474.
26 A.Ch. Theophilopoulos: op.cit,. Bl.I,. S.247:
27 Ibid., S.247.
28 Ibid., S.143.
29 Ibid., S.26.
30 Franz Spunda: Der Heilige Berg Athos. Leipzig, 1926, S.90.
31 A.Ch.Theophilopoulos: op.cit., Bd.I., S.52.
32 Ibid., S.49.
33 Arch.Cherubim: SABBAS O PNEUMATIKOS.
ΣΑΒΒΑΣ Ο ΠΝΕΥΜΑΤΙΚΟΣ
(Sabbas der Geistliche).
Ieras Monis Paraklitou, Oropos Attikes, 1992.
34 A.Ch.Theophilopoulos: op.cit., Bd.I., S.11/14.
35 Agios Nikódemos:
SYMBOULEUTIKON EGCHEIRIDION.
ΣΥΜΒΟΥΛΕΥΤΙΚΟΝ ΕΓΧΕΙΡΙΔΙΟΝ
(„Ratgebender Leitfaden"). Athen, 2. Aufl., 1991, S.34/35.
36 Gerontikon. Bas.Rigopoulos., Thess., 4. Aufl., 1969, S.206.
37 Ibid., S.195.
38 Ibid., S.161.
39 Ibid., S.161.
40 Ibid., S.166/167.
41 Ibid., S.199.
42 Arch.Cherubim: DANIEL KATOUNAKIOTES.
ΔΑΝΙΗΛ ΚΑΤΟΥΝΑΚΙΩΤΗΣ (Daniel von Katounakia).
Oropos Attikes, 1991, S.62/65.
43 Ibid., S.110.
44 Ibid., S. 111.
45 Ibid., S.83/88.
46 Arch.Cherubim:
KALLINIKOS O HESYCHASTES.
ΚΑΛΛΙΝΙΚΟΣ Ο ΗΣΥΧΑΣΤΗΣ (Kallinikos der Hesychast).
Oropos Attikes, 6. Aufl., 1993.
47 A.Ch.Theophilopoulos: op.cit., Bd.I., S.114.
48 Arch.Cherubim: op.cit., S.66.
49 Arch.Cherubim: IGNATIOS O PNEUMATIKOS.
ΙΓΝΑΤΙΟΣ Ο ΠΝΕΥΜΑΤΙΚΟΣ
(Ignatios der Geistliche).
Oropos Attikes, 1991.
50 Karl Eller: Der Heilige Berg Athos. O.Barth Verl., München, 1954, S.31.
51 Mon.Chariton: TO FRIKALÉO KAROULI.
ΤΟ ΦΡΙΚΑΛΕΟ ΚΑΡΟΥΛΙ
(Das furchterregende Karoulia). Protaton, 1992.
52 A.Ch.Theophilopoulos: op.cit., Bd.I., S.132-134
53 Ibid., S.139-141
54 Ibid., S.135/136

55 Arch.Ioannikios: GERASIMOS MENAGIAS. ΓΕΡΑΣΙΜΟΣ ΜΕΝΑΓΙΑΣ. Oropos Attikes, 1991.
56 Franz Spunda: op.cit., S. 85.
57 A.Ch.Theophilopoulos: op.cit., Bd. I., S. 148-153.
58 Ibid., S. 165/166.
59 A.v.Maltzew: Menologion. Bd.I., S. 769.
60 A.Ch.Theophilopoulos: op.cit., S. 169.
61 Arch.Ioannikios: Athonikon Gerontikon. S. 43.
62 Ibid., S. 128.
63 Erhart Kästner: Die Stundentrommel vom Heiligen Berg Athos. Insel Verlag, 1956, S.161/164.
64 Theodoritos Monachos Agioreites: ABBAKOUM O ANYPODETOS. ΑΒΒΑΚΟΥΜ Ο ΑΝΥΠΟΔΗΤΟΣ (Abbakoum der Barfüßige). Athen, 1988, S. 28.
65 Ibid., S.55.
66 E. Kästner: op.cit., S. 167.
67 Theodoritos Mon.: op.cit., S. 52.
68 Ibid., S. 51.
69 Ibid., S. 55.
70 Ibid., S. 54.
71 Ibid., S. 58/62.
72 A. Ch. Theophilopoulos: op.cit., Bd. I., S 186/187.
73 Ibid., S. 182.
74 A. v. Maltzew: Meologion. Bd. II., S. 417.
75 G.Schäfer: op.cit., S.324/325.
76 Matthias Dietz: Kleine Philokalie. Benziger, Zürich-Wien, 1976, Igor Smolitsch, S. 14.
77 A. v. Maltzew: Menologion. Bd. I., S. 418.
78 A. Ch. Theophilopoulos: op.cit., Bd. I.,S. 123/124.
79 Ibid., S. 46/48.
80 Arch.Ioannikios: op.cit., S. 206.
81 Kallistos Ware: Der Aufstieg zu Gott. Herder, 1983. St. 154.
82 Ibid., S. 163.
83 Ibid., S. 156.
84 Matthias Dietz: op. cit., S. 37.
85 Ibid., S. 41.
86 Kallistos Ware: op.cit., S. 159.
87 Ibid., S. 160.
88 Ibid., S. 162.
89 Ibid., S. 35.
90 Ibid., S. 171.
91 Ibid., S. 170.
92 Ibid., S. 169.
93 Ibid., S. 169.
94 Emmanuel Jungclaussen (Hg): Aufrichtige Erzählungen eines russischen Pilgers. Herder, 1974. S. 30.
95 Ibid., S. 30/31.
96 Agios Nikódemos: Συμβουλευτικον Εγχειρι–διον. („Ratgebender Leitfaden"). S. 167/168, 185-187.
97 Ibid., S. 170.
98 Ibid., S. 170-172.
99 Hugo M. Enomiya-Lassalle: Meditation als Weg zur Gotteserfahrung. Köln, 1972. S. 53.
100 Carl Albrecht: Psychologie des mystischen Bewußtseins. Bremen, 1951. S. 57.
101 E. Lassalle: op.cit., S. 21.
102 Ibid., S. 77.
103 Carl Albrecht: Das mystische Erkennen. Bremen, 1958. S. 213.
104 E. Lassalle: op. cit., S. 42.
105 Ibid., S. 42.
106 Ibid., S. 42/43.
107 Ibid., S. 64.
108 Carl Albrecht: op.cit., S. 250.
109 Ibid., S. 241.
110 Osios Nikódemos Agioreites: O Αορατος Πολεμos. („Der unsichtbare Krieg"). S. 166.
111 Reallexikon für Antike und Christentum. Anton Hiersemann, Stuttgart, 1976. Band IX, S. 511-518.
112 Osios Nikódemos Agioreítes: Ο Αοπατοσ ποαευοσ.S. 167-170.
113 Centurie der Mönche Kallistos und Ignatios. Übersetzt von Rose Birchler, in A. Rosenberg (Hg): Die Meditation des Herzensgebetes. Barth-Verlag, 1983. S. 53 (Kapitel 21).
114 Emmanuel Jungclaussen: Das Jesusgebet. Pustet, Regensburg 1989. S. 35.
115 Ibid., S. 36.
116 Matthias Dietz: op. cit., S. 167.
117 Emmanuel Jungclaussen: Das Jesusgebet. S. 37.
118 Ibid., S. 46.
119 Ibid., S. 47.
120 Ibid., S. 49.
121 Emmanuel Jungclaussen (Hg): Aufrichtige Erzählungen eines russischen Pilgers. S. 115/116.
122 Igor Smolitsch: Leben und Lehre der Starzen. Köln und Olten, 1952. S. 10.
123 S. Heitz: Mysterium der Anbetung. Düsseldorf, 1986. S. 4.
124 P. Evdokimov: Das Gebet der Ostkirche. Styria, Graz, 1986. S. 41.
125 S. Heitz: op. cit., S. 5.

Mein aufrichtiger Dank

ergeht an die Heilige Gemeinde des Heiligen Berges
und die brüderlichen Mönchsgemeinschaften
für die immer freundliche Aufnahme.
„Εἰς πολλὰ ἔτη!“

Für die freundliche Mithilfe danke ich:
Dr. Ioannis Fykias, Sprachwissenschaftliches Institut
der Universität Salzburg.
Prof. Josef Huber-Germanstatt, Salzburg.
Prof. Peter Haudum, Päd. Akademie, Salzburg.
Herrn Werner Hölzl, Graphik-Designer, Salzburg.
Meinem Sohn Johannes Vorbach für die Gestaltung des Buches
und Wolfgang Zenz.

Nicht zuletzt danke ich meiner verständnisvollen
Frau Sigrid und meinem Sohn Harald, meinem oftmaligen
Athosbegleiter und Initiator des Buches.